9급 공무원 전산직

컴퓨터일반

기출문제 정복하기

9급 공무원 전산직
컴퓨터일반 기출문제 정복하기

초판 인쇄   2022년 1월 10일
초판 발행   2022년 1월 12일

편 저 자 | 공무원시험연구소
발 행 처 | ㈜서원각
등록번호 | 1999-1A-107호
주   소 | 경기도 고양시 일산서구 덕산로 88-45(가좌동)
교재주문 | 031-923-2051
팩   스 | 031-923-3815
교재문의 | 카카오톡 플러스 친구[서원각]
영상문의 | 070-4233-2505
홈페이지 | www.goseowon.com
책임편집 | 정유진
디 자 인 | 이규희

모든 시험에 앞서 가장 중요한 것은 출제되었던 문제를 풀어봄으로써 그 시험의 유형 및 출제 경향, 난도 등을 파악하는 데에 있다. 이를 통해 반복적으로 강조되어 온 이론이나 내용을 확인하고 응용되는 문제 유형을 파악하여 보다 효율적으로 학습할 수 있다. 즉, 최단시간 내 최대의 학습효과를 거두기 위해서는 기출문제의 분석이 무엇보다도 중요하다는 것이다.

컴퓨터일반 과목은 컴퓨터구조는 물론 운영체제, 프로그래밍언어, 데이터베이스, 자료구조, 소프트웨어공학, 데이터 통신 등 전문적인 내용을 학습해야 하므로 더욱 더 기출문제를 기반으로 빈출되는 문제를 확인하여 집중적인 학습이 필요하다.

9급 공무원 전산직 컴퓨터일반 기출문제집은 이를 주지하고 그동안 시행되어온 국가직, 지방직, 서울시 기출문제를 연도별로 수록하여 수험생들에게 매년 다양하게 변화하고 있는 출제 경향에 적응하여 단기간에 최대의 학습효과를 거둘 수 있도록 하였다.

9급 공무원 시험의 경쟁률이 해마다 점점 더 치열해지고 있다. 이럴 때 일수록 기본적인 내용에 대한 탄탄한 학습이 빛을 발한다. 수험생 모두가 자신을 믿고 본서와 함께 끝까지 노력하여 합격의 결실을 맺기를 희망한다.

1%의 행운을 잡기 위한 99%의 노력! 본서가 수험생 여러분의 행운이 되어 합격을 향한 노력에 힘을 보탤 수 있기를 바란다.

Structure

● 기출문제 학습비법

step
01

step
01

실제 출제된 기출문제를 풀어보며 시험 유형과 출제 패턴을 파악해 보자! 스톱워치를 활용하여 풀이 시간을 체크해 보는 것도 좋다.

step
02

정답을 맞힌 문제라도 꼼꼼한 해설을 통해 기초부터 심화 단계까지 다시 한 번 학습 내용을 확인해 보자!

step
03

오답분석을 통해 내가 취약한 부분을 파악하자. 직접 작성한 오답노트는 시험 전 큰 자산이 될 것이다.

step
04

합격의 비결은 반복학습에 있다. 집중하여 반복하다보면 어느 순간 모든 문제들이 내 것이 되어 있을 것이다.

● 본서의 특징 및 구성

기출문제분석

최신 기출문제를 비롯하여 그동안 시행된 기출문제를 수록하여 출제경향을 파악할 수 있도록 하였습니다. 기출문제를 풀어봄으로써 실전에 보다 철저하게 대비할 수 있습니다.

상세한 해설

매 문제 상세한 해설을 달아 문제풀이만으로도 학습이 가능하도록 하였습니다. 문제풀이와 함께 이론정리를 함으로써 완벽하게 학습할 수 있습니다.

기출문제

Success is the ability to go from one failure
to another with no loss of enthusiasm.

Sir Winston Churchill

공무원 시험
기출문제

컴퓨터일반

1 시스템 소프트웨어에 포함되지 않는 것은?

① 스프레드시트(spreadsheet)
② 로더(loader)
③ 링커(linker)
④ 운영체제(operating system)

2 데이터베이스 설계 과정에서 목표 DBMS의 구현 데이터 모델로 표현된 데이터베이스 스키마가 도출되는 단계는?

① 요구사항 분석 단계
② 개념적 설계 단계
③ 논리적 설계 단계
④ 물리적 설계 단계

3 OSI 7계층 중 브리지(bridge)가 복수의 LAN을 결합하기 위해 동작하는 계층은?

① 물리 계층
② 데이터 링크 계층
③ 네트워크 계층
④ 전송 계층

1 ① 스프레드시트(spreadsheet)는 계산식 또는 여러 가지 도표 형태로 이루어진 일상 또는 사무 업무를 자동화 시킨 응용소프트웨어의 일종이다.

※ **시스템 소프트웨어** … 컴퓨터를 사용하기 위해 가장 근본적으로 필요한 소프트웨어로 이 소프트웨어에는 운영 체제, 컴파일러, 어셈블러, 라이브러리 프로그램, 텍스트 에디터, 로더, 링커 등이 있다.

2 ③ 논리적 설계 단계는 개념적 모델을 데이터 모델링에 의해 논리적 구조로 정의하여 데이터베이스 관리 시스템과 결부된 논리적 모델로 변환하는 단계이다.

④ 물리적 설계 단계는 논리적 모델을 데이터 구조화에 의해 물리적 자료 구조를 정의하여 물리적 모델로 변환하는 단계이다.

※ 개념 데이터 설계가 DBMS 및 하드웨어 구조와 완전히 독립된 것이라면, 논리 설계에서 만들어지는 모델은 이 개념적 모델을 DBMS가 처리할 수 있도록 사상(mapping)하는 과정이라고 할 수 있다.

※ 논리데이터 설계를 위해 필요한 내용
ㄱ 개념 데이터 모델   ㄴ 운영 요구 사항
ㄷ 상위 수준의 프로그램 명세   ㄹ DBMS 특성
ㅁ 일관성 제약 조건   ㅂ 상위 레벨의 프로그램 명세

3 ② 물리 계층으로 데이터를 전송하는 과정에서는 잡음(Noise) 같은 여러 외부 요인에 의해 물리적 오류가 발생할 수 있다. 데이터 링크 계층(Data Link Layer)은 물리적 전송 오류를 감지(Sense)하는 기능을 제공해 송수신 호스트가 오류를 인지할 수 있게 해준다. 발생 가능한 물리적 오류의 종류에는 데이터가 도착하지 못하는 데이터 분실과 내용이 깨져서 도착하는 데이터 변형이 있다. 일반적으로 컴퓨터 네트워크에서의 오류 제어(Error Control)는 송신자가 원 데이터를 재전송(Retransmission)하는 방법으로 처리한다.

① 네트워크에서 호스트가 데이터를 전송하려면 반드시 전송 매체로 연결되어 있어야 한다. 물리 계층 (Physical Layer)은 호스트를 전송 매체와 연결하기 위한 인터페이스 규칙과 전송 매체의 특성을 다룬다.

③ 송신 호스트가 전송한 데이터가 수신 호스트까지 도착하려면 여러 중개 시스템을 거친다. 이 과정에서 데이터가 올바른 경로를 선택할 수 있도록 지원하는 계층이 네트워크 계층(Network Layer)이다. 중개 시스템의 기능은 일반적으로 라우터(Router) 장비가 수행한다. 네트워크 부하가 증가하면 특정 지역에 혼잡(Congestion)이 발생할 수 있는데, 이것도 데이터의 전송 경로와 관계가 있으므로 네트워크 계층이 제어한다.

④ 컴퓨터 네트워크에서 데이터를 교환하는 최종 주체는 호스트 시스템이 아니고, 호스트에서 실행되는 프로세스다. 전송 계층(Transport Layer)은 송신 프로세스와 수신 프로세스 간의 연결(Connection) 기능을 제공하기 때문에 프로세스 사이의 안전한 데이터 전송을 지원한다. 계층 4까지의 기능은 운영체제에서 시스템 콜(System Call) 형태로 상위계층에 제공하며, 계층 5~7의 기능은 사용자 프로그램으로 작성된다.

OSI 7 계층 모델	
응용 계층	7계층
표현 계층	6계층
세션 계층	5계층
전송 계층	4계층
네트워크 계층	3계층
데이터 링크 계층	2계층
물리 계층	1계층

정답 및 해설 1.① 2.③ 3.②

4 객체지향 프로그래밍의 특징 중 상속 관계에서 상위 클래스에 정의된 메소드(method) 호출에 대해 각 하위 클래스가 가지고 있는 고유한 방법으로 응답할 수 있도록 유연성을 제공하는 것은?

① 재사용성(reusability)
② 추상화(abstraction)
③ 다형성(polymorphism)
④ 캡슐화(encapsulation)

5 소프트웨어 개발 프로세스 모델 중 하나인 나선형 모델(spiral model)에 대한 설명으로 옳지 않은 것은?

① 폭포수(waterfall) 모델과 원형(prototype) 모델의 장점을 결합한 모델이다.
② 점증적으로 개발을 진행하여 소프트웨어 품질을 지속적으로 개선할 수 있다.
③ 위험을 분석하고 최소화하기 위한 단계가 포함되어 있다.
④ 관리가 복잡하여 대규모 시스템의 소프트웨어 개발에는 적합하지 않다.

6 다음은 캐시 기억장치를 사상(mapping) 방식 기준으로 분류한 것이다. 캐시 블록은 4개 이상이고 사상 방식을 제외한 모든 조건이 동일하다고 가정할 때, 평균적으로 캐시 적중률(hit ratio)이 높은 것에서 낮은 것 순으로 바르게 나열한 것은?

> ㉠ 직접 사상(direct − mapped)
> ㉡ 완전 연관(fully − associative)
> ㉢ 2−way 집합 연관(set − associative)

① ㉠ − ㉡ − ㉢
② ㉡ − ㉢ − ㉠
③ ㉢ − ㉠ − ㉡
④ ㉠ − ㉢ − ㉡

4 ③ 다형성(polymorphism)이란 여러 개의 클래스가 같은 메시지에 대해서 각자의 방법으로 작용할 수 있는 능력이다.

※ 다형성(polymorphism)의 장점
  ㉠ 확장성과 재사용성이 좋다.
  ㉡ 상위 클래스로 여러 개의 하위 클래스를 관리하여 유동적이고 유지 보수가 좋다.
  ㉢ 적은 코딩으로 다양한 객체들에게 유사한 작업을 수행시킬 수 있다.
  ㉣ 프로그램 작성 소스코드 양이 줄어든다.

5 나선형 모델(spiral model) … 폭포수 모델과 프로토타이핑 모델의 장점을 수용하고, 새로운 요소인 위험 분석을 추가한 진화적 개발 모델이다. 프로젝트 수행 시 발생하는 위험을 관리하고 최소화하려는 것을 목적으로 하며 계획수립, 위험분석, 개발, 사용자 평가의 과정을 반복적으로 수행한다. 개발 단계를 반복적으로 수행함으로써 점차적으로 완벽한 소프트웨어를 개발하는 진화적(evolutionary) 모델이며, 대규모 시스템의 소프트웨어 개발에 적합하다.

※ 나선형 모델(spiral model)의 특징
  ㉠ 리스크 최소화를 위해 "위험분석" 단계가 존재
  ㉡ 점진적으로 단계를 반복 수행해 나가는 모델
  ㉢ 위험 부담이 큰 대형 시스템 구축에 적합

6 캐시 적중률(hit ratio) … 명령과 프로그램의 실행에서 요구되는 데이터와 명령어를 읽어 오기 위해 중앙처리장치(CPU)가 주기억 장치에 접근해야 하는 전체 횟수에 대하여 캐시기억 장치 접근으로 충족되는 횟수의 비율을 말한다.

사상함수를 설계할 때 캐시메모리에서 슬롯은 한 블록이 저장되는 장소이다. 그리고 태그는 슬롯에 적재된 블록을 구분해주는 정보이다. 메인메모리에서 캐시메모리로 정보를 옮기는 것을 사상이라고 한다.

사상의 방법은 세 가지이며 직접 사상, 연관 사상, 집합 연관 사상이 있다.

㉠ 직접 사상 : 메인메모리의 임의의 블록에서 첫 번째 워드는 캐시메모리의 첫 번째 슬롯에, 또 다른 블록에서 두 번째 워드는 캐시메모리의 두 번째 슬롯에만 넣을 수 있는 사상 방식이다. 따라서 서로 다른 블록의 첫 번째 워드는 동시에 캐시메모리에 존재할 수 없다. 이 방식은 CPU에서 캐시메모리를 조사할 때 해당 라인만 검사하면 되기 때문에 간단하지만, 일반적으로 적중률이 낮다.

㉡ 연관 사상 : 직접 사상의 단점을 보완한 방식으로 서로 다른 두 블록의 첫 번째 워드가 동시에 캐시메모리에 있도록 하기 위해 메인메모리의 블록번호를 캐시메모리에 저장한다. 이 방식은 CPU가 캐시메모리를 조사할 때, 긴 주소 길이로 인해 검사시간이 길어진다.

㉢ 집합 연관 사상 : 직접 사상과 연관 사상 방식의 장점을 취합한 방식으로 집합과 태그가 있는데, 집합 번호는 같고, 태그 번호가 다른 단어들을 저장할 수 있다. 즉 직접 사상에서의 저장공간이 여러 개 있다고 생각하면 된다. 이로 인해 적중률이 직접 사상보다는 높고 연관 사상보다는 낮다. 또한 검사시간은 연관 사상보다는 빠르지만 직접 사상보다는 느리다.

7 다음 논리회로의 부울식으로 옳은 것은?

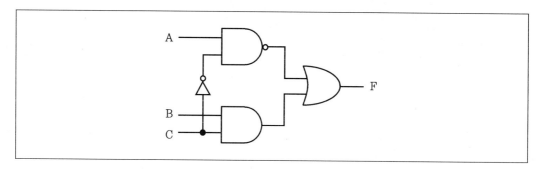

① $F = AC' + BC$

② $F(A, B, C) = \sum m(0, 1, 2, 3, 6, 7)$

③ $F = (AC')'$

④ $F = (A' + B' + C)(A + B' + C')$

8 다음 표는 단일 CPU에 진입한 프로세스의 도착 시간과 처리하는 데 필요한 실행 시간을 나타낸 것이다. 프로세스 간 문맥 교환에 따른 오버헤드는 무시한다고 할 때, SRT(Shortest Remaining Time) 스케줄링 알고리즘을 사용한 경우 네 프로세스의 평균 반환시간(turnaround time)은?

프로세스	도착 시간	실행 시간
P1	0	8
P2	2	4
P3	4	1
P4	6	4

① 4.25

② 7

③ 8.75

④ 10

9 이더넷(Ethernet)의 매체 접근 제어(MAC) 방식인 CSMA/CD에 대한 설명으로 옳지 않은 것은?

① CSMA/CD 방식은 CSMA 방식에 충돌 검출 기법을 추가한 것으로 IEEE 802.11b의 MAC 방식으로 사용된다.

② 충돌 검출을 위해 전송 프레임의 길이를 일정 크기 이상으로 유지해야 한다.

③ 전송 도중 충돌이 발생하면 임의의 시간 동안 대기하기 때문에 지연시간을 예측하기 어렵다.

④ 여러 스테이션으로부터의 전송 요구량이 증가하면 회선의 유효 전송률은 단일 스테이션에서 전송할 때 얻을 수 있는 유효 전송률보다 낮아지게 된다.

---

7 $F = (AC')' + BC = (A' + C) + BC \rightarrow$ 드 모르간 법칙 적용

$\quad = A' + C \cdot 1 + BC$

$\quad = A' + C(1 + B) \rightarrow$ 부울대수 기본 정리 적용

$\quad = A' + C = (AC')'$

8 SRT(Shortest Remaining Time) 스케줄링 알고리즘은 SJF 기법에 선점방식을 도입한 방법으로 시분할시스템에 유용하며 가장 짧은 시간이 예상되는 프로세스를 먼저 수행하는 것이다.

$\quad P1 = 17 - 0 = 17$

$\quad P2 = 7 - 2 = 5$

$\quad P3 = 5 - 4 = 1$

$\quad P4 = 11 - 6 = 5$

$\quad \dfrac{(17 + 5 + 1 + 5)}{4} = 7$

9 CSMA/CD 방식 … LAN에 있어서 제어 방식의 하나이며, 정보 송출에 앞서서 회선의 유무를 조사하여 송출을 하는 방식으로 동시에 여러 개의 단말에서 송신되었을 때는 충돌을 감지하여 송신을 멈추고, 일정 시간 후에 재송출한다. CSMA/CD 방식은 버스형 구조의 LAN을 제어하기 위해 가장 잘 알려진 것으로서 이의 구현은 이더넷(Ethernet)이며 이더넷(Ethernet)은 후에 IEEE 802.3 표준으로 발전하였다.

정답 및 해설 7.③ 8.② 9.①

10 다음은 C언어로 내림차순 버블정렬 알고리즘을 구현한 함수이다. ㉠에 들어갈 if문의 조건으로 올바른 것은? (단, size는 1차원 배열인 value의 크기이다)

```
void BubbleSorting(int *value, int size) {
    int x, y, temp;
    for(x = 0; x < size; x++) {
        for(y = 0; y < size - x - 1; y++) {
            if(        ㉠        ) {
                temp = value[y];
                value[y] = value[y+1];
                value[y+1] = temp;
            }
        }
    }
}
```

① value[x] > value[y+1]

② value[x] < value[y+1]

③ value[y] > value[y+1]

④ value[y] < value[y+1]

11 객체지향 기법을 지원하지 않는 프로그래밍 언어는?

① LISP

② Java

③ Python

④ C#

12 관계형 모델(relational model)의 릴레이션(relation)에 대한 설명으로 옳지 않은 것은?

① 릴레이션의 한 행(row)을 투플(tuple)이라고 한다.
② 속성(attribute)은 릴레이션의 열(column)을 의미한다.
③ 한 릴레이션에 존재하는 모든 투플들은 상이해야 한다.
④ 한 릴레이션의 속성들은 고정된 순서를 갖는다.

10

```
void BubbleSorting(int *value, int size) {
    int x, y, temp;          // 먼저 변수 x와 y를 선언한다.
    for(x=0; x < size; x++) {
        for(y=0; y < size - x - 1; y++) {
            if(value[y]<value[y+1]) {  // 만약 value[y]가 value[y+1]보다 작은 경우 아래 연산을 진행한다.
            temp=value[y];
            value[y]=value[y+1] ; // value[y]에 value[y+1]를 대입한다.
            value[y+1]=temp ; // value[y+1]에 temp를 대입한다. 앞서 변수 temp에는 value[y]가
                                   대입되어 있으므로 결과적으로 value[y+1]에 초기의 value[y]가 온다.
            }
        }
    }
}
```

※ 문제 소스코드에서 조건 만족시 value[y]값과 value[y+1]값의 자리바꿈이 이루어지며, 위의 문제는 내림차
순 정렬이므로 value[y] < value[y+1] 조건이 만족할 때 자리바꿈이 되어야 한다.

11 객체지향 프로그램은 C, Pascal, BASIC 등과 같은 절차형 언어(procedure-oriented programming)가 크고
복잡한 프로그램을 구축하기 어렵다는 문제점을 해결하기 위해 만들어졌다.

12 릴레이션의 특징
ⓐ 릴레이션에 포함된 튜플들은 모두 다르다.
ⓑ 릴레이션에 포함된 튜플 사이에는 순서가 없다.
ⓒ 튜플들의 삽입, 삭제 등의 작업으로 인해 릴레이션은 시간에 따라 변한다.
ⓓ 릴레이션 스키마를 구성하는 애트리뷰트들 간의 순서는 중요하지 않다.
ⓔ 애트리뷰트의 유일한 식별을 위해 애트리뷰트의 명칭은 유일해야 하지만, 애트리뷰트를 구성하는 값은 동일
한 값이 나올 수 있다.
ⓕ 릴레이션을 구성하는 튜플을 유일하게 식별하기 위해 애트리뷰트들의 부분집합을 키로 설정한다.
ⓖ 애트리뷰트는 더 이상 쪼갤 수 없는 원자값만을 저장한다.
※ 릴레이션의 용어
　ⓐ 튜플 : 릴레이션을 구성하는 각각의 행(카디널리티=튜플의 수)
　　•튜플은 릴레이션을 구성하는 각각의 행을 말한다.
　　•튜플은 속성의 모임으로 구성된다.
　　•파일 구조에서 레코드와 같은 의미이다.
　　•튜플의 수를 카디널리티 또는 기수, 대응수라고 한다.
　ⓑ 애트리뷰트 : 데이터베이스를 구성하는 가장 작은 논리적 단위(차수=애트리뷰트의 수)
　　•속성은 데이터베이스를 구성하는 가장 작은 논리적 단위이다.
　　•파일 구조상의 데이터 항목 또는 데이터 필드에 해당된다.
　　•속성은 개체의 특성을 기술한다.
　　•속성의 수를 디그리 또는 차수라고 한다.
　ⓒ 도메인 : 하나의 애트리뷰트가 취할 수 있는 같은 타입의 원자값들의 집합
　　•도메인은 하나의 애트리뷰트가 취할 수 있는 같은 타입의 원자값들의 집합이다.
　　•도메인은 실제 애트리뷰트 값이 나타날 때 그 값의 합법 여부를 시스템이 검사하는데 이용된다.
　ⓓ 릴레이션 인스턴스 : 데이터 개체를 구성하고 있는 속성들에 데이터 타입이 정의되어 구체적인 데이터 값
을 가지고 있는 것을 말한다.

13 컴퓨터 버스에 대한 설명으로 옳지 않은 것은?

① 주소 정보를 전달하는 주소 버스(address bus), 데이터 전송을 위한 데이터 버스(data bus), 그리고 명령어 전달을 위한 명령어 버스(instruction bus)로 구성된다.

② 3-상태(3-state) 버퍼를 이용하면 데이터를 송신하고 있지 않는 장치의 출력이 버스에 연결된 다른 장치와 간섭하지 않도록 분리시킬 수 있다.

③ 특정 장치를 이용하면 버스를 통해서 입출력 장치와 주기억장치 간 데이터가 CPU를 거치지 않고 전송될 수 있다.

④ 다양한 장치를 연결하기 위한 별도의 버스가 추가적으로 존재할 수 있다.

14 다음 이진 트리(binary tree)의 노드들을 후위 순회(post-order traversal)한 경로를 나타낸 것은?

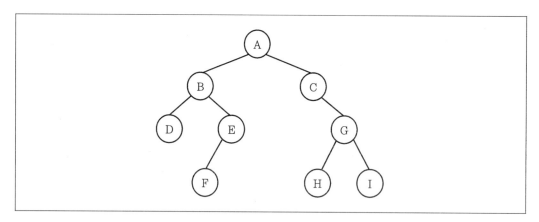

① F→H→I→D→E→G→B→C→A

② D→F→E→B→H→I→G→C→A

③ D→B→F→E→A→C→H→G→I

④ I→H→G→C→F→E→D→B→A

15 프로토콜에 대한 설명으로 옳지 않은 것은?

① ARP는 데이터 링크 계층의 프로토콜로 MAC 주소에 대해 해당 IP 주소를 반환해 준다.

② UDP를 사용하면 일부 데이터의 손실이 발생할 수 있지만 TCP에 비해 전송 오버헤드가 적다.

③ MIME는 텍스트, 이미지, 오디오, 비디오 등의 멀티미디어 전자우편을 위한 규약이다.

④ DHCP는 한정된 개수의 IP 주소를 여러 사용자가 공유할 수 있도록 동적으로 가용한 주소를 호스트에 할당해준다.

16 비결정적 유한 오토마타(non-deterministic finite automata)에 대한 설명으로 옳지 않은 것은?

① 한 상태에서 전이 시 다음 상태를 선택할 수 있다.

② 입력 심볼을 읽지 않고도 상태 전이를 할 수 있다.

③ 어떤 비결정적 유한 오토마타라도 같은 언어를 인식하는 결정적 유한 오토마타(deterministic finite automata)로 변환이 가능하다.

④ 모든 문맥 자유 언어(context-free language)를 인식한다.

---

13 ① 시스템 버스는 주소 정보를 전달하는 주소 버스(address bus), 데이터 전달을 위한 데이터 버스(data bus), 제어 정보를 전달하는 제어 버스(control bus)로 구성된다.

14 후위 순회의 노드 방문 순서는 '왼쪽→오른쪽→중간' 순이다. 루트를 기준으로 가장 왼쪽 노드(D)부터 방문한다.

15 프로토콜이란 컴퓨터 간에 정보를 주고받을 때의 통신방법에 대한 규칙과 약속이다.
ARP는 IP 네트워크 상에서 IP 주소를 물리적 네트워크 주소로 대응시키기 위해 사용되는 프로토콜이다.

16 비결정적 유한 오토마타(non-deterministic finite automata)란 어떤 상태에서 주어진 하나의 입력기호를 보고, 갈 수 있는 다음 상태가 두 개 이상 존재할 수 있는 오토마타이다.

정답 및 해설 13.① 14.② 15.① 16.④

17 서브넷 마스크(subnet mask)를 255.255.255.224로 하여 한 개의 C클래스 주소 영역을 동일한 크기의 8개 하위 네트워크로 나누었다. 분할된 네트워크에서 브로드캐스트를 위한 IP 주소의 오른쪽 8비트에 해당하는 값으로 옳은 것은?

① 0   ② 64

③ 159   ④ 207

18 클라우드 컴퓨팅 서비스 모델과 이에 대한 설명이 바르게 짝지어진 것은?

ㄱ 응용소프트웨어 개발에 필요한 개발 요소들과 실행 환경을 제공하는 서비스 모델로서, 사용자는 원하는 응용소프트웨어를 개발할 수 있으나 운영체제나 하드웨어에 대한 제어는 서비스 제공자에 의해 제한된다.

ㄴ 응용소프트웨어 및 관련 데이터는 클라우드에 호스팅 되고 사용자는 웹 브라우저 등의 클라이언트를 통해 접속하여 응용소프트웨어를 사용할 수 있다.

ㄷ 사용자 필요에 따라 가상화된 서버, 스토리지, 네트워크 등의 인프라 자원을 제공한다.

	IaaS	PaaS	SaaS
①	ㄷ	ㄴ	ㄱ
②	ㄴ	ㄱ	ㄷ
③	ㄷ	ㄱ	ㄴ
④	ㄱ	ㄷ	ㄴ

17 ㉠ 서브넷 마스크(Subnet Mask)는 커다란 네트워크를 서브넷으로 나눠주는 네트워크의 중요한 방법 중 하나이다. 브로드캐스트의 단점을 보완하기 위한 방법으로 할당된 IP 주소를 네트워크 환경에 알맞게 나누어주기 위해 만들어지는 이진수의 조합이다.

㉡ 8개 하위 네트워크로 나누기 위해 3비트가 필요하며, 오른쪽 8비트에서 하위 5비트가 모두 1인 경우는 8가지이다(00011111, 00111111, 01011111, 01111111, 10011111, 10111111, 11011111, 11111111). 즉, (31, 63, 95, 129, 159, 191, 223, 255)이다.

18 클라우드는 서비스 모델에 따라 크게 3가지로 분류된다. 가상 컴퓨팅 시스템이나 네트워크를 만들 수 있게 해주는 IaaS(Infrastructure as a Service), 브라우저를 통해 인터넷상에서 보편적으로 이용할 수 있는 애플리케이션을 나타내주는 SaaS(Software as a Service), 애플리케이션을 구축할 개발 환경을 만들어주는 PaaS(Platform as a Service)가 있다.

정답 및 해설 **17.③ 18.③**

19 다음 C 언어로 작성된 프로그램의 실행 결과에서 세 번째 줄에 출력되는 것은?

```c
#include <stdio.h>
int func(int num) {
    if(num == 1)
        return 1;
    else
        return  num * func(num - 1);
}
int main() {
    int i;
    for(i = 5; i >= 0; i--) {
        if(i % 2 == 1)
            printf("func(%d) : %d\n", i, func(i));
    }
    return 0;
}
```

① func(3) : 6
③ func(1) : 1

② func(2) : 2
④ func(0) : 0

20 연결리스트(linked list)의 'preNode' 노드와 그 다음 노드 사이에 새로운 'newNode' 노드를 삽입하기 위해 빈 칸 ㉠에 들어갈 명령문으로 옳은 것은?

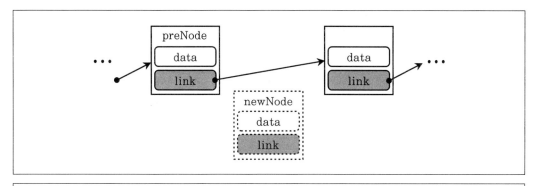

```
...
Node *newNode = (Node*)malloc(sizeof(Node));
```

㉠

```
preNode→link = newNode;
...
```

① newNode→link = preNode;

② newNode→link = preNode→link;

③ newNode→link→link = preNode;

④ newNode = preNode→link;

---

19 for문은 5부터 하나씩 감소하며 반복하고, if문을 보면 i값이 홀수인 경우에만 printf문이 수행된다. 즉, i값이 5, 3, 1일 때 출력이 되며, 위의 문제에서 세 번째 줄에 출력되는 것이므로 1일때만 생각하면 된다. i값이 1일 때 func함수의 num변수가 1이 되므로 결과적으로 1이 반환되면 출력되는 것은 func(1):1이 된다.

20 연결리스트는 동적배열과 비슷하지만 동적배열에 비해 데이터를 유연하게 삽입, 삭제할 수가 있다.
동적배열의 경우에는 삽입을 하기 위해선 배열의 크기를 체크하고 배열의 공간이 꽉 차있다면 realloc을 한다. 그리고 삽입, 삭제할 지점 이후의 자료들은 메모리의 이동이 이루어지기 때문에 삽입시 부자연스럽기도 하다. 연결리스트에 새로운 노드를 삽입하기 위해서는 1→2와 같은 상태였다면 그 사이에 3을 삽입하기 위해서 3의 링크가 2를 가리키게 하고, 1의 링크가 3을 가리키게 하여 1→3→2로 연결되게 한다. ㉠의 다음에서 앞의 노드의 링크가 새로운 노드를 가리키게 하고 있으므로, 빈 칸 ㉠에서는 새로운 노드가 기존의 PreNode의 링크(다음 것을 가리키고 있었음)를 가져오면 된다. newNode→link = preNode→link;

1 다른 컴퓨터 시스템들과의 통신이 개방된 시스템 간의 연결을 다루는 OSI 모델에서 〈보기〉가 설명하는 계층은?

> 〈보기〉
> 물리적 전송 오류를 감지하는 기능을 제공하여 송·수신호스트가 오류를 인지할 수 있게 해주며, 컴퓨터 네트워크에서의 오류 제어(error control)는 송신자가 송신한 데이터를 재전송(retransmission)하는 방법으로 처리한다.

① 데이터 링크 계층　　　　　　② 물리 계층
③ 전송 계층　　　　　　　　　　④ 표현 계층

2 해싱(hashing)에 대한 설명으로 옳지 않은 것은?

① 검색 속도가 빠르며 삽입, 삭제의 빈도가 높을 때 유리한 방식이다.
② 해싱기법에는 숫자 분석법(digit analysis), 제산법(division), 제곱법(mid-square), 접지법(folding) 등이 있다.
③ 충돌 시 오버플로(overflow) 해결의 부담이 과중되나, 충돌해결에 필요한 기억공간이 필요하지는 않다.
④ 오버플로(overflow)가 발생했을 때 해결기법으로 개방 주소법(open addressing)과 폐쇄 주소법(close addressing)이 있다.

3 가상기억장치(virtual memory)에 대한 설명으로 가장 옳은 것은?

① 가상기억장치를 사용하면 메모리 단편화가 발생하지 않는다.
② 가상기억장치는 실기억장치로의 주소변환 기법이 필요하다.
③ 가상기억장치의 참조는 실기억장치의 참조보다 빠르다.
④ 페이징 기법은 가변적 크기의 페이지 공간을 사용한다.

4 스키마 R(A, B, C, D)와 함수적 종속{A→B, A→C}을 가질 때 다음 중 BCNF 정규형은?

① S(A, B, C, D)

② S(A, B)와 T(A, C, D)

③ S(A, C)와 T(A, B, D)

④ S(A, B, C)와 T(A, D)

---

1 데이터 링크 계층 ··· 두 논리적 장치 사이의 데이터 수신과 송신을 담당하고 통신회선의 전송에 대응하는 데이터 링크 프로토콜을 실행하는 OSI의 7개 계층 가운데 하위에서 두 번째 계층에 해당되는 것으로 물리층의 상위층 이다. 물리적 계층에서 발생하는 오류를 발견하고 수정하는 기능을 맡고 링크의 확립, 유지, 단절의 수단을 제공한다.

2 해싱(hashing) ··· 주어진 속성값을 기초로 하여 원하는 목표 레코드를 직접 접근할 수 있게 하는 기법이다. 데이터의 신속한 탐색을 위해 데이터를 해싱 테이블이라는 배열에 저장하고 데이터의 키 값을 주면 이를 적절한 해싱 함수를 통해서 테이블의 주소로 변환하여 원하는 데이터를 찾아내는 방법이다.
해싱함수란 레코드의 키 값을 이용해서 레코드를 저장할 주소를 산출해 내는 어떠한 수학식이다.

3 가상기억장치 ··· 주기억장치 안의 프로그램 양이 많아질 때, 사용하지 않는 프로그램을 보조기억장치 안의 특별한 영역으로 옮겨서, 그 보조기억장치 부분을 주기억장치처럼 사용할 수 있는데, 이때 사용하는 보조기억장치의 일부분을 말한다.
하나의 프로그램을 여러 개 블록 또는 조각으로 나누어 주기억장치 내에 분산시켜 배치하는 방식으로 그 조각들이 반드시 인접하지 않아도 되며 가상기억공간과 실기억공간을 연결하는 주소매핑 과정이 필요하다.
㉠ 페이징기법
• 블록 사이즈가 동일한 방식으로 사용자가 작성한 프로그램은 하드웨어에 의해 페이지 단위로 분해된다.
• 보조기억장치의 페이지 크기와 주기억장치의 페이지 프레임의 크기가 동일하므로, 외부 단편화가 발생하지 않는다.
㉡ 세그멘테이션 기법
• 블록 사이즈가 가변적인 방식으로서, 가변 사이즈 블록을 세그먼트라 한다.
• 기억장치의 사용자 관점을 지원하는 기억장치 관리 기법으로 논리 주소 공간은 세그먼트의 모임이다. 그러므로 최초, 최적, 최악 적합 등 배치기법이 필요하다.

4 BCNF 정규형 ··· 릴레이션 R에서 함수 종속성 X→Y가 성립할 때 모든 결정자 X가 후보키이면 BCNF 정규형이라고 한다.
함수적 종속(A→B, A→C)에서 결정자는 A뿐이다. BCNF는 릴레이션 R의 모든 결정자가 후보키라는 조건을 만족해야 하므로 A결정자를 키로 하는 S(A, B, C)와 T(A, D)로 분해할 수 있다. A와 D간에는 함수적 종속 관계가 없으므로 (A, D)의 쌍이 후보키로서 결정자이다.

정답 및 해설 1.① 2.③ 3.② 4.④

5 다음 IPv4에 대한 설명 중 올바른 것은?

① 주소는 6바이트 크기로 되어 있다.

② 하나의 패킷에는 출발지주소와 목적지주소가 포함되어 있다.

③ 주소 공간은 3바이트 네트워크 주소 부분과 3바이트 호스트 주소 부분으로 나누어진다.

④ 스위치는 IPv4주소를 사용하여 해당 패킷이 어느 포트로 이동해야 할지 결정한다.

6 다중 쓰레드(multi thread) 프로그래밍을 할 때 다음 C언어의 변수들 중에서 임계구역(critical section)에 해당하는 것은?

① 매크로변수(macro variable)

② 지역변수(local variable)

③ 함수인자(argument)

④ 전역변수(global variable)

7 입력값으로 5, 2, 3, 1, 8이 주어졌을 때 버블 정렬(bubble sort)의 1회전(pass) 결과는?

① 1, 2, 3, 5, 8

② 2, 3, 1, 5, 8

③ 2, 5, 3, 1, 8

④ 8, 5, 3, 2, 1

8 데이터 링크 계층에서 전송 오류를 해결하는 과정에서 사용하는 프레임(frame)의 종류가 아닌 것은?

① 부정 응답 프레임

② 비트 프레임

③ 긍정 응답 프레임

④ 정보 프레임

5 IP 주소는 총 32비트를 8비트 단위로 나누어 각 부분을 점으로 구분된 4개의 필드를 10진수로 나타내며 해당 네트워크를 구분하기 위한 네트워크 주소와 네트워크 내에서 호스트를 구분하기 위한 호스트 주소로 구성된다 (네트워크 주소 + 호스트 주소=32비트).
IPv4는 인터넷 프로토콜의 4번째 판이며, 전 세계적으로 사용된 첫 번째 인터넷 프로토콜이다.

6 ㉠ **임계구역**(Critical Section) : 멀티프로그래밍 환경에서 하나의 프로세스만 자원을 이용할 수 있도록 지정된 영역이다.
㉡ **전역변수**(global variable) : 프로그램의 모든 함수에서 모두 접근 가능한 변수이다.
㉢ **쓰레드**(thread) : 프로세스의 구성을 크게 제어흐름 부분과 실행환경 부분으로 나눌 때, 쓰레드는 프로세스의 실행부분을 담당함으로써 실행의 기본단위가 된다.

7 버블 정렬(bubble sort)은 인접한 레코드의 키 값을 비교해서 그 크기에 따라 교환하는 방식으로, 각 단계마다 가장 큰(작은) 키 값을 갖는 레코드를 마지막에 위치시킨다.

입력값	5	↔	2		3		1	8	
	2		5	↔	3		1	8	
	2		3		5	↔	1	8	
	2		3		1		5	8	교환×
1회전	2		3		1		5	8	

8 비트 프레임(Bit Frame) 방식은 문자 단위의 가정을 없애고, 임의의 비트 패턴 데이터를 전송할 수 있다.
① 부정 응답 프레임 : 정보 프레임의 전송 과정에서 프레임 변형 오류가 발생하면 수신 호스트에는 송신 호스트에게 NAK프레임을 회신한다.
③ 긍정 응답 프레임 : 정보 프레임을 수신한 호스트는 맨 먼저 프레임의 내용이 깨졌는지 확인해야 한다. 프레임 변형 오류가 발생하지 않으면 송신 호스트에게 해당 프레임을 올바르게 수신했다는 의미로 ACK프레임, 즉 긍정 응답을 회신한다.
④ 정보 프레임 : 상위 계층이 전송을 요구한 데이터를 수신 호스트에 전송하는 용도로 사용한다.

정답 및 해설 5.② 6.④ 7.② 8.②

9 현재 사용되는 PC에서와 같이, 일반적인 폰-노이만 방식의 중앙처리장치에 대한 설명으로 옳지 않은 것은?

① 중앙처리장치의 중요 구성요소는 산술논리장치(ALU)와 제어부(CU)이다.

② 산술논리장치의 계산 결과는 레지스터에 저장된다.

③ 중앙처리장치에 연결된 어드레스 버스는 단방향 통신을 지원한다.

④ 중앙처리장치와 주기억장치 사이의 통신은 대부분 DMA 방식으로 처리된다.

10 다음 C프로그램을 실행한 결과로 옳은 것은?

```
int main(void)
{
int i;
char ch;
char str[7] = "nation";
for(i = 0; i<4; i++)
{


ch = str[5-i];
str[5-i] = str[i];
str[i] = ch;
}
printf("%s  \n", str);
return 0 ;
}
```

① nanoit   ② nation

③ noitan   ④ notian

9 DMA는 메모리와 주변장치 간의 데이터 교환 시 중앙처리장치를 통하지 않고 직접 접속하여 고속으로 데이터를 전송하는 방식으로, 데이터가 전송되는 동안 CPU는 다른 작업을 수행할 수 있게 되어 효율성이 높아진다.

※ 폰 노이만형 컴퓨터의 기준
   ㉠ 3가지 기본적인 서브시스템으로 구성 – CPU, 메인메모리 시스템, 입출력 시스템
   ㉡ 프로그램 내장방식
   ㉢ 명령의 순차처리
   ㉣ 메인 메모리와 CPU의 제어장치 사이에서 하나의 경로(path)로 구성

10
```
int i;                                  // 정수형 변수 i선언
char ch;                                // 문자형 변수 c선언
char str[7] = "nation";                 // 문자열 배열 str 선언,
```

n	a	t	i	o	n	\0
str[0]	str[1]	str[2]	str[3]	str[4]	str[5]	str[6]

```
for(i = 0; i < 4; i++)                  // i=0부터 4보다 작을 때까지 반복 구조
{                                       // i=0일 때
ch = str[5-i];                          // 문자형 변수에 str[5]인 'n' 대입
str[5-i] = str[i];                      // str[5]에 str[0] 대입하여
str[i] = ch;                            // str[0]에 ch에 저장해둔 str[5] 대입하여
                                        // for 반복에 의해 I=1 일 때 str[1]과 str[4] 교체
                                                 I=2 일 때 str[2]과 str[3] 교체
                                                 I=3 일 때 str[3]과 str[2] 교체

}
printf("%s .n", str);                   //배열 str을 문자열로 출력하여 'notian' 출력됨.
```

11 교착상태(deadlock)를 해결할 수 있는 방법으로 적당하지 않은 것은?

① 프로세스들이 필요로 하는 자원에 대해 배타적인 통제권을 갖게 한다.

② 자원에 선형으로 고유번호를 할당하고, 각 프로세스는 현재 점유한 자원의 고유번호보다 큰 번호 방향으로만 자원을 요구하도록 한다.

③ 한 프로세스가 실행되는 데 필요한 모든 자원을 할당한 후 실행시킨다.

④ 자원을 점유하고 있는 프로세스가 다른 자원을 요구할 때, 점유하고 있는 자원을 반납하고 요구하도록 한다.

12 다음 중 컴퓨터 내부에서 제어장치의 구성 요소에 해당되지 않는 것은?

① 메모리 버퍼 레지스터   ② 세그먼트 포인터
③ 프로그램 카운터   ④ 명령어 레지스터

13 소프트웨어 프로토타이핑(prototyping)에 대한 설명으로 옳지 않은 것은?

① 개발자가 구축할 소프트웨어의 모델을 사전에 만드는 공정으로서 요구사항을 효과적으로 유도, 수집한다.

② 프로토타이핑에 의해 만들어진 프로토타입은 폐기될 수 있고, 재사용될 수도 있다.

③ 프로토타입은 기능적으로 제품의 하위 기능을 담당하는 작동 가능한 모형이다.

④ 적용사례가 많고, 가장 오래됐으며 널리 사용되는 방법으로 결과물이 명확하므로 가시성이 매우 좋다.

14 다음 중 값이 나머지 셋과 다른 것은?

① 10진수 436.625   ② 8진수 $(664.5)_8$
③ 16진수 $(1B4.C)_{16}$ ④ 10진수 0.436625×10^3

11 ⓐ **교착상태(deadlock)** : 두 개 이상의 작업이 서로 상대방의 작업이 끝나기 만을 기다리고 있기 때문에 결과적으로 아무것도 완료되지 못하는 상태를 가리킨다.

ⓑ **교착상태의 4가지 필요조건**
- 상호배제 : 한번에 한 프로세스만 자원을 사용함
- 점유와 대기 : 이미 어떤 자원을 점유하고 있으면서 다른 프로세스에 할당된 자원을 추가로 점유하기 위해 대기함
- 비선점이 : 다른 프로세스와 자원을 빼앗을 수 없음
- 환형대기 : 원형을 이루며 자신에게 할당된 자원을 가지면서 상대방 프로세스의 자원을 상호 요청함

ⓒ **교착상태의 해결방안** : 교착상태의 예방, 교착상태의 회피, 교착상태의 발견, 교착상태의 회복

12 ① 메모리 버퍼 레지스터는 주기억장치에서 읽어 온 명령어를 임시적으로 저장하는 곳이다.
③ 프로그램 카운터는 다음에 수행할 명령어의 주소 번지를 저장하고 있는 곳이다.
④ 명령어 레지스터는 명령어를 저장하는 곳이다.

13 ④ 적용사례가 많고, 가장 오래됐으며 널리 사용되는 방법은 폭포수 모형에 해당된다.
※ **소프트웨어 프로토타이핑(prototyping)** … 소프트웨어 개발 기법의 하나로 개발의 초기 단계에서 시작 모델 또는 잠정판을 작성하여 시험과 개선을 반복해서 최종판을 작성하는 방법이다. 잠정판을 사용자에게 제공하여 시험 사용하게 하고 시험 사용을 통해 요구를 분석하거나 요구의 정당성을 검증, 잠정판의 성능을 평가하여 그 결과를 개선 작업에 반영함으로써 실용판의 규격을 완성해 가는 방법이다.

14 ① 10진수 436.625
② 8진수 $(664.5)_8 = 6 \times 8^2 + 6 \times 8^1 + 4 + 5 \times 8 - 1(1/8) = 384 + 48 + 4 + 0.625 = 436.625$(10진수)
③ 16진수 $(1B4.C)_{16} = 1 \times 16^2 + B(11) \times 16^1 + 4 + C(12) \times 16 - 1(1/16) = 256 + 176 + 4 + 0.75 = 436.75$(10진수)
④ 10진수 $0.436625 \times 10^3 = 0.436625 \times 1000 = 436.625$

정답 및 해설 11.① 12.② 13.④ 14.③

15 다음 데이터베이스에 관한 설명 중 옳은 것은?

① 개념스키마는 개체 간의 관계와 제약 조건을 정의한다.
② 데이터베이스는 응용프로그램의 네트워크 종속성을 해결한다.
③ 데이터의 논리적 구조가 변경되어도 응용프로그램은 변경되지 않는 속성을 물리적 데이터 독립성이라고 한다.
④ 외부스키마는 물리적 저장장치와 밀접한 계층이다.

16 'A', 'B', 'L', 'E' 순서로 문자들을 이진 탐색 트리(Binary Search Tree)에 추가했을 때 결과 트리의 깊이(depth)는? (단, 트리의 깊이는 트리에 속한 노드의 최대 레벨을 의미하며, 루트 노드의 레벨은 1로 정의한다.)

① 3
② 4
③ 2
④ 1

17 다음 웹 캐시에 대한 설명 중 옳은 것은?

① 웹에서 사용자의 상태 정보를 보관하기 위한 것이다.
② 캐시 정보를 찾기 위한 방법으로 iterative와 recursive 방법이 있다.
③ 웹 사용자에게 데이터를 더 빠르게 전달할 수 있다.
④ 인터넷을 이용한 전자상거래에서 쇼핑카트나 추천 등에 사용할 수 있다.

15 개념스키마

    ㉠ 데이터베이스의 전체적인 논리적 구조로서 모든 응용프로그램이나 사용자들이 필요로 하는 데이터를 종합한 조직 전체의 데이터베이스로 하나만 존재한다.

    ㉡ 개체 간의 관계와 제약조건을 나타내고 데이터베이스의 접근권한, 보안 및 무결성 규칙에 관한 명세를 정의한다.

    ㉢ 데이터베이스 파일에 저장되는 데이터의 형태를 나타낸다.

    ㉣ 단순히 스키마라고 하면 개념스키마를 의미하는 것이며, 기관이나 조직에서는 DB로 정의한다.

    ※ 데이터베이스의 특징

        ㉠ 똑같은 자료를 중복하여 저장하지 않는 통합된 자료이다.

        ㉡ 컴퓨터가 액세스하여 처리할 수 있는 저장장치에 수록된 자료이다.

        ㉢ 어떤 조직의 기능을 수행하는 데 없어서는 안 되며 존재 목적이 뚜렷하고 유용성 있는 운영 자료이기 때문에 임시로 필요해서 모아 놓은 데이터나 단순한 입출력 자료가 아니다.

        ㉣ 한 조직에서 가지는 데이터베이스는 그 조직 내의 모든 사람들이 소유하고 유지하며 이용하는 공동 자료로서 각 사용자는 같은 데이터라 할지라도 각자의 응용목적에 따라 다르게 사용할 수 있다.

16 이진 탐색 트리(Binary Search Tree) … 공백이 가능한 이진트리로, 공백이 아니라면 특정 부노드를 기준으로 자노드 값이 크면 오른쪽에, 작으면 왼쪽에 배치할 수 있는 트리이다. A, B, L, E 순서로 문자를 추가하면 트리의 깊이는 4가 된다.

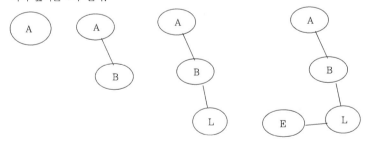

17 웹 캐시(Web Cache) … WWW용 프럭시 캐시. 홈페이지 열람자는 웹 페이지 방문 시 직접 서버에 접속하지 않고 근처의 프럭시 서버에 접속한다. 프럭시 서버는 원래의 페이지에 접속된 후 열람자에게 되돌아감과 동시에 디스크에 캐시되므로, 이후부터 동일 페이지에 접속할 때는 디스크에 캐시된 페이지를 사용한다. 이 웹 캐시로 페이지를 읽으면 고속화되고, 대역폭은 절약된다. 웹 캐시로는 스퀴드(Squid) 캐시나 아파치(Apache) 캐시 서버 또는 하비스트(Harvest) 캐시나 네스케이프 프럭시 서버 등이 널리 이용된다.

정답 및 해설 15.① 16.② 17.③

18 다음 중 인터럽트 입출력 제어방식은?

① 입출력을 하기 위해 CPU가 계속 Flag를 검사하고, 자료전송도 CPU가 직접 처리하는 방식이다.

② 입출력을 하기 위해 CPU가 계속 Flag를 검사할 필요가 없고, 대신 입출력 인터페이스가 CPU에게 데이터 전송 준비가 되었음을 알리고 자료전송은 CPU가 직접 처리하는 방식이다.

③ 입출력 장치가 직접 주기억장치를 접근하여 Data Block을 입출력하는 방식으로, 입출력 전송이 CPU 레지스터를 경유하지 않고 수행된다.

④ CPU의 관여 없이 채널 제어기가 직접 채널 명령어로 작성된 프로그램을 해독하고 실행하여 주기억장치와 입출력장치 사이에서 자료전송을 처리하는 방식이다.

19 소프트웨어 설계의 원칙으로 옳지 않은 것은?

① 상세설계로 갈수록 추상화 수준은 증가한다.

② 계층적 조직이 제시되며, 모듈적이어야 한다.

③ 설계는 분석 모델까지 추적이 가능하도록 한다.

④ 요구사항 분석에서 얻은 정보를 이용하여 반복적 방법을 통해 이루어져야 한다.

20 다음의 C프로그램을 실행한 결과로 옳은 것은? (단, 아래의 scanf() 함수의 입력으로 90을 타이핑했다고 가정)

```
int main( )
{
int i = 10 ;
int j = 20 ;
int * k = &i ;
scanf("%d", k);
printf("%d, %d, %d\n", i, j, * k);
return 0 ;
}
```

① 10, 20, 10

② 10, 20, 90

③ 90, 20, 10

④ 90, 20, 90

18 인터럽트 입출력 제어방식 … CPU가 직접 제어하는 방식 중에서 CPU가 계속 Flag를 검사하지 않고 입출력 장치의 요구가 있을 때 데이터를 전송하는 제어방식이다.

① Polling에 입출력은 입출력을 하기 위해 CPU가 계속 Flag를 검사하고, 자료 전송도 CPU가 직접 처리하는 방식이다.

③ DMA 제어기에 의한 입출력 장치가 직접 주기억장치를 접근하여 Data Block을 입출력하는 방식으로, 입출력 전송이 CPU 레지스터를 경유하지 않고 수행된다.

④ 채널 제어기에 관한 입출력 방식은 CPU의 관여 없이 채널 제어기가 직접 채널 명령어로 작성된 프로그램을 해독하고 실행하여 주기억장치와 입출력장치 사이에서 자료전송을 처리하는 방식이다.

19 응집도란 하나의 클래스가 하나의 기능을 온전히 담당하는 정도를 의미한다.
결합도란 클래스간의 서로 다른 책임이 얽혀 있는 정도를 뜻한다.

※ 소프트웨어 설계의 5대 원칙
    ㉠ 단일 책임의 원칙
    ㉡ 의존관계 역전의 원칙
    ㉢ 인터페이스 분리의 원칙
    ㉣ 리스코프 대체 원칙
    ㉤ 개발폐쇄의 원칙

20
```
int i=10 ;              // 정수형 변수 i 10으로 초기화
int j=20 ;              // 정수형 변수 j 10으로 초기화
int * k=&i ;            // 정수형을 가리키는 포인터 k가 변수 i를 가리킴
scanf( %d , k);         // scanf() 함수는 주어진 양식으로 자료를 입력받아 지정된 기억공간에 저장하
                        //    므로 입력한 90은 k가 가리키는 변수 i에 저장된다.
printf( %d, %d, %d\n , i, j, * k);// 변수 i, j의 값과 포인터 k가 가리키는 값을 출력하므로 90, 20, 90
                        //    출력한다.
```

1 UP(Unified Process)의 네 단계 중 아키텍처 결정을 위한 설계 작업과 분석 작업의 비중이 크고, 시스템 구성에 관련된 위험요소를 식별하고 이를 완화하는 데 중점을 두는 단계는?

① 도입(inception)
② 상세(elaboration)
③ 구축(construction)
④ 이행(transition)

2 문법 G가 다음과 같을 때 S_1으로부터 생성할 수 없는 것은?

$$G : S_1 \rightarrow 0S_2 \quad S_1 \rightarrow 0$$
$$S_2 \rightarrow 0S_2 \quad S_2 \rightarrow 1$$

① 0
② 00
③ 01
④ 001

3 데이터 통신의 표준참조모델인 OSI모델의 각 계층에 대한 설명으로 옳지 않은 것은?

① 물리 계층은 송수신 시스템의 연결에서 전송 매체의 종류, 송수신되는 신호의 전압 레벨 등을 정의한다.

② 네트워크 계층은 송수신 컴퓨터의 응용프로그램 간 송수신되는 데이터의 구문과 의미에 관련된 기능으로 변환, 암호화, 압축을 수행한다.

③ 전송 계층은 연결된 네트워크의 기능이나 특성에 영향을 받지 않고 오류제어와 흐름제어 기능을 수행하여 신뢰성 있는 데이터 전송을 보장하는 것으로, 프로토콜은 TCP, UDP 등이 있다.

④ 응용 계층은 최상위 계층으로 프로토콜은 FTP, HTTP 등이 있다.

4 컴퓨터 이미지에 대한 설명으로 옳지 않은 것은?

① 벡터 방식은 이미지의 크기가 커지면 저장 용량도 커진다.

② GIF와 JPG는 비트맵 방식의 파일 형식이다.

③ 상세한 명암과 색상을 표현하는 사진에 적합한 방식은 비트맵 방식이다.

④ 벡터 방식은 이미지를 확대, 축소, 회전하더라도 이미지의 품질에 영향을 주지 않는다.

---

1 UP(Unified Process) ··· Jacobson, Booch, Rumbaugh에 의하여 1999년에 개발된 객체지향 소프트웨어 개발방법론으로서 유스케이스 기반과 아케텍쳐 중심 개발, 위험관리 중시, 반복적이고 점진적인 개발방법이다.
※ UP(Unified Process)의 주기
　㉠ 도입(inception) : 출하 제품에 대해 좋은 아이디어와 제품의 비즈니스 케이스가 표시되는 단계로 각 유저에게 시스템이 어떻게 사용될 것인지, 아키텍처가 어떠할 것인지에 대한 고민이 있어야 한다.
　㉡ 상세(elaboration) : 대부분의 유스케이스와 아키텍처가 디자인되는 단계로 이때 프로젝트에 대한 비용을 추산한다.
　㉢ 구축(construction) : 모든 유스케이스가 제품에 반영되는 단계로 아키텍처가 안정되고 출하 준비를 한다.
　㉣ 이행(transition) : 베타 릴리즈하는 단계로 결함과 버그를 수정한다.

2 구 구조 문법 ··· 기호 또는 기호열을 다른 기호열로 바꾸어 쓸 경우 바꿔 쓰기 규칙의 체계로 표현되는 생성 문법, 문맥 자유 문법, 문맥 규정 문법 등이 있다. S는 시단기호로 이 문법 G로 인해 S로부터 도출되는 문의 집합을 문법 G로 인해 생성되는 언어라 하고, 구 구조 문법으로 인해 생성되는 언어를 구 구조 언어라 한다.
① $0 : S_1 \rightarrow O$
③ $01 : S_1 \rightarrow OS_2,\ S_2 \rightarrow 1$
④ $001 : S_1 \rightarrow OS_2,\ S_2 \rightarrow OS_2,\ S_2 \rightarrow 1$

3 ② 네트워크 계층은 데이터를 목적지까지 안전하고 빠르게 전달하기 위해 라우팅, 흐름제어, 단편화, 오류제어 등을 수행한다. IP주소를 사용하며 네트워크 계층의 대표적인 장비로 라우터와 Layer3 스위치가 있다.

4 벡터 방식 ··· 점과 점을 연결하는 수학적 함수 관계에 의해 이미지를 표현함으로써 선과 면을 생성한다. 색상과 위치 속성을 포함하는 라인과 커브를 이용하여 이미지를 표현하는 것이다. 벡터 이미지 편집은 데이터들의 속성을 수정하는 것으로 작업 시 확대/축소가 자유로울 수 있고 저장 용량 또한 현저히 줄어들게 된다. 이러한 벡터 이미지는 베지어, 스폴라인 등의 곡선으로 이루어져 있는데 이것이 이미지의 형태와 모양을 결정짓는 요소이다.
※ 비트맵 방식 ··· '픽셀'이라 불리는 작은 사각형의 점들로 이미지를 표현한다. 높은 해상도일 경우 몇 백배 이상 확대해야만 볼 수 있는 아주 작은 사각형의 컬러 입자라고 할 수 있다.
높은 해상도일수록 그 입자의 크기 즉 '픽셀의 수가 많은 것이고 낮은 해상도일수록 '픽셀의 수가 적다. 대표적인 프로그램이 바로 포토샵이다.

정답 및 해설 1.② 2.② 3.② 4.①

5 스레드(thread)에 대한 설명으로 옳지 않은 것은?

① 스레드는 자기만 접근할 수 있는 스레드별 데이터를 갖지 않는다.

② 단일 프로세스에 포함된 스레드들은 프로세스의 자원을 공유할 수 있다.

③ 멀티프로세서 환경에서는 각각의 스레드가 다른 프로세서에서 수행될 수 있다.

④ Pthread는 스레드 생성과 동기화를 위해 POSIX가 제정한 표준 API이다.

6 음수를 2의 보수로 표현할 때, 십진수 −66을 8비트 이진수로 변환한 값은?

① 10111101_2

② 10111110_2

③ 11000010_2

④ 01000001_2

7 디자인 패턴에 대한 설명으로 옳지 않은 것은?

① 일반적으로 디자인 패턴을 이용하면 좋은 설계나 아키텍처를 재사용하기 쉬워진다.

② 패턴은 사용 목적에 따라 생성 패턴, 구조 패턴, 행위 패턴으로 분류할 수 있다.

③ 생성 패턴은 빌더(builder), 추상 팩토리(abstract factory) 등을 포함한다.

④ 행위 패턴은 가교(bridge), 적응자(adapter), 복합체(composite) 등을 포함한다.

5 스레드(thread) … 멀티태스크 환경에서 OS가 프로그램을 평행처리할 때 효율적인 처리를 실현하기 위해 처리를 분할하는데, 그 단위를 가리킨다. 스레드는 자기만 접근할 수 있는 별도의 스택과 레지스터를 갖는다.

6 2의 보수방식 … 가장 많이 쓰이는 방식으로 1의 보수 방식은 0의 값이 +0 -0 두 개 존재하는데 비해 2의 보수 방식은 0의 값이 1개로 정해져 있다.
2의 보수방식은 맨 왼쪽 숫자가 0일 경우 양수 1일 경우 음수를 표현한다.

부호와 절댓값 방식	1의 보수방식	2의 보수방식
01000010을 음수로 표현해야 하기 때문에 11000010으로 표현한다.	10111101	10111110

7 행위 패턴 … 객체 간의 메시지의 교환과 관련하여 가장 자세한 내용을 제공하는 패턴이다.
※ 디자인 패턴 … 객체 지향 프로그램에서 객체들 간의 관계에서 생기는 설계나 구조상의 문제를 인터페이스화 시켜서 정리한 패턴을 말한다.
※ 디자인 패턴의 종류
  ⊙ 생성 패턴 : 객체를 생성하는 부분에 관련된 패턴이다. 종류) 추상팩토리, 빌더, 팩토리 메서드, 원형, 단일체
  ⓛ 구조 패턴 : 클래스나 객체를 복합하고 합성하는 패턴이다. 종류) 적응자, 가교, 복합체, 장식자, 퍼사드, 플라이급, 프록시
  ⓒ 행위 패턴 : 작업의 수행과 집합간의 협력 관계이다. 종류) 책임연쇄, 명령, 해석자, 반복자, 중재자, 메멘토, 감시자, 상태, 전략, 템플릿 메서드, 방문자

정답 및 해설 5.① 6.② 7.④

8 다음 그림과 같은 원형 큐에 한 객체를 입력하는 알고리즘에 대해 의사코드(pseudo code)를 순서대로 바르게 나열한 것은? (단, 객체는 rear 쪽에 입력되고 front쪽에서 출력되며, M은 큐의 크기를 나타내는 정수이다)

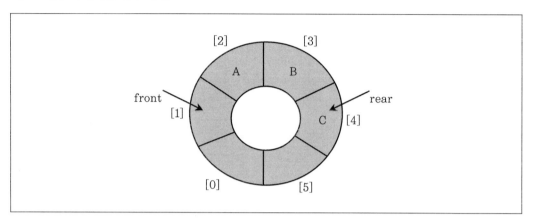

○ 큐가 공백 상태인지 검사 : (front==rear)
○ front 값을 1 증가 : front = (front+1)%M
○ 큐가 포화상태인지 검사 : (front==rear)
○ 객체를 rear 위치에 입력
○ rear 값을 1 증가 : rear=(rear+1)%M

① ○ － ○ － ○
② ○ － ○ － ○
③ ○ － ○ － ○
④ ○ － ○ － ○

9 다음 내용에 적합한 매체 접근 제어(MAC) 방식은?

• IEEE 802.11 무선 랜에서 널리 사용된다.
• 채널이 사용되지 않는 상태임을 감지하더라도 스테이션은 임의의 백오프 값을 선택하여 전송을 지연시킨다.
• 수신 노드는 오류 없이 프레임을 수신하면 수신 확인 ACK 프레임을 전송한다.

① GSM
② CSMA/CA
③ CSMA/CD
④ LTE

10 RAID에 대한 설명으로 옳은 것은?

① RAID 레벨 1은 패리티를 이용한다.

② RAID 레벨 0은 디스크 미러링을 이용한다.

③ RAID 레벨 0과 RAID 레벨 1을 조합해서 사용할 수 없다.

④ RAID 레벨 5는 패리티를 모든 디스크에 분산시킨다.

---

8 원형 큐 … 큐의 배열을 원형으로 표현하며 큐를 구성하는 배열의 처음과 끝을 이어놓은 형태의 큐를 말한다. 가장 첫 원소를 Front라 하고, 가장 끝 원소는 rear이라 한다.

큐는 들어올 때 가장 끝자리 rear로 들어오지만 뺄 때는 가장 처음인 front부터 빠지는 특성이 있다.

※ 원형 큐 삽입 순서

    ㉠ rear 값을 1 증가 : rear=(rear+1)%M

    ㉡ 큐가 포화상태인지 검사 : (front==rear)

    ㉢ 객체를 rear 위치에 입력

9 ① GSM : 종합정보통신망과 연결되어 모뎀을 사용하지 않고도 전화단말기, 팩시밀리, 랩톱 등에 직접 접속하여 이동데이터 서비스를 받을 수 있는 유럽식 디지털 이동통신 방식이다.

③ CSMA/CD : 자료를 전송하고 있는 동안 회선을 감시하여 충돌이 감지되면 즉각 전송을 종료시키는 방식이다. 버스형 LAM에 적용되는 방식이다.

④ LTE : HSDPA(고속하향패킷접속)보다 12배 이상 빠른 고속 무선데이터 패킷통신 규격을 가리킨다.

10 RAID … 데이터를 분할해서 복수의 자기디스크 장치에 대해 병렬로 데이터를 읽는 장치 또는 읽는 방식이다.

  ① RAID 레벨 3~5

  ② RAID 레벨 1

  ③ RAID 레벨-10

정답 및 해설 8.④ 9.② 10.④

11 IoT(Internet of Things)기기의 확산 등으로 예상되는 인터넷 주소의 고갈 문제를 해결하기 위한 것은?

① HTTPS

② IPv4

③ IPv6

④ Common Gateway Interface

12 다음 C 프로그램의 출력 값은?

```c
#include <stdio.h>

int main()
{
  int darr[3][3] = {{1,2,3},{4,5,6},{7,8,9}};
  int sum1, sum2;

  sum1 = *(*darr + 1) +*(*darr +2);
  sum2 = *darr[1] +*darr[2];
  printf("%d, %d", sum 1, sum2);
}
```

① 3, 5   ② 5, 5

③ 5, 11   ④ 11, 5

13 유닉스 운영체제의 커널에 속하지 않는 것은?

① 스케줄러

② 파일 관리자

③ 메모리 관리자

④ 윈도우 관리자

11 IPv6 … 32비트의 주소 공간을 지원하는 현재의 IP프로토콜은 이론상으로 호스트를 최대 232개까지 수용할 수 있다. 호스트의 주소 공간을 대폭 확장한 IPv6(IP 버전 6)은 기존 인터넷 환경에서 사용하는 IPv4(IP 버전 4)를 대체하기 위한 차세대 프로토콜이다.

12 2차원 배열을 묻는 문제로서 2차원 배열 이상의 배열을 다차원 배열이라 하는데, 주로 2차원 배열만 사용한다. 2차원 배열은 첨자 두 개를 사용하는 배열로 데이터형의 변수가 행(row)과 열(column)를 나타내는데, 첫 번째 첨자는 행을, 두 번째 첨자는 열을 나타낸다.

```
#include <stdio.h>

int main()
{
 int darr[3][3] = {{1,2,3},{4,5,6},{7,8,9}};     // 행이 3, 열이 3인 2차원 배열
 int sum1, sum2;
                                                                   darr[0]={1,2,3}
 sum1 = *(*darr + 1) +*(*darr +2);                                 darr[1]={4,5,6}
 sum2 = *darr[1] +*darr[2];           //*darr[1]=4  *darr[2]=7     darr[2]={7,8,9}
 printf("%d, %d", sum1, sum2);        // sum1=5  sum2=11
}
```

13 커널(kernel) … 자원을 관리하는 모듈의 집합으로 운영체제 기능의 핵심적인 부분을 모아 놓은 부분이다. 메모리 관리 및 스케줄링 인터럽트 처리 등의 기능을 담당하며 사용자는 직접 커널의 기능을 제어할 수 없으며 단지 셸에 의해 의뢰할 뿐이다. 커널은 항상 필요로 하는 부분이므로 메모리에 적재되어 있다.

정답 및 해설 11.③ 12.③ 13.④

14 다음 논리회로의 부울식으로 옳은 것은?

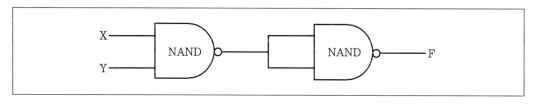

① F = XY
③ F = X'Y

② F = (XY)'
④ F = XY + (XY)'

15 네트워크의 전송 데이터 오류 검출에 대한 설명으로 옳지 않은 것은?

① 체크섬(checksurn)은 1의 보수 방법을 사용한다.
② 순환중복검사(CRC)는 모듈로 −2 연산을 주로 사용한다.
③ 전송할 데이터에 대한 중복 정보를 활용하여 오류를 검출한다.
④ 단일 패리티 비트를 사용하는 패리티 검사는 홀수 개의 비트에 오류가 발생하면 오류를 발견할 수 없다.

16 안드로이드에 대한 설명으로 옳지 않은 것은?

① 안드로이드는 구글이 중심이 되어 개발하는 휴대 단말기용 플랫폼이다.
② 일반적으로 안드로이드 애플리케이션의 네 가지 구성요소는 액티비티, 방송 수신자, 서비스, 콘텐츠 제공자이다.
③ 보안, 메모리 관리, 프로세스 관리, 네트워크 관리 등 핵심 서비스는 리눅스에 기초하여 구현되었다.
④ 콘텐츠 제공자는 UI 컴포넌트를 화면에 표시하고, 시스템이나 사용자의 반응을 처리할 수 있다.

14 NAND는 부정곱이라고 한다. X와 Y가 2개의 논리 스테이트먼트라하고 이들의 부정곱 NAND(X, Y)는 적어도 한쪽 스테이트먼트가 거짓일 때에 연산 결과는 양이다. 그리고 모든 스테이트먼트가 진실이면 연산 결과는 거짓이 된다.

$$F = \overline{\overline{X \cdot Y} \cdot \overline{X \cdot Y}} = \overline{\overline{X \cdot Y}} + \overline{\overline{X \cdot Y}} = X \cdot Y + X \cdot Y = X \cdot Y$$

15 ④ 단일 패리티 검사는 2진 데이터 워드 하나에 한 비트의 패리티 비트를 추가하는 방법으로 값싸게 오류 검사할 수 있기 때문에 많이 사용된다. 그러나 워드 내에서 짝수 비트의 오류가 발생했을 때는 검출하지 못하고 단일 비트 오류만 검출할 수 있는 단점이 있다.

16 안드로이드 … 휴대폰용 운영체제 미들웨어 응용프로그램을 한데 묶은 소프트웨어 플랫폼으로서 2007년 11월에 공개되었다. 실질적으로는 세계적 검색엔진 업체인 구글(Google)사가 작은 회사인 안드로이드사를 인수하여 개발하였으며, 따라서 '구글 안드로이드'라고도 한다. 안드로이드는 리눅스(Linux) 2.6 커널을 기반으로 강력한 운영체제(OS ; operating system)와 포괄적 라이브러리 세트, 풍부한 멀티미디어 사용자 인터페이스, 폰 애플리케이션 등을 제공한다. 컴퓨터에서 소프트웨어와 하드웨어를 제어하는 운영체제인 '윈도'에 비유할 수 있는데, 휴대폰에 안드로이드를 탑재하여 인터넷과 메신저 등을 이용할 수 있으며, 휴대폰뿐 아니라 다양한 정보 가전 기기에 적용할 수 있는 연동성도 갖추고 있다. 안드로이드가 기존의 휴대폰 운영체제인 마이크로소프트의 '윈도 모바일'이나 노키아의 '심비안'과 차별화되는 것은 완전 개방형 플랫폼이라는 점이다. 종전에는 휴대폰 제조업체와 서비스업체마다 운영체제가 달라 개별적으로 응용프로그램을 만들어야 했다. 이에 비하여 안드로이드는 기반 기술인 '소스 코드'를 모두 공개함으로써 누구라도 이를 이용하여 소프트웨어와 기기를 만들어 판매할 수 있도록 하였다. 개발자들은 이를 확장, 대체 또는 재사용하여 사용자들에게 풍부하고 통합된 모바일 서비스를 제공할 수 있게 된 것이다.

정답 및 해설 14.① 15.④ 16.④

17 다음 C 프로그램의 출력 값은?

```c
#include <stdio h>

int recur(int a, int b)
{
  if (a <=1)
    return a * b;
  else
    return a * recur(a-1, b+1) + recur(a-1, b);
}

int main()
{
  int a=3, b=2;

  printf("%d\n", recur(a,b));
}
```

① 24   ② 30

③ 41   ④ 52

18 명령어 파이프라이닝의 4단계에 속하지 않는 것은?

① 인터럽트   ② 명령어 실행

③ 명령어 인출   ④ 명령어 해독

17

```
#include ⟨stdio h⟩

int recur(int a, int b)                        // 두 개의 값을 매개변수에 받아서
{
  if (a ⟨=1)                                                // 비교한 후 1이 크거나 같으면
    return a * b;                             // a * b값을 반환하고 함수를 빠져나간다.
  else                                         // 그렇지 않으면
    return a * recur(a-1, b+1) + recur(a-1, b); // a * recur(a-1, b+1) + recur(a-1, b)을 반환하
                                               고 빠져 나간다.
}

int main()
{
  int a=3, b=2;

  printf("%d\n", recur(a,b));                  // 반환되서 recur(a,b) 값을 출력한다.
}
```

※ return은 함수를 호출한 곳으로 값을 반환하는 역할을 하기도 하지만, 함수를 빠져 나가는 역할을 하기도 한다.
3*(2, 3) + (2, 2)
=3*(2*(1, 4) + (1, 3)) + 2*(1, 3) + (1, 2)
=3*(2*4 + 1*3) + 2*3 + 2
=33 + 8
=41

18 명령어 파이프라이닝 … CPU의 성능은 프로그램 처리 시간에 영향을 미치기 때문에 그 속도를 향상시키기 위해서 여러 가지 방법이 사용되고 있으며 가장 간단하면서 효과적인 방법이다.
※ 4단계 명령어 파이프 라인 … 명령어 인출 – 명령어 해독 – 오퍼랜드 인출 – 실행

정답 및 해설 17.③ 18.①

19 다음 데이터베이스 스키마에 대한 설명으로 옳지 않은 것은? (단, 밑줄이 있는 속성은 그 릴레이션의 기본키를 화살표는 외래키 관계를 의미한다)

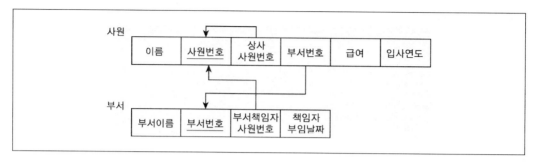

① 외래키는 동일한 릴레이션을 참조할 수 있다.

② 사원 릴레이션의 부서번호는 부서 릴레이션의 부서번호 값 중 하나 혹은 널이어야 한다는 제약조건은 참조무결성을 의미한다.

③ 신입사원을 사원 릴레이션에 추가할 때 그 사원의 사원번호는 반드시 기존 사원의 사원번호와 같지 않아야 한다는 제약 조건은 제1정규형의 원자성과 관계있다.

④ 부서 릴레이션의 책임자부임날짜는 반드시 그 부서책임자의 입사연도 이후이어야 한다는 제약조건을 위해 트리거(trigger)와 주장(assertion)을 사용할 수 있다.

20 컴퓨터 시스템에 대한 설명으로 옳은 것은?

① 임베디드 시스템은 특정 기능을 수행하기 위해 설계된 컴퓨터 하드웨어와 소프트웨어 및 추가적인 기계 혹은 기타 부품들의 결합체이다.

② 클러스터 컴퓨팅 시스템에 참여하는 컴퓨터들은 다른 이웃노드와 독립적으로 동작하고 상호 연결되어 협력하지 않는다.

③ 불균일 기억장치 액세스(NUMA) 방식은 병렬 방식 중 가장 오래되었고, 여전히 가장 널리 사용된다.

④ Flynn의 분류에 따르면, MISD는 여러 프로세서들이 서로 다른 명령어들을 서로 다른 데이터들에 대하여 동시에 실행하는 것이다.

19 ③ 사원 릴레이션의 사원번호 속성은 기본키로 지정되어 있으므로 중복되는 값을 입력받을 수 없다.

　※ **제1정규형**

　　㉠ **제1정규형** : 한 릴레이션 R이 제1정규형을 만족하는 경우는 릴레이션 R의 모든 애트리뷰트가 원자값만을 갖는 경우이다. 즉, 릴레이션의 모든 애트리뷰트에 반복 그룹이 나타나지 않을 경우에 제1정규형을 만족한다.

　　㉡ **제1정규형 해결책**

　　　• 애트리뷰트에 원자값 : 애트리뷰트에 원자값만 갖도록 튜플을 분리한 뒤 정보가 많이 중복되는 문제가 생기는데 다른 정규형으로 해결한다.

　　　• 두 릴레이션으로 분리 : 반복그룹 애트리뷰트들을 분리해서 새로운 릴레이션을 만든다. 원래 릴레이션의 기본키를 새로운 릴레이션에 애트리뷰트로 추가한다. 원래 릴레이션 키가 새로운 릴레이션의 기본키가 되는 것은 아니다.

20 ② 클러스터 컴퓨터 : 개인 PC나 소형 서버 등을 네트워크장비를 사용하여 다수대 연결하여 구성한 일종의 병렬처리용 슈퍼컴퓨터이다.

　③ 불균일 기억장치 액세스(NUMA) 방식 : 모든 프로세서의 기억장치에 대한 접속 시간이 동일한 UMA에 대응되는 구조로서, 시스템 내의 모든 프로세서가 동일한 기억 장치를 공유하고 있지만 기억 장치를 접속하는 시간이 기억 장치의 위치에 따라 다른 구조이다.

　④ MISD(Multi Instruction stream Single Data stream) : 다수의 처리기에 의해 각각의 명령들이 하나의 Data를 처리하는 구조이며, 실제로는 사용되지 않는 구조로서 Pipeline에 의한 비동기적 병렬처리가 가능하다.

정답 및 해설 19.③ 20.①

1 데이터베이스 관리 시스템(database management system)을 구축함으로써 생기는 이점만을 모두 고른 것은?

> ㉠ 응용 소프트웨어가 데이터베이스에 관한 세부 사항에 자세히 관련할 필요가 없어져서 응용 소프트웨어 설계가 단순화될 수 있다.
> ㉡ 데이터베이스에 대한 접근 제어가 용이해진다.
> ㉢ 데이터 독립성을 제거할 수 있다.
> ㉣ 응용 소프트웨어가 데이터베이스를 직접 조작하게 된다.

① ㉠, ㉡

② ㉠, ㉢

③ ㉡, ㉣

④ ㉢, ㉣

2 나머지 셋과 다른 부울 함수를 표현하는 것은?

① $F = A + A'B$

② $F = A(A + B)$

③ $F = AB' + A$

④ $F = (A + B)(A + B')$

3 다음은 PC(Personal Computer)의 전원을 켰을 때 일어나는 과정들을 순서대로 나열한 것이다. ㉠~㉢이 바르게 짝지어진 것은?

- (㉠)에 저장된 바이오스(BIOS)가 실행되어 컴퓨터에 장착된 하드웨어 장치들의 상태를 점검한다.
- (㉡)에 저장되어 있는 운영체제가 (㉢)로/으로 로드(load)된다.
- 운영체제의 실행이 시작된다.

	㉠	㉡	㉢
①	보조기억장치	ROM	주기억장치
②	보조기억장치	주기억장치	ROM
③	ROM	보조기억장치	주기억장치
④	ROM	주기억장치	보조기억장치

---

1 데이터베이스 관리 시스템(DBMS)의 정의
  ㉠ DBMS(DataBase Management System)는 응용 프로그램과 데이터베이스의 중재자로서, 응용 프로그램들이 데이터베이스를 공용할 수 있도록 하는 시스템소프트웨어이다.
  ㉡ 데이터베이스를 액세스하기 위해 제어, 접근방법, 관리 등의 기능을 수행하는 소프트웨어로, 파일 시스템에서 야기된 데이터의 종속성·중복성 문제를 해결하기 위해 사용된다.
  ㉢ DBMS를 이용하는 응용 프로그램은 데이터베이스의 생성, 접근 방법, 보안, 물리적 구조 등의 자세한 설명 없이, 원하는 데이터와 처리 작업만을 DBMS에 요청하면 된다.
  ㉣ DBMS는 데이터베이스를 종합적으로 조직·접근하며 전체적으로 통제할 수 있는 프로그램들로 구성되어 있으므로 응용 프로그램의 요청을 책임지고 수행시켜 줄 수 있다.

2 ① $F = A + A'B = (A + A')(A + B) = A + B$
  ② $F = A(A + B) = AA + AB = A + AB = A(1 + B) = A$
  ③ $F = AB' + A = A(1 + B') = A$
  ④ $F = (A + B)(A + B') = A + (BB') = A$

3 • ROM에 저장된 바이오스(BIOS)가 실행되어 컴퓨터에 장착된 하드웨어 장치들의 상태를 점검한다.
  • 보조기억장치에 저장되어 있는 운영체제가 주기억장치로/으로 로드(load)된다.
  • 운영체제의 실행이 시작된다.

정답 및 해설 1.① 2.① 3.③

4 CMMI(Capability Maturity Model Integration)의 성숙도 모델에서 표준화된 프로젝트 프로세스가 존재하나 프로젝트 목표 및 활동이 정량적으로 측정되지 못하는 단계는?

① 관리(managed) 단계

② 정의(defined) 단계

③ 초기(initial) 단계

④ 최적화(optimizing) 단계

5 다음 C 프로그램의 출력 값은?

```
#include ⟨stdio.h⟩

int func(int n);
int main(void){
    int num;

    printf("%d\n", func(5));
    return 0;
}

int func(int n){
    if (n < 2)
        return n;
    else {
        int i, tmp, current=1, last=0;
        for(i=2; i<=n; i++){
            tmp = current;
            current += last;
            last = tmp;
        }
        return current;
    }
}
```

① 5

② 6

③ 8

④ 9

4 능력 성숙도 모형 결합(Capability Maturity Model Integration, CMMI)은 조직에서 수행을 향상시키기 위해 업무절차들을 체계화하는 일이다. 역량 성숙도 모형 결합이라고도 한다. CMMI의 조직 개발 프로세스 성숙도는 레벨 1~레벨 5로 나뉘어 있다. 레벨 1은 매우 미숙하고 혼돈된 프로세스(Ad-hoc Process)이며, 레벨 5는 최적화된 가장 성숙한 최고수준의 프로세스(Optimizing)이다.

ㄱ 레벨 1(Initial ; 초기) : 개인의 역량에 따라 프로젝트의 성공과 실패가 좌우된다. 소프트웨어 개발 프로세스는 거의 없는 상태를 의미한다.

ㄴ 레벨 2(Managed ; 관리) : 프로세스 하에서 프로젝트가 통제되는 수준으로 조직은 프로세스에 대한 어느 정도의 훈련이 되었다고 볼 수는 있지만, 일정이나 비용과 같은 관리 프로세스 중심이다. 기존 유사 성공사례를 응용하여 반복적으로 사용한다.

ㄷ 레벨 3(Defined ; 정의) : 레벨 2에서는 프로젝트를 위한 프로세스가 존재한다면 레벨 3에서는 조직을 위한 표준 프로세스가 존재한다. 모든 프로젝트는 조직의 프로세스를 가져다 상황에 맞게 조정하여 승인받아 사용한다.

ㄹ 레벨 4(Quantitatively Managed ; 정량적 관리) : 소프트웨어 프로세스와 소프트웨어 품질에 대한 정량적인 측정이 가능해진다. 조직은 프로세스 데이터베이스를 구축하여 각 프로젝트에서 측정된 결과를 일괄적으로 수집하고 분석하여 품질평가를 위한 기준으로 삼는다.

ㅁ 레벨 5(Optimizing ; 최적화) : 이 레벨에서는 지속적인 개선에 치중한다. 조직적으로 최적화된 프로세스를 적용하여 다시 피드백을 받아 개선하는 상위 단계이다.

5. main 함수에서 func 함수를 호출(실매개변수 5를 형식매개변수 n에 전달)

```
if (n < 2)                        // n은 5로 거짓임으로 else로 분기
return n;
else {
int i, tmp, current=1, last=0;              // 각 변수 초기화
for(i=2; i<=n; i++){                 // i는 2부터 n까지 1씩 증가하면 반복
tmp = current;             // tmp에 current값을 배정
current += last;           // current에 current+last값을 배정
last = tmp;                // last에 tmp값을 배정
}
return current;                       // current 값을 리턴
```

6 다음에서 설명하는 이미지 파일 형식(format)으로 옳은 것은?

> • 컴퓨서브사에서 이미지 파일 전송 시간을 줄이기 위해 개발한 이미지 파일 압축 형식이다.
> • RLE(Run Length Encoding) 방식을 응용한 압축 방법을 사용한다.
> • 사용 가능한 색이 256색으로 제한된다.

① JPEG

② MPEG

③ TIFF

④ GIF

7 소프트웨어 테스트에 대한 설명으로 옳지 않은 것은?

① 단위(unit) 테스트는 개별적인 모듈에 대한 테스트이며 테스트 드라이버(driver)와 테스트 스텁(stub)을 사용할 수 있다.

② 통합(integration) 테스트는 모듈을 통합하는 방식에 따라 빅뱅(big-bang) 기법, 하향식(top-down) 기법, 상향식(bottom-up) 기법을 사용한다.

③ 시스템(system) 테스트는 모듈들이 통합된 후 넓이 우선 방식 또는 깊이 우선 방식을 사용하여 테스트한다.

④ 인수(acceptance) 테스트는 인수 전에 사용자의 요구 사항이 만족되었는지 테스트한다.

6 ④ GIF(Graphics Interchange Format) : 컴퓨서브(Compuserve)사의 그래픽 파일 형식으로 웹 이미지 형식에 있어 많이 사용되며, JPEG와 함께 웹에서 지원되는 두 가지 그래픽 파일 형식 중의 하나이다. 데이터 압축률이 우수하고 256 컬러를 사용한다. 움직이는 그림(Animated GIF)을 나타낼 수 있으며, 인터넷에서 널리 사용된다.

　① JPEG(Joint Photographic Experts Group) : 사진이나 그래픽 등의 컬러 정지영상을 압축하는 기술로서, 프레임(Frame) 중에서 중복되는 정보를 삭제하여 데이터를 압축한다. 정지 영상에 대한 국제 표준 압축/복원 규약이다.

　② MPEG(Moving Picture Expert Group) : MPEG은 동영상에 대한 국제표준 압축 규격이다. 압축 시 데이터 손실이 있을 수 있고 데이터를 압축하는 데 시간이 많이 걸린다.

　③ TIFF(Tag Image File Format) : 서로 다른 기종 간의 그래픽 데이터 교환에 사용되는 파일 형식으로, 호환성이 좋으며 선명한 화상을 표현할 수 있다.

　　㉠ BMP(Bitmap) : MS-Windows에서 기본적으로 지원하는 형식으로, 점(dot)들의 집합으로 구성되는 그래픽 데이터로서 그림을 확대하면 점들이 커져서 그림에 각이 지게 된다. 압축을 하지 않아 파일의 크기가 커지는 단점이 있다.

　　㉡ PNG(Portable Network Graphics) : 저작권 비용 문제로 사용하기 어려운 GIF를 대체하기 위해 개발되었다. 투명도 조절, 인터레이싱 기능, 높은 압축률을 제공한다.

7 ③ 시스템 테스트(System Test)는 실제 최종 사용 환경과 유사한 환경에서 이루어지는 테스트이다. 독립적인 테스트 팀이 수행한다.

　① 단위 테스트(Unit Test)는 구현 단계에서 프로그래머가 실시하는 모듈에 대한 테스트이다. 화이트 박스 테스팅 & 블랙박스 테스팅 기법 가용 가능하다.

　② 통합 테스트(Integration Test)는 시스템을 구성하는 모듈을 모아 통합적으로 하는 테스트이다. 테스트 대상의 크기가 클수록 백본, 빅뱅, 상향식, 하향식 접근법을 이용해 테스트하는 것으로 결함 위치를 찾기 쉽다.

　④ 인수 테스트(Acceptance Test)는 완성된 제품에 대한 시험이다. 시스템을 사용할 환경에 설치하여 시험(Installation Test)한다.

정답 및 해설 6.④ 7.③

8 프림(Prim) 알고리즘을 이용하여 최소 비용 신장 트리를 구하고자 한다. 다음 그림의 노드 0 에서 출발할 경우 가장 마지막에 선택되는 간선으로 옳은 것은? (단, 간선 옆의 수는 간선의 비용을 나타낸다)

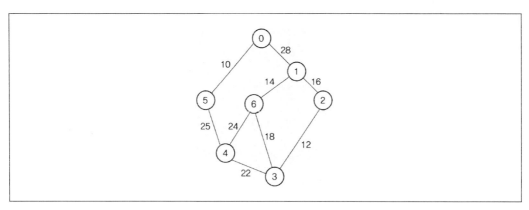

① (1, 2)

② (1, 6)

③ (4, 5)

④ (4, 6)

9 자료 구조에 대한 설명으로 옳지 않은 것은?

① 큐(queue)는 선입 선출의 특성을 가지며 삽입과 삭제가 서로 다른 끝 쪽에서 일어난다.

② 연결 그래프(connected graph)에서는 그래프 내의 모든 노드 간에 갈 수 있는 경로가 존재한다.

③ AVL 트리는 삽입 또는 삭제가 일어나 트리의 균형이 깨지는 경우 트리 모습을 변형시킴으로 써 균형을 복원시킨다.

④ 기수 정렬(radix sort)은 키(key) 값이 가장 큰 것과 가장 오른쪽 것의 위치 교환을 반복적으로 수행한다.

10 가상기억장치(virtual memory) 구현 방법으로서의 페이징(paging)과 세그멘테이션(segmentation)에 대한 설명으로 옳지 않은 것은?

① 페이징 기법에서 페이지(page)의 크기가 2^k바이트이면 가상 주소(virtual address)의 페이지 오프셋(offset)은 k비트이다.

② 세그멘테이션 기법에서 세그먼트들은 2의 거듭제곱 바이트의 크기를 가져야 하며 최대 크기가 정해져 있다.

③ 페이징 기법에서는 외부 단편화(external fragmentation)가 발생하지 않는다.

④ 세그멘테이션 기법에서는 외부 단편화가 발생할 수 있다.

---

8 프림(Prim) 알고리즘은 가중치가 있는 연결된 무향 그래프의 모든 꼭짓점을 포함하면서 각 변의 비용의 합이 최소가 되는 부분 그래프인 트리, 즉 최소비용 생성나무를 찾는 알고리즘이다.
- 임의의 정점 하나를 선택하여 최소 비용 신장트리 T로 정한다.
- 트리 T 안의 한 정점과 트리 T 밖의 한 정점을 연결하는 간선들 중 비용이 가장 작은 것을 선택함으로써 트리 T에 정점 한 개를 추가하는 작업을 모든 정점이 트리 T 안에 포함될 때까지 반복한다.
- 간선의 순서는 0-5-4-3-2-1-6 이다.

9 기수 정렬(Radix Sort) … 기수 정렬은 정수의 자리수의 숫자를 기준으로 큐에 넣어서 순서대로 꺼내는 방식으로 정렬을 기준이 되는 자리수를 바꿔가면서 정렬을 하는 알고리즘이다.

10 가상기억장치 구현방법
ㄱ) 페이징(Paging) 기법 : 블록 사이즈가 동일한 방식으로 사용자가 작성한 프로그램은 하드웨어에 의해 페이지 단위로 분해된다. 물리적(실) 주소 공간은 가상기억장치의 페이지 크기와 같은 페이지 프레임으로 나누어 사용된다. 따라서 최초, 최적, 최악 적합 등 배치 기법이 필요 없다.
ㄴ) 세그멘테이션(Segmentation) 기법 : 블록 사이즈가 가변적인 방식으로서, 가변 사이즈 블록을 세그먼트(Segment)라 한다. 세그먼트는 프로그램에서 서브루틴과 같은 의미인데, 이때 프로그램을 세그먼트로 나누는 일은 프로그래머 자신이 해야 한다. 기억장치의 사용자 관점을 지원하는 기억장치 관리 기법으로 논리 주소 공간은 세그먼트의 모임이다. 그러므로 최초, 최적, 최악 적합 등 배치 기법이 필요하다. 세그먼트 테이블의 각 항목은 세그먼트의 기준(base)과 세그먼트의 한계(limit)를 가지고 있는데 세그먼트 기준은 세그먼트가 메모리 내에 존재하는 시작 물리 주소를 가지고 있으며 세그먼트 한계는 세그먼트 길이를 명시한다.

11 단일 종류의 논리 게이트(gate)만을 사용하더라도 모든 조합논리 회로를 구현할 수 있는 게이트로 옳은 것은?

① AND 게이트

② OR 게이트

③ NOR 게이트

④ 인버터(inverter)

12 캐시 일관성(cache coherence) 문제를 해결하기 위한 기술과 관련이 없는 것은?

① 스누핑(snooping) 프로토콜

② MESI 프로토콜

③ 디렉토리 기반(directory-based) 프로토콜

④ 우선순위 상속(priority-inheritance) 프로토콜

13 데이터베이스 데이터 모델에 대한 설명으로 옳지 않은 것은?

① 계층 데이터 모델은 트리 형태의 데이터 구조를 가진다.

② 관계 데이터 모델은 테이블로 데이터베이스를 나타낸다.

③ 네트워크 데이터 모델은 그래프 형태로 데이터베이스 구조를 표현한다.

④ 계층 데이터 모델, 관계 데이터 모델, 네트워크 데이터 모델은 개념적 데이터 모델이다.

11 OR 게이트에 인버터가 접속된 것으로 플립플롭을 포함한 어떤 논리 함수든지 구성할 수 있기 때문에 Universal gate라고 한다. (Not + OR)

※ 유니버설 게이트(universal gate) … NAND와 NOR 게이트를 유니버설 게이트라 한다.

12 캐시 일관성 문제란 SMP와 같은 공유 메모리 방식의 병렬 컴퓨터에서 주기억장치(공유메모리)와 캐시에 저장된 데이터가 달라지는 현상이다. 캐시 일관성 유지방식에는 하드웨어 방식과 소프트웨어 방식이 있다.

하드웨어 방식은 캐시 일관성 프로토콜이라고 하며, 잠재적인 불일치 조건들을 run time에 동적으로 검출하는 방식이다. 소프트웨어 방식은 컴파일러와 OS를 이용하여 잠재된 문제를 검출하는 방식이다. (run time → compile time)

하드웨어 방식에는 디렉토리 프로토콜, 스누핑 프로토콜, MESI 프로토콜이 있다.

종류	특징
디렉토리 프로토콜	라인의 복사본이 존재하는 위치에 대한 정보를 수집하고 유지. 주기억장치에는 여러 개의 지역 캐시들의 내용에 대한 전역 상태 정보가 담긴 디렉토리가 저장된다.
스누핑 로토콜	캐시 일관성 유지에 대한 책임을 다중 프로세서 내의 모든 캐시 제어기들에게 분산한다.
MESI 프로토콜	SMP에서 사용하는 write-invalidate 방식의 스누핑 프로토콜. 데이터 캐시는 태그당 두 개의 상태 비트를 포함하며 다음과 같은 상태 정보 중 하나를 저장한다. • modified : 캐시 내 라인이 수정되었으며, 그 라인은 캐시에만 있다. • exclusive : 캐시 내 라인은 주기억장치의 것과 동일하며, 다른 캐시에는 존재하지 않는다. • shared : 캐시 내 라인은 주기억장치의 것과 동일하며, 다른 캐시에도 있을 수 있다. • ivalidate : 캐시 내 라인은 유효한 데이터를 가지고 있지 않다.

13 데이터베이스 설계 단계

㉠ 개념적 설계(Conceptual Design) : 현실 세계를 데이터 모델링을 통해 개념적 구조로 표현하는 과정으로, 개체-관계(Entity-Relationship) 다이어그램 이용한다.

㉡ 논리적 설계(Logical Design) : 개념 세계를 데이터 모델링을 통해 논리적 구조로 표현하는 과정이다. 논리적 데이터 모델은 관계(Relational), 네트워크(Network), 계층(Hierarchical) 세 가지 모델이 많이 사용되었다.

㉢ 물리적 설계(Physical Design) : 구현을 위한 데이터 구조화, 디스크에 데이터가 표현될 수 있도록 물리적 구조로 변환하는 과정이다.

정답 및 해설 11.③ 12.④ 13.④

14 교착상태(deadlock)가 발생하기 위해서 만족해야 하는 조건들에 대한 설명으로 옳지 않은 것은?

① 상호 배제(mutual exclusion) 조건 : 한 프로세스에 의해 점유된 자원은 다른 프로세스가 사용할 수 없다.

② 점유와 대기(hold and wait) 조건 : 이미 하나 이상의 자원을 점유한 프로세스가 다른 프로세스에 의해 점유된 자원을 요청하며 대기하고 있다.

③ 비선점(no preemption) 조건 : 프로세스가 점유한 자원을 그 프로세스로부터 강제로 빼앗을 수 있다.

④ 순환 대기(circular wait) 조건 : 프로세스 간에 닫힌 체인(closed chain)이 존재하여, 체인 내의 각 프로세스는 체인 내의 다른 프로세스에 의해 소유되어 있는 자원을 요청하며 대기하고 있다.

15 유비쿼터스 컴퓨팅에 대한 설명으로 옳지 않은 것은?

① 감지 컴퓨팅은 컴퓨터가 센서 등을 이용하여 사용자의 행위 또는 주변 환경을 인식하여 필요 정보를 제공하는 기술이다.

② 노매딕(nomadic) 컴퓨팅은 현실 세계와 가상 화면을 결합하여 보여주는 기술이다.

③ 퍼베이시브(pervasive) 컴퓨팅은 컴퓨터가 도처에 편재되도록 하는 기술이다.

④ 웨어러블(wearable) 컴퓨팅은 컴퓨터 착용을 통해 컴퓨터를 인간 몸의 일부로 여길 수 있도록 하는 기술이다.

16 파이프라이닝(pipelining) 기법이 적용된 중앙처리장치(CPU)에서의 파이프라인 해저드(pipeline hazard) 종류와 대응 방법을 바르게 짝지은 것만을 모두 고른 것은?

> ㉠ 데이터 해저드(data hazard) – 데이터 전방전달(data forwarding)
> ㉡ 구조적 해저드(structural hazard) – 부족한 자원의 추가
> ㉢ 제어 해저드(control hazard) – 분기 예측(branch prediction)

① ㉠, ㉡

② ㉠, ㉢

③ ㉡, ㉢

④ ㉠, ㉡, ㉢

14 교착상태 필요조건

　ⓐ 상호 배제(Mutual Exclusion) : 프로세스들이 자원을 배타적으로 점유하고 있어, 다른 프로세스들이 자원을 사용할 수 없도록 만든다.

　ⓑ 점유와 대기(Hold & Wait) : 부분 할당이라고도 하는데, 프로세스들은 동일한 자원이나 다른 종류의 자원을 부가적으로 요구하면서, 이미 어떤 자원을 점유하고 있다. 최소한 하나의 자원을 점유하고 있는 프로세스가 존재해야 하며, 이 프로세스는 다른 프로세스에 할당된 자원을 추가로 점유하기 위해 대기한다.

　ⓒ 비선점(Non-preemption) : 자원을 선점하지 못한다. 즉, 자원을 강제로 빼앗지 못하고 해제될 때까지 기다려야 한다.

　ⓓ 순환 대기(Circular Wait) : 대기 프로세스의 집합. 프로세스와 자원들이 원형을 이루며, 각 프로세스는 자신에게 할당된 자원을 가지면서 상대방 프로세스의 자원을 상호 요청하는 경우이다.

15 ② 노매딕(nomadic) 컴퓨팅 : 선과 연결의 제약을 없애고 네트워킹의 이동성 극대화→특정 장소가 아닌 어디에서나 컴퓨터를 사용할 수 있게 되는 기술

　※ 증강 현실(Augmented Reality) … 가상 현실(Virtual Reality)의 한 분야로, 실세계에 3차원 가상물체를 겹쳐서 보여주는 기술이다. 즉, 실제 환경에 가상 사물이나 정보를 합성하여 원래의 환경에 존재하는 사물처럼 보이도록 하는 컴퓨터 그래픽 기법이다.

16 파이프라이닝 해저드의 종류

　ⓐ 데이터 해저드(data hazard)는 명령이 현재 파이프라인에서 수행 중인 이전명령의 결과에 종속되는 경우 발생한다. 이 경우 데이터 전방전달(data forwarding)이나 소프트웨어 스케줄링으로 해결된다.

　ⓑ 구조적 해저드(structural hazard)는 하드웨어가 여러 명령들의 수행을 지원하지 않기 때문에 발생한다. 부족한 자원의 추가을 추가하여 해결한다.

　ⓒ 제어 해저드(control hazard)는 분기 명령어에 의해서 발생되고 분기 방향이 결정될 때까지 중지, 분기손실 되는 동안 다른 명령 수행, 분기 예측(branch prediction) 등의 방법으로 해결된다.

정답 및 해설 14.③　15.②　16.④

17 TCP/IP 프로토콜에서 TCP 및 UDP에 대한 설명으로 옳지 않은 것은?

① TCP와 UDP는 전송 계층(transport layer)의 프로토콜이다.

② UDP는 중복 전달 및 전송 오류를 허용한다.

③ TELNET, SNMP, TFTP는 TCP 서비스를 이용하는 응용 계층(application layer) 프로토콜이다.

④ TCP는 신뢰성 있는 통신을 제공하기 위한 연결형 프로토콜이다.

18 통신 연결 장치와 그 장치가 동작하는 OSI(Open Systems Interconnection) 계층이 바르게 짝지어진 것은?

> ㉠ 네트워크 계층(network layer)
> ㉡ 데이터 링크 계층(data link layer)
> ㉢ 물리 계층(physical layer)

	라우터(router)	브리지(bridge)	리피터(repeater)
①	㉠	㉡	㉢
②	㉡	㉠	㉢
③	㉡	㉢	㉠
④	㉢	㉡	㉠

17 TCP 및 UDP

ⓐ UDP(User Datagram Protocol)
- Datagram : 발신 단말에서 수신 단말로의 경로를 결정하는 정보를 가지고 있는 패킷의 일종
- 비연결형 서비스를 지원한다.
- 연결설정 및 해제설정 없이 데이터를 전송하는 방식
- 정해진 경로가 없기 때문에 전송된 패킷이 서로 다른 경로로 목적지에 도착한다. → 데이터가 순서대로 도착하지 않음
- 신뢰성이 없다. → 데이터가 잘 전송되었는지 확인하지 않는다.
- TCP보다 구조가 단순해 전송 효율이 좋으며, 고속 전송이 필요한 환경에 유용하다. 예 동영상 스트리밍

ⓑ TCP(Transmission Control Protocol)
- 연결형 서비스를 지원한다.
- 데이터 전송 전에 연결을 미리 설정하여 송신하는 방식
- 데이터가 모두 동일한 경로를 이용하기 때문에 보내는 순서대로 목적지에 도착한다.
- 신뢰성 있는 데이터 전송을 보장한다. → 패킷의 중복, 분실, 순서 바뀜을 자동으로 해결해 줌
- ACK(Acknowledgement : 패킷을 받았다고 응답하는 것)을 통해 패킷의 손실을 막는다.
- 데이터 전송 시 순서 번호를 같이 전송하여, 데이터의 순서를 보장한다.
- 데이터 전송 속도가 UDP에 비해 느리다.

18 ⓐ 네트워크 계층 – 라우터 ⓑ 데이터 링크 계층 – 브리지 ⓒ 물리 계층 – 리피터

※ OSI 계층
ⓐ Physical(=물리 계층)
- 상위 계층에서 내려온 비트들을 전송 매체를 통하여 어떤 전기적 신호로 전송할 것인가를 담당
- 1계층의 대표적인 장비로 허브와 리피터가 있음

ⓑ Data Link(=데이터 링크 계층)
- 신호수준의 데이터 비트들이 물리 계층을 통과하면 데이터 블록을 형성, 이 데이터 블록에 대한 전송을 담당
- 인접한 개방형 시스템 간에 발생하는 다음과 같은 문제를 담당
  - 데이터 블록의 시작과 끝을 인식하는 동기화 문제
  - 발생된 오류를 검출하고 복원하는 오류문제 및 혼선 제어문제
- 2계층의 대표적인 장비로 스위치와 브리지가 있음

ⓒ Network(=네트워크 계층)
- 송신측과 수신측 사이에 보이지 않는 논리적인 링크를 구성
- 데이터를 패킷(packet) 단위로 분할하여 전송한 후 조립함
- 패킷 전송의 최적의 경로를 찾아주는 라우팅 기능 제공
- 3계층의 대표적인 장비로 라우터와 Layer 3 스위치가 있음

ⓓ Transport(=전송 계층)
- 사용자와 사용자, 컴퓨터와 컴퓨터 간에 연결을 확립하고 유지
- 송수신 시스템 간의 논리적인 안정과 균일한 서비스 제공
- 세션 계층에서 넘어온 데이터를 세그먼트(segment) 단위로 분할하고 번호를 붙임
- 오류 검출 코드를 추가하고 통신 흐름 제어를 제공

ⓔ Session(=세션 계층)
- 세션을 확립하여 순차적인 대화의 흐름이 원활하게 이루어지도록 동기화 기능 제공
- 데이터 전송 방향 결정

ⓕ Presentation(=표현 계층)
- 데이터를 표현하는 방식을 다루는 계층으로 데이터의 안정성을 높이기 위해 데이터 압축이나, 데이터 암호화 기능 제공
- 상이한 데이터 표현을 서로 가능케 하는 표준인터페이스 제공

ⓖ Application(=응용 계층) : 사용자의 응용 P · G(Program)이 네트워크 환경에 접근하는 창구역할을 하는 최상위 계층

19 다음 C 프로그램의 출력 값은?

```c
#include <stdio.h>
int main() {
    int a[] = {1, 2, 4, 8};
    int *p = a;

    p[1] = 3;
    a[1] = 4;
    p[2] = 5;

    printf("%d, %d\n", a[1]+p[1], a[2]+p[2]);

    return 0;
}
```

① 5, 9
② 6, 9
③ 7, 9
④ 8, 10

20 인터넷에서 사용되는 경로배정(routing) 프로토콜 중에서 자율 시스템(autonomous system) 내부에서의 경로배정을 위해 사용되는 것만을 모두 고른 것은?

㉠ OSPF
㉡ BGP
㉢ RIP

① ㉠, ㉡
② ㉠, ㉢
③ ㉡, ㉢
④ ㉠, ㉡, ㉢

19
```
int main() {
int a[ ] = {1, 2, 4, 8}; // 배열 생성
int *p = a;                      // 인트형 포인터 변수 p에 배열 a의 포인터 배정
p[1] = 3;                        // p[1]에 3 배정
a[1] = 4;                        // p[1]에 4 배정
p[2] = 5;                        // p[2]에 5 배정
printf("%d, %d\n", a[1]+p[1], a[2]+p[2]);
                                 // 배열 a[0]~[3]까지는 포인터배열 p[0]~p[3]로 접근 가능
                                 // 때문에 배열 a와 포인터배열 p가 참조하는 기억공간은 같다.
                                 // a[1]+p[1]은 8이 출력되고 a[2]+p[2]는 10이 출력

return 0;
}
```

20 경로배정 프로토콜의 종류

ㄱ 내부 라우팅 프로토콜(Interior Routing Protocol)

• OSPF(open shortest path first) : RIP의 단점을 보완하기 위해 개발된 링크 상태 라우팅 알고리즘, 각 라우터는 링크의 상태에 변화가 있는 경우에만 변화의 내용을 모든 라우터에게 방송(broadcasting)함으로서 갱신된 상태 정보를 다른 라우터와 공유

• RIP(routing information protocol) : 초기 IP와 함께 개발된 최초의 라우팅 프로토콜, 거리 벡터 라우팅 알고리즘에 근거한 분산 라우팅 방식

ㄴ 외부 라우팅 프로토콜(Exterior Routing Protocol)

• BGP(Border Gateway Protocol) : 인터넷 AS간의 경로 벡터(Path Vector) 라우팅 알고리즘에 근거한 표준 외부 라우팅 프로토콜, AS와 AS를 연결하는 AS 경계 라우터(BGP 라우터)들 간에 동작하는 분산 프로토콜, 특정 목적지 네트워크로의 경로 정보를 이웃 BGP 라우터와 공유한다. 경로 벡터 방식은 거리 벡터 방식과는 두 가지 면에서 다르다.

ㅡ 거리에 대한 처리 과정이 이루어지지 않는다.

ㅡ 관리하는 라우팅 정보에는 목적지 네트워크에 도착하기 위한 자율 시스템에 관한 내용만 포함한다.

정답 및 해설 19.④ 20.②

1 접근 속도가 가장 빠른 기억장치는?

① 주기억장치

② 보조기억장치

③ 레지스터

④ 캐시

2 어떤 프로세스가 일정 크기의 CPU 시간 할당량(time quantum)을 한 번 받은 후에는 강제로 대기 큐의 다른 프로세스에게 CPU를 넘겨주는 방식의 스케줄링 기법은?

① FCFS(First-Come-First-Served)

② RR(Round-Robin)

③ SPN(Shortest Process Next)

④ HRRN(Highest Response Ratio Next)

3 10진수 −20을 2의 보수 형식의 8비트 2진수로 나타낸 것은?

① 10010100

② 11101011

③ 11101100

④ 11110100

4 입력 안내에 따라 두 사람의 나이를 입력받고 그 합을 구하는 C 프로그램을 작성하려고 한다. 프로그램이 정상적으로 동작하도록 다음의 코드 조각을 올바른 순서로 나열한 것은?

> ㉠ scanf("%d%d", &age1, &age2);
> ㉡ result = age1 + age2;
> ㉢ int age1, age2, result;
> ㉣ printf("나이의 합은 %d살입니다. \n", result);
> ㉤ printf("철수와 영희의 나이를 입력하세요 :");

① ㉢ → ㉤ → ㉠ → ㉡ → ㉣
② ㉢ → ㉠ → ㉡ → ㉤ → ㉣
③ ㉤ → ㉠ → ㉢ → ㉣ → ㉡
④ ㉢ → ㉠ → ㉤ → ㉡ → ㉣

---

1 전형적인 컴퓨터 시스템에서 기억장치는 상위 계층으로부터 레지스터 – 캐시 – 주기억장치 – 보조기억장치의 기억장치 계층구조를 이룬다. 상위 층의 기억장치일수록 비트당 비용이 높지만 접근 속도가 빠르다.

2 ① FCFS(First-Come-First-Served) : 프로세스가 준비 큐에 도착한 순서대로 CPU를 할당받는 비선점 스케줄링 방식
③ SPN(Shortest Process Next) : 준비 큐에서 대기하는 프로세스 중에서 수행시간이 가장 짧다고 판단되는 프로세스를 먼저 수행하는 비선점 방식으로 흔히 SJF(Shortet Job First) 스케줄링으로 알려져 있다.
④ HRRN(Highest Response Ratio Next) : 준비 큐 내의 프로세스들 중에서 다음과 같이 정의되는 RR(Response Ratio, 응답 비율)이 가장 큰 프로세스를 수행하는 비선점 스케줄링 방식이다.
응답 비율(우선순위) = (대기시간 + 서비스시간) / 서비스시간

3 2진수의 1의 보수는 각 자리의 수를 1은 0으로, 0은 1로 바꾸어 얻고, 2의 보수는 1의 보수에 1을 더하여 구한다.
20_{10} = $(0001\ 0100)_2$이므로 -20_{10}의 2의 보수 표현은 $(1110\ 1011)_2 + 1 = (1110\ 1100)_2$이다.

4 우선 프로그램에서 사용할 변수의 선언문이 필요하므로 ㉢ 문장이 맨 처음에 와야 한다(③번 소거). 다음으로 두 사람의 나이를 입력하라는 안내문인 ㉤ 문장이 온 후 입력문 ㉠ 문장이 와야 한다. ㉢ 문장 다음에 ㉠ 문장이 오게 되면 ㉤ 문장이 들어갈 자리가 어색해진다(②, ④번 소거). 이제 age1과 age2 값을 더하여 변수 result에 저장한 후 result 값을 출력하면 되므로 올바른 문장 순서는 ㉢ - ㉤ - ㉠ - ㉡ - ㉣이다.

5 주소 변환을 위한 ARP(Address Resolution Protocol)에 대한 설명으로 옳지 않은 것은?

① ARP는 같은 네트워크 상에 있는 상대 호스트나 라우터의 논리 주소인 IP 주소를 획득하기 위해 사용된다.

② ARP 요청은 해당 네트워크 상의 모든 호스트와 라우터에게 브로드캐스트 된다.

③ ARP 응답은 ARP 요청을 전송한 요청자에게 유니캐스트된다.

④ ARP 요청과 응답을 통해 획득한 주소 값을 ARP 캐시 테이블에 저장하여 통신 효율성을 높일 수 있다.

6 관계형 데이터베이스 설계에서의 정규화에 대한 설명으로 옳지 않은 것은?

① 질의처리 성능 향상을 위해 비효율적인 릴레이션들을 병합하는 과정이다.

② 데이터 중복을 감소시켜 저장 공간의 효율성을 향상시킨다.

③ 삽입, 삭제, 수정 시 발생할 수 있는 이상(anomaly) 현상을 제거한다.

④ 정규형에는 1NF, 2NF, 3NF, BCNF, 4NF, 5NF 등이 있다.

7 QR코드에 대한 설명으로 옳지 않은 것은?

① 'Quick Response' 코드의 약자로 일본에서 개발되었다.

② 가로와 세로를 활용하는 2차원 형태로 이루어져 있다.

③ 기존 바코드보다 많은 양의 데이터를 넣을 수 있다.

④ 오류 정정(error correction) 기능이 없다.

8 범용 컴퓨터의 시스템 버스(system bus)에 해당하지 않는 것은?

① 주소 버스(address bus)

② 데이터 버스(data bus)

③ 제어 버스(control bus)

④ 명령어 버스(instruction bus)

5 ARP(Address Resolution Protocol) … 논리적 주소(IP Address)를 기반으로 물리적 주소(MAC Address)를 알아오는 프로토콜이다. 상대방은 MAC 주소가 없는 패킷을 받으면 2계층(Datalink-Layer)에서 폐기해버린다. 때문에 상대방의 MAC주소를 알아야 프레임이 만들어져서 통신을 할 수 있게 된다.

　　㉠ ARP의 동작원리 : 송신자는 목적지 물리주소가 필요하므로, 물리주소 요청을 위한 ARP요청 패킷을 브로드캐스트로 전송

　　　• 브로드캐스트를 하는 이유는 목적지의 물리주소를 모르기 때문에 모두에게 요청함

　　　• 요청 패킷에는 수신자가 수신자 주소를 응답할 때 필요한 송신자 주소가 포함

　　　• 모든 호스트와 라우터는 송신자가 보낸 ARP 요청 패킷을 수신함

　　　• 해당되는 수신자만 자신의 논리주소와 물리주소를 넣어 응답 패킷을 유니캐스트로 전송

　　㉡ ARP Cache(ARP Table) : ARP 요청을 보냈던 시스템은 ARP 응답을 수신하면 질의 대상 시스템의 하드웨어 주소와 IP 주소를 로컬 캐시(Chche)에 저장한다. 시스템에서 다음 번 데이터를 보낼 때 로컬 캐시를 검사하여 엔트리를 찾으면 그것을 사용함으로써 또 다른 요청을 브로드캐스트 할 필요가 없어짐으로 로컬 트래픽을 줄일 수 있다. 응답하는 시스템도 동일하게 로컬 Cache에 ARP 정보를 저장한다.

6 정규화 … 한 릴레이션에 여러 가지 정보를 나타내려는 데서 오는 데이터 중복의 문제와 이러한 데이터 중복에 의한 여러 이상(anomaly) 현상들을 제거하기 위해서 릴레이션을 보다 바람직한 특성의 여러 릴레이션들로 분해하는 과정이다. 질의 처리 성능 향상을 위해 비효율적인 릴레이션을 병합하는 정규화의 반대 과정을 역정규화(denormalization)라고 한다. 역정규화를 하면 릴레이션들 간의 조인이 필요없어져 어떤 질의의 수행 성능을 향상시킬 수 있다.

7 QR코드(Quick Response Code)

　　㉠ 바코드보다 훨씬 많은 정보를 담을 수 있는 격자무늬의 2차원 코드이다. 스마트폰으로 QR코드를 스캔하면 각종 정보를 제공받을 수 있다.

　　㉡ 사각형의 가로세로로 격자무늬에 다양한 정보를 담고 있는 2차원(매트릭스) 형식의 코드로, 'QR'이란 'Quick Response'의 머리글자이다. 1994년 일본 덴소웨이브사(社)가 개발하였으며, 덴소웨이브사가 특허권을 행사하지 않겠다고 선언하여 다양한 분야에서 널리 활용되고 있다.

　　㉢ 기존의 1차원 바코드가 20자 내외의 숫자 정보만 저장할 수 있는 반면 QR코드는 숫자 최대 7,089자, 문자(ASCII) 최대 4,296자, 이진(8비트) 최대 2,953바이트, 한자 최대 1,817자를 저장할 수 있으며, 오류 복원 기능이 있어 코드 일부분이 오염되거나 손상돼도 데이터 정보를 복원할 수 있는 것도 장점이다. 물론 손상/오염 정도가 심하면 복원이 불가능하기도 하지만, 기존 바코드에 비해 인식률이 우수한 것은 사실이다. 또한 코드 모양이 정사각형이라 360도 어느 방향으로 읽어도 정확하게 인식된다. 더구나 바탕/배경 그림의 영향을 거의 받지 않으므로 다양한 형태의 홍보/판촉물에 삽입할 수 있다.

8 버스(bus)는 전달되는 정보의 유형에 따라서 논리적으로 데이터 버스, 제어 버스, 주소 버스로 구분된다.

　　㉠ 데이터 버스(data bus) : 시스템 버스의 데이터 회선들은 시스템 모듈들 간에 데이터 이동 경로를 제공해 주는 데 이들 데이터회선들을 합하여 데이터 버스라고 한다. 주장치와 종장치 간의 양방향 버스이다.

　　㉡ 주소 버스(address bus) : 주장치가 버스에 연결시키고자 하는 종장치의 주소를 지정하기 위한 주소선들의 집합으로 주장치에서 종장치로의 단방향 버스이다.

　　㉢ 제어 버스(control bus) : 데이터 버스와 주소 버스의 사용을 제어하기 위한 제어선들의 집합으로 시스템 모듈 사이에 명령과 타이밍 신호를 모두 전달하는 양방향 버스이다. 타이밍 신호는 데이터와 주소 정보의 유효성을 나타내고, 명령 신호들은 수행할 동작을 결정한다. 제어선들의 주요 기능에는 기억장치 읽기 명령, 기억장치 쓰기 명령, I/O 읽기 명령, I/O 쓰기 명령, 전송 확인, 버스 요구, 버스 승인, 인터럽트 요구, 인터럽트 확인 등이 있다.

정답 및 해설 5.① 6.① 7.④ 8.④

9 속성 A, B, C로 정의된 릴레이션의 인스턴스가 아래와 같을 때, 후보키의 조건을 충족하는 것은?

A	B	C
1	12	7
20	12	7
1	12	3
1	1	4
1	2	6

① (A)

② (A, C)

③ (B, C)

④ (A, B, C)

10 다음의 인접리스트는 어떤 그래프를 표현한 것이다. 이 그래프를 정점 A에서부터 깊이 우선 탐색(depth first search)할 때, 정점이 방문되는 순서로 옳은 것은?

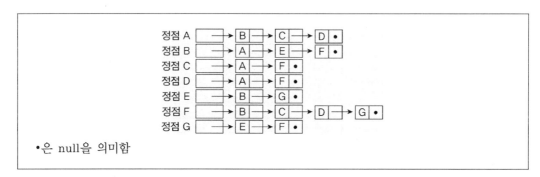

① A→B→C→D→F→G→E

② A→D→C→B→F→E→G

③ A→B→C→D→E→F→G

④ A→B→E→G→F→C→D

11 2진 부동소수점 수를 표현하기 위한 표준 형식의 요소가 아닌 것은?

① 지수(exponent)   ② 가수(fraction 또는 mantissa)

③ 기수(base)   ④ 부호(sign)

---

9 유일성과 최소성을 가지고 모든 투플을 식별가능하므로 후보키의 조건을 만족한다. 그러나 주어진 인스턴스들의 내용으로부터 반드시 후보키라고 단정할 수는 없음에 유의한다.

　※ **후보키(candidate key)**

　한 릴레이션의 후보키가 되기 위해서는 최소한의 속성들로 유일하게 특정 투플을 식별할 수 있어야 하며 관계형 데이터베이스의 관계형 모델에서 슈퍼키 중 더 이상 줄일 수 없는(irreducible) 형태를 가진 것을 말한다. 더 이상 줄일 수 없다는 것은 슈퍼키를 구성하는 속성(열) 중 어느 하나라도 제외될 경우 유일성을 확보할 수 없게 되는 것을 말한다. 최소(minimal)라고도 한다. 즉, 행의 식별을 위해 필요한 특성 또는 그 집합이 후보키이다. 후보키는 행의 '식별자'라고 생각할 수도 있다. 후보키라는 이름은 그것이 기본키로 선정될 수 있는 후보이기 때문에 유래했다.

　하나의 관계(테이블)에서 관계를 정의할 때, 적어도 하나의 후보키가 존재한다. 물론 하나의 관계에 후보키가 두 개 이상 존재할 수도 있다.

10 위의 알고리즘에 따르면 방문 순서는 A→B→E→G→F→C→D와 같이 된다. 정점 C 방문시 인접한 정점 A와 F는 이미 방문한 상태이므로 이전에 방문한 정점 F로 다시 돌아가 미방문한 정점 D를 가지고 DFS를 다시 시작한다.

　※ **깊이 우선 탐색 알고리즘**

　㉠ 단계 1 : 시작 정점 v를 방문(출력)한다.

　㉡ 단계 2 : v에 인접한 정점들 중 방문하지 않은 정점 w를 선택하여 깊이 우선 탐색(DFS)을 다시 시작한다.

　㉢ 단계 3 : 인접한 모든 정점이 이미 방문된 정점 u를 만나면 방문되지 않은 인접된 정점을 가진 마지막 정점으로 되돌아가서 DFS를 다시 시작한다.

　㉣ 단계 4 : 더 이상 방문할 정점이 없을 때까지 위 과정을 반복한다.

11 부동 소수점 표현은 부호, 지수부, 가수부의 3부분으로 구성된다.

1비트	부호가 있는 정수	부호가 없는 정수
부호	지수부	가수부

　㉠ **부호(sign)** : 부호는 음수 또는 양수 들 중의 하나이므로 1비트만 있으면 된다. 0이 양수이고 1이 음수이다. 이 부호는 실수 자체의 부호만을 나타내며 지수의 부호는 아니다.

　㉡ **지수(exponent)** : 기준값(Bias)을 중심으로 +, −값을 표현한다. 기준값은 20를 의미하는데 float의 경우 기준값이 127이고, double의 경우 기준값은 1023이다.

　예를 들어, float에서 21은 기준값(127) + 1 = 128이기 때문에 이진수로 표현하면 10000000_2가 된다.

　㉢ **가수(mantissa)** : 1.xxxx 형태로 정규화를 한 뒤 가장 왼쪽에 있는 1을 제거하고 소수점 이하의 자릿값만 표현한다.

정답 및 해설 9.② 10.④ 11.③

12 다음은 가상 메모리의 페이지 교체 정책 중 최적(optimal) 알고리즘을 적용하여 페이지를 할당한 예이다. 참조열 순으로 페이지가 참조될 때, 페이지 부재(page fault)가 6회 발생하였다. 동일한 조건 하에서 LRU(Least Recently Used) 알고리즘을 적용할 경우 페이지 부재가 몇 회 발생하는가?

참조열 1 2 0 3 0 5 2 3 7 5 3

페이지 프레임

1	1	1	3	3	3	3	3	3	3	3
	2	2	2	2	2	2	2	7	7	7
		0	0	0	5	5	5	5	5	5
F	F	F	F		F			F		

F : 페이지 부재

① 6   ② 7

③ 8   ④ 9

13 브라우저가 웹 서버로부터 정보를 읽어 오기 위해 사용하는 응용 계층 프로토콜은?

① SMTP   ② HTTP

③ IMAP   ④ RTP

14 IT 기술에 관한 설명으로 옳지 않은 것은?

① IoT(Internet of Things)는 각종 사물에 센서와 통신 기능을 내장하여 인터넷에 연결하는 기술이다.

② 공용 클라우드(public cloud)는 한 기업의 정보 보안을 위해 내부 데이터 센터의 기능을 강화한 형태이다.

③ 빅데이터는 수집·저장된 대량의 정형 또는 비정형 데이터 집합으로부터 가치를 추출하고 결과를 분석하는 기술이다.

④ 가상현실은 가상의 공간과 사물을 컴퓨터에서 만들어, 인간 오감을 활용한 작용으로 현실 세계에서는 경험하지 못하는 상황을 간접적으로 체험할 수 있도록 해준다.

12 ㉠ **최적 알고리즘** : 앞으로 가장 오랫동안 참조되지 않을 페이지를 교체

㉡ **LRU(Least Recently Used) 알고리즘** : 이전에 가장 오랫동안 참조되지 않은 페이지를 교체한다.

∴ 페이지 부재수는 총 9회이다.

㉢ LRU 알고리즘 적용

참조열	1	2	0	3	0	5	2	3	7	5	3
	1	1	1	3	3	3	2	2	2	5	5
페이지프레임		2	2	2	2	5	5	5	7	7	7
			0	0	0	0	0	3	3	3	3
페이지 부재	F	F	F	F	−	F	F	F	F	F	−

13 인터넷 상에서 웹 브라우저와 웹 서버는 HTTP(Hyper Text Transfer Protocol) 프로토콜을 통해서 하이터 텍스트 문서, 오디오, 영상 등의 다양한 형식의 데이터를 전송한다.

① SMTP(Simple Mail Transfer Protocol)는 컴퓨터 간에 전자우편을 전송하기 위한 명령-응답 방식의 프로토콜이다.

③ IMAP(Internet Message Access Protocol)은 SMTP를 이용하여 수신자의 메일 서버에 전달된 메일을 검색 및 다운로드하기 위해 사용하는 메일 접근 프로토콜이다.

④ RTP(Realtime Transfer Protocol) 프로토콜은 UDP를 사용하여 인터넷 상에서 유니캐스트나 멀티캐스트 서비스를 통하여 대화형 비디오나 오디오와 같은 데이터의 종단간 전송을 위한 전송 계층 프로토콜이다.

14 ② 공용 클라우드(public cloud)는 불특정 다수의 개인이나 기업을 대상으로 제공되는 개방형 클라우드로 외부 서비스 제공자가 관리하며, 인터넷을 통해 접근하기도 하며, 공적업무를 위해 이용된다.

① 사물 인터넷(IoT)은 각종 사물에 센서와 통신 기능을 내장하여 사물이 유무선 네트워크(인터넷 등)를 통해서 서로 정보를 수집하거나 공유하면서 상호작용함으로써 사물이 통신의 주체로 참여하여 기계가 능동적으로 인간을 지원하는 서비스를 창출하는 기술이다.

※ **사설 클라우드** … 한 기업의 정보 보안을 위해 내부 데이터 센터의 기능을 강화하여 내부 사용자들에게만 서비스를 제공하는 폐쇄형 클라우드이다.

정답 및 해설 12.④ 13.② 14.②

15 통신 프로토콜에 대한 설명으로 옳은 것은?

① MIME(Multipurpose Internet Mail Extensions)는 인터넷상에서 디지털 오디오 및 비디오 신호를 실시간으로 전달하기 위한 전송 계층 프로토콜이다.

② TFTP(Trivial File Transfer Protocol)는 안전한 파일 전송을 위해 인증과 TCP를 필수 구성 요소로 한다.

③ TELNET는 가상 터미널 연결을 위한 응용 계층 프로토콜로 텍스트 기반 양방향 통신 기능을 제공한다.

④ DHCP(Dynamic Host Configuration Protocol)는 호스트의 인터넷 도메인 명을 IP 주소로 변환시켜 주는 것이다.

16 다음의 부울함수와 같은 논리식이 아닌 것은?

$$F(x, \ y, \ z) = \sum m(1, \ 3, \ 4, \ 5, \ 6)$$

① $\overline{x}\,\overline{y}z + \overline{x}yz + x\overline{y}\,\overline{z} + x\overline{y}z + xy\overline{z}$

② $(x + y + z)(x + \overline{y} + z)(\overline{x} + \overline{y} + \overline{z})$

③ $\overline{x}z + x\overline{z} + xy$

④ $\overline{x}z + x\overline{z} + \overline{y}z$

17 다음의 데이터 링크 계층 오류제어 기법들을 프레임 전송 효율이 좋은 것부터 나쁜 순으로 바르게 나열한 것은? (단, 여러 개의 프레임을 전송할 때 평균적으로 요구되는 전송 및 대기 시간만을 고려하되, 송신 및 수신단에 요구되는 구현의 복잡도나 운용에 따른 비용은 무시한다)

㉠ 정지 후 대기(stop-and-wait) ARQ
㉡ N 복귀(go-back-N) ARQ
㉢ 선택적 반복(selective-repeat) ARQ

① ㉠ → ㉡ → ㉢

② ㉡ → ㉢ → ㉠

③ ㉢ → ㉠ → ㉡

④ ㉢ → ㉡ → ㉠

15 ① MIME(Multipurpose Internet Mail Extension, 다목적 인터넷 전자우편 확장)는 단지 NVT 7비트 ASCII 형식으로된 메시지만을 보낼 수 있는 기존의 전자우편을 확장하여 ASCII가 아닌 데이터도 전송할 수 있도록 만들어진 전자우편을 위한 응용 계층 프로토콜이다.

② TFTP는 FTP의 복잡성을 감소시킨 소규모의 파일전송 프로토콜로써 UDP 서비스를 사용하며 별도의 사용자 인증 절차도 없다.

④ DHCP는 인터넷에 접속한 호스트에 정적 또는 동적으로 IP 주소, 서브넷 마스크, 기본 게이트웨이 주소, DNS 서버의 주소 등을 할당하기 위한 프로토콜이다.

16 주어진 최소항 표현은 1, 3, 4, 5, 6 번째의 출력 결과가 1인 다음 진리표의 부울 함수를 나타낸다.

x	y	z	$F(x, y, z)$	최소항	최대항
0	0	0	0	$x'y'z'$	$x+y+z$
0	0	1	1	$x'y'z$	$x+y+z'$
0	1	0	0	$x'yz'$	$x+y'+z$
0	1	1	1	$x'yz$	$x+y'+z'$
1	0	0	1	$xy'z'$	$x'+y+z$
1	0	1	1	$xy'z$	$x'+y+z'$
1	1	0	1	xyz'	$x'+y'+z$
1	1	1	0	xyz	$x'+y'+z'$

최소항(minterm)은 각 변수 문자 1개씩으로 구성되어 이들 변수의 논리곱(AND)으로 그 결과를 논리-1로 만드는 것을 말한다.

최대항(maxterm)은 각 변수의 문자 1개씩으로 구성되어 이들 변수의 논리합(OR)으로 그 결과를 논리-0으로 만드는 것을 말한다.

17 선택적 반복 ARQ → N-복귀(go-back-N) ARQ → 정지 후 대기 ARQ

㉠ 정지 후 대기 ARQ는 송신측에서는 한 번에 한 프레임만을 전송하고 수신측에서 응답확인을 받으면 다음 프레임을 보낸다. 따라서 한꺼번에 여러 개의 프레임을 전송할 수 있는 N-복귀 ARQ나 선택적 ARQ에 비해 프레임 전송 효율이 나쁘다.

㉡ N-복귀(go-back-N) ARQ는 송신측에서는 송신 윈도우 크기 만큼의 여러 프레임을 한꺼번에 전송하고 수신측에서 부정응답(NAK)을 보내면 해당 프레임부터 이후의 N개의 프레임을 연속적으로 재전송한다.

㉢ 선택적 반복 ARQ에서는 송신 윈도우 크기 만큼의 여러 프레임을 한꺼번에 보내고 수신측에서 부정응답을 보내면 해당 프레임만을 재전송한다. 따라서 선택적 반복 ARQ가 Go-Back-N ARQ보다 재전송되는 프레임이 적어 전송효율이 더 좋다.

정답 및 해설 15.③ 16.③ 17.④

18 다음과 같은 코드로 동작하는 원형 큐의 front와 rear의 값이 각각 7과 2일 때, 이 원형 큐(queue)가 가지고 있는 데이터(item)의 개수는? (단, MAX_QUEUE_SIZE는 12이고, front와 rear의 초깃값은 0이다)

```
int queue[MAX_QUEUE_SIZE];
int front, rear;
void enqueue(int item) {
    if( (rear + 1) % MAX_QUEUE_SIZE == front ) {
        printf("queue is full \n");
        return;
    }
    rear = (rear + 1) % MAX_QUEUE_SIZE;
    queue[rear] = item;
}
int dequeue() {
    if( front == rear ) {
        printf("queue is empty \n");
        return -1;
    }
    front = (front + 1) % MAX_QUEUE_SIZE;
    return queue[front];
}
```

① 5

② 6

③ 7

④ 8

19 다음 자바 코드를 컴파일할 때, 문법 오류가 발생하는 부분은?

```
class Person {
  private String name;
  public int age;
  public void setAge(int age) {
      this.age = age;
  }
  public String toString() {
      return("name: " + this.name + ",  age : " + this.age);
  }
}
public class PersonTest {
  public static void main(String[] args) {
      Person a = new Person();          //   ㉠
      a.setAge(27);                     //   ㉡
      a.name = "Gildong";               //   ㉢
      System.out.println(a);            //   ㉣
  }
}
```

① ㉠   ② ㉡

③ ㉢   ④ ㉣

18

	0	1	2	3	4	5	6	7	8	9	10	11
			r 입력					f 삭제				

㉠ f = 삭제, r = 입력

현재 f가 7이고 r은 2이며 f는 7을 가리키며 삭제를 했고 r은 2를 가리키고 값을 입력한다.

f는 r을 따라간다고 계산을 하면 7개가 나온다.

㉡ int enqueue는 입력이며 rear+1을 하기 때문에 다음 입력되어지는 공간이 2+1인 3번째라는 뜻이며 즉, 3번째는 비어있다는 의미이며 그 다음부터는 모두 비어있다는 말이다.

int dequeue()는 삭제를 나타내며, front+1을 하기 때문에 다음 삭제되어지는 공간이 7+1인 8번째라는 뜻이다. 즉 8번째는 입력되어 있다는 의미이며 그 다음부터는 모두 입력되어 있다는 의미이다.

그렇기 때문에 3, 4, 5, 6, 7번에 데이터가 없는 비어있는 공간이고 나머지는 데이터가 있는 공간이 된다.

19 ㉢ 클래스 Person의 인스턴스 변수 name은 private 변수이므로 Person 외부에서 직접적으로 참조할 수 없다. 참조가 가능하기 위해서는 public 변수로 선언하거나 메소드 호출로 접근해야 한다.

정답 및 해설 18.③ 19.③

20 크기가 각각 12KB, 30KB, 20KB인 프로세스가 다음과 같은 메모리 공간에 순차적으로 적재 요청될 때, 모든 프로세스를 적재할 수 있는 알고리즘만을 모두 고른 것은?

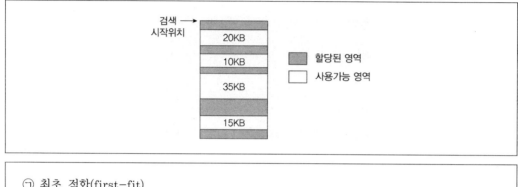

ⓐ 최초 적합(first-fit)
ⓑ 최적 적합(best-fit)
ⓒ 최악 적합(worst-fit)

① ⓐ   ② ⓑ

③ ⓐ, ⓑ   ④ ⓑ, ⓒ

20 ⓛ 최적 적합(best-fit)은 사용 가능한 공간들 중에서 가장 작은 것을 선택하는 방식이다. 가용 공간들에 대한 목록이 그 공간들의 크기 순서대로 정렬되어 있지 않다면 최적인 곳을 찾기 위해 전체를 검색해야 한다. 12KB 프로세스는 15KB 영역에 할당, 30KB 프로세스는 35KB 영역에 할당, 20KB 프로세스는 20KB 영역에 할당한다.

ⓐ 최초 적합(first-fit)은 주기억 장치의 사용 가능한 공간을 검색하여 첫 번째로 찾아낸 곳을 할당하는 방식이다. 검색은 공간의 첫 부분부터 수행하거나, 지난 번 검색이 끝난 곳에서 시작한다(next-fit). 충분한 크기의 공간을 찾으면 검색을 끝낸다. 12KB 프로세스는 20KB 영역에 할당, 30KB 프로세스는 35KB 영역에 할당한 후 20KB 프로세스를 할당할 영역이 없다.

ⓒ 최악 적합(worst-fit)은 사용 가능한 공간들 중에서 가장 큰 것을 선택하는 방식으로 할당해주고 남는 공간을 크게 하여 다른 프로세스들이 그 공간을 사용할 수 있도록 하는 전략이다. 12KB 프로세스는 35KB 영역에 할당한 후 30KB 프로세스를 할당할 수 없다.

정답 및 해설 20.②

1 다음 중 유효한 SQL 문장이 아닌 것은?

① SELECT * FROM Lawyers WHERE firmName LIKE '% and %';

② SELECT firmLoc, COUNT(*) FROM Firms WHERE employees < 100;

③ SELECT COUNT(*) FROM Firms WHERE employees < 100;

④ SELECT firmLoc, SUM(employees) FROM Firms GROUP BY firmLoc WHERE SUM (employees) < 100;

2 메모리 크기가 200KB인 시스템에서 요구 페이징(demand paging)으로 가상 메모리(virtual memory)를 구현한다고 하자. 페이지 크기가 2KB이고 페이지 테이블(page table)의 각 항목이 3바이트라고 하면, 25KB 크기의 프로세스를 위한 최소 페이지 테이블의 크기는 어떻게 되는가?

① 25바이트   ② 39바이트

③ 60바이트   ④ 75바이트

3 현재 실행 중인 프로세스에 할당된 CPU사용권을 다른 프로세스에게 할당하려면, 현재 실행 중인 프로세스의 실행 정보를 저장하고 다음으로 실행할 프로세스의 실행정보를 가져오는 과정이 필요하다. 이 과정을 무엇이라고 하는가?

① 컨텍스트 스위칭(Context Switching)

② 가상메모리(Virtual Memory)

③ 교체정책(Replacement Strategy)

④ 디스패치(Dispatch)

1 GROUP BY로 그룹화 한 것에 조건을 추가하려면 HAVING 문을 사용해야 한다.

→SELECT firmLoc, SUM(employees) FROM Firms GROUP BY firmLoc HAVING SUM(employees) < 100;

※ SQL 문장의 실행원리

    ⊙ 사용자 문장 실행 시 User Process에서 Server Process로 실행한 SQL문 전달

    ⓒ User Process로부터 문장을 받은 Server Process가 해당 문장의 세부적 체크 진행

      • Syntax Check : SQL문이 적절한 문법을 사용했는지 검사로 키워드 검사라고도 하며 SELECT, FROM, WHERE 같이 오라클에서 미리 정해 놓은 키워드 부분을 검사

      • Semantic Check : SQL문에 포함된 오브젝트들이 실제로 존재하는지 검사

    ⓒ Parse과정 후 Shared Pool의 Library Cache에서 공유되어있는 실행계획이 있는지 체크

    ② 실행계획이 있을 경우 Execution 진행(Soft Parsing)

    ⑩ 실행계획이 없을 경우 Optimizer를 통해 Data dictionary 등을 참조하여 실행계획을 새로 생성 후 Library Cache에 저장(Hard Parsing)

2 메모리 200KB 각 페이지 크기 2KB, 25KB프로세스를 페이지 크기가 들어갈 수 있도록 나눈다.

$25 : 2 \times 13 = 26$

각 페이지당 3바이트의 항목이 할당되어 $13 \times 3 = 39$ 바이트가 된다.

    ⊙ 요구 페이징 : 필요한 프로그램만 메모리에 적재하는 방법으로 가상 메모리 시스템에서 많이 사용된다. 요구 페이징을 사용하는 가상메모리에서는 페이지들이 실행 과정에서 실제로 필요해질 때 적재된다.

    ⓒ 페이지 테이블 : 페이징에 있어서 프로그램에 붙여진 페이지 번호(물리 어드레스)와의 대응표. 이것에 따라 논리 어드레스에서 실제 주기억 상의 물리 어드레스가 얻어진다.

3 ① 컨텍스트 스위칭(Context Switching) : 현재 실행 중인 프로세스에 할당된 CPU사용권을 다른 프로세스에게 할당하려면, 현재 실행 중인 프로세스의 실행 정보를 저장하고 다음으로 실행할 프로세스의 실행정보를 가져오는 과정이다.

    ② 가상메모리(Virtual Memory) : 프로그램이 실행되기 위해서는 주기억장치로 들어가야 하는데, 실행될 프로그램이 주기억장치보다 크거나 여러 개인 경우에는 주기억장치 공간의 부족으로 인해 프로그램이 제대로 실행되지 못할 수 있다. 그래서 당장 실행에 필요한 부분만 주기억장치에 저장하고, 나머지는 보조기억장치에 두고 동작하도록 하여 이런 문제를 해결할 수 있는데, 이런 개념을 가상 메모리라 하며 운영체제에서 지원한다.

    ③ 교체정책(Replacement Strategy) : 새로 들어온 페이지 장소를 마련하기 위해서 어떤(who) 페이지를 주기억장치로부터 제거할 것인가를 결정하는 정책으로 최적(optical) 교체, 무작위(page) 교체, LRU(least recently used), LFU(Least Frequently Used), NUR(NOT Used Recently), 2차 기회 알고리즘 등이 있다.

    ④ 디스패치(Dispatch) : 다중 태스킹 환경에서 우선순위가 가장 높은 작업이 수행될 수 있도록 시스템 자원을 할당하는 것으로 컴퓨터 처리결과를 데이터 처리 의뢰처에 배포하는 것이다.

정답 및 해설 1.④ 2.② 3.①

4 다음 중 나머지 셋과 역할 기능이 다른 하나는?

① Array processor

② DMA

③ GPU

④ SIMD

5 다음 논리회로에서 A = 1010, B = 0010일 때, S에 출력되는 값은?

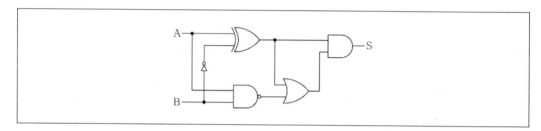

① 1011

② 1101

③ 0111

④ 1110

6 다음은 IPv6에 대한 설명이다. 옳지 않은 것은?

① 기존의 IP 주소 공간이 빠른 속도로 고갈되어 왔기 때문에 고안되었다.

② IPv6는 IP 주소 크기를 기존의 4바이트에서 6바이트로 확장했다.

③ IPv6는 유니캐스트, 멀티캐스트 주소뿐만 아니라 새로운 주소 형태인 애니캐스트 주소가 도입되었다.

④ 네트워크 프로토콜을 바꾼다는 것은 매우 어렵기 때문에 IPv6로의 전환을 위해 여러 방법들이 고안되었다.

4 ② DMA(Direct memory access) – **접근장치** : 중앙처리장치의 처리를 거치지 않고 주변기억장치와 주기억 장치 간에 자료를 주고받는 접근방식. 이것은 중앙처리장치의 처리량을 줄이고 자료의 입출력이 진행되고 있는 중에도 다른 처리를 할 수 있도록 해서 컴퓨터의 성능을 높이는 방법이다.

① 배열처리기(Array processor) – **처리장치** : 소형 컴퓨터를 여러 개 규칙적으로 배열하고 접속하여 공통의 제어에 의해 동일한 연산을 병렬로 실행할 수 있도록 하고, 전체로서 큰 작업을 할 수 있도록 한 프로세서이다.

③ GPU(graphics processing unit) – **처리장치** : 컴퓨터의 영상정보를 처리하거나 화면 출력을 담당하는 연산처리장치. 중앙처리장치의 그래픽 처리 작업을 돕기 위해 만들었으며 그래픽카드 또는 마더보드에 들어있다. 그래픽 프로세서 또는 간단히 GPU(graphics processing unit)라고도 한다.

④ SIMD(Single Instruction Multiple Data) – **처리장치** : 병렬 프로세서의 한 종류로, 하나의 명령어로 여러 개의 값을 동시에 계산하는 방식이다.

5

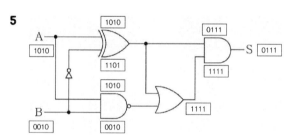

$(A \oplus B') \cdot (A \oplus B') + AB = A \oplus B'$

A = 1010, B = 0010, B' = 1101 이므로

S = A ⊕ B' = 0111

6 ② IPv6는 IP 주소 크기를 기존의 4바이트에서 16바이트로 확장했다.

※ IPv6(internet protocol version 6) … IPv4에 이어서 개발된 인터넷 프로토콜(IP) 주소 표현 방식의 차세대 버전으로 128bit의 주소체계를 가지고 있다.

㉠ 개발의 주된 동기 : 32비트 IP주소 공간이 고갈되고 있었던 상황이 계기

㉡ IPv6 데이터그램 포맷

• 확장된 주소 기능 : IP 주소 크기 32bit(4byte) → 128bit(16byte)로 확장(고갈 가능성 없음)

• 헤더 : 40byte(IPv4 때는 20byte에 옵션이 있어 가변길이였으나, IPv6에서는 옵션을 없애 40byte로 고정 길이) → 헤더는 사이즈가 작을수록 좋지만, 주소의 크기가 커졌기 때문에 많은 필드를 뺐음에도 40byte 가 됨

• 흐름 라벨링, 우선순위 : 흐름(flow) 필드는 실시간 서비스 같은 특별한 처리를 요청하는 송신자에 대해 특정 흐름에 속하는 패킷 레이블링을 가능하게 해줌. 트래픽 클래스는 IPv4의 TOS필드처럼 흐름에서 패킷의 우선순위를 주는데 사용함

정답 및 해설 4.② 5.③ 6.②

7 다음 정렬 알고리즘 중 최악의 경우에 시간복잡도가 가장 낮은 것은?

① 버블 정렬(Bubble sort)

② 삽입 정렬(Insertion sort)

③ 퀵 정렬(Quick sort)

④ 힙 정렬(Heap sort)

8 다음 C 프로그램의 실행 결과는?

```
#include<stdio.h>
int main()
{
    char* array1[2] = {"Good morning", "C language" };
    printf("%s ₩n", array1[0]+5);
    printf("%c ₩n", *(array1[1]+6));
    return 0;
}
```

① Good morning
  C-language

② morning
  a

③ morning
  g

④ morning
  u

7 정렬 알고리즘 … 컴퓨터의 기억공간 내에 순서 없이 배열된 자료들 중에 레코드의 특정 항목을 순서화 하려는 기준을 따라 자료들을 재배치 하는 것이다.

④ 힙 정렬(Heap sort) : 완전 이진 트리를 이용하는 이 방법은 뛰어난 성능을 가지면서도 추가적인 메모리를 필요로 하지 않는다. 그러나 안정성은 보장하지 못한다. 최악의 경우 시간복잡도는 $O(n\log_2 n)$

① 버블 정렬(Bubble sort) : 선택 정렬과 더불어 간단하며 데이터의 수가 적은 경우에 효율적이다. 그러나 거의 정렬이 되어 있지 않은 경우에는 비효율적이다. 최악의 경우 시간복잡도는 $O(n^2)$

② 삽입 정렬(Insertion sort) : 매우 단순한 알고리즘으로 데이터의 수가 적은 경우와 어느 정도 정렬된 데이터 집합에 효율적인 방법이다. 그러나 데이터의 수가 많은 경우에는 매우 비효율적이다. 최악의 경우 시간복잡도는 $O(n^2)$

③ 퀵 정렬(Quick sort) : 평균적으로 가장 좋은 성능을 가지고 있는 정렬 기법으로 재귀호출을 사용하여 구현된다. 최악의 경우 시간복잡도는 $O(n^2)$

8 실행 결과

서식문자	출력대상	출력형태
%c	char	값에 대응하는 문자(하나)
%s	char*	문자열

㉠ printf("%s ₩n", array1[0]+5); → 첫 번째 원소에 있는 5번째부터 해당되는 문자열 → morning

㉡ printf("%c ₩n", *(array1[1]+6)); → 두 번째 원소에 있는 6번째 자리의 대응하는 문자(하나) → u

정답 및 해설 7.④ 8.④

9 다음 그래프에서 최소 비용의 신장 트리 값은 얼마인가?

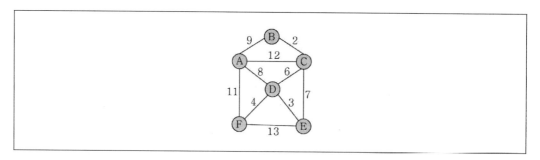

① 16

② 20

③ 23

④ 26

10 라우팅 알고리즘은 라우터에 패킷이 도착했을 때 포워딩 테이블을 검색하고 패킷이 전달될 인터페이스를 결정하는 알고리즘이다. 다음 중 라우팅 알고리즘이 아닌 것은?

① RIP(Routing Information Protocol)

② OSPF(Open Shortest Path First)

③ CDMA(Code Division Multiple Access)

④ BGP(Border Gateway Protocol)

9 최소 비용 신장 트리(Minimum Cost Spanning Tree, MST)

㉠ 가중치가 있는 그래프에서 모든 간선의 가중치 합이 최소인 그래프 : 최소 비용 신장 트리를 구하는 방법으로 널리 알려진 알고리즘으로 Kruskal, Prim알고리즘이 있다.

㉡ 크루스칼 알고리즘은 모든 비용을 순차적으로 나열하여 가장 적은 비용이 드는 간선(신장)들을 선택해 나가는 방식이다.

㉢ 프림 알고리즘은 하나의 정점을 선택하고 그것과 연결된 가장 적은 비용의 정점을 선택하는 방식이다.

㉣ 신장 트리의 특징

• 그래프의 모든 정점이 간선에 의해서 하나로 연결되어 있으며 그래프 내에서 사이클을 형성하지 않는다.
  → 크루스칼 알고리즘인 오름차순 방식으로 풀이

• 가중치를 기준으로 간선을 오름차순으로 정렬하며 낮은 가중치의 간선부터 시작해서 하나씩 그래프에 추가한다. 사이클을 형성하는 간선은 추가하지 않으며 간선의 수가 정점의 수보다 하나 적을 때 MST는 완성된다.

• 가중치에 중복이 없다는 가정에 오름차순 정렬하여 낮은 값부터 연결하는 방식으로 가장 낮은 2부터 연결을 시작한다.

• 2~6까지 특이사항 없이 반복적으로 연결한다.

• 7 연결시 C-D-F 사이클이 발생되므로 7은 연결되지 않고 넘어가서 8을 연결한다. 9 연결되었을 때 모든 정점이 연결되었으므로, 더 이상 연결을 진행하지 않고 종료한다. 이로서 간선의 수가 5개가 되어 비용의 합은 (B−C)+(D−C)+(A−D)+(D−E)+(D−F)=2+6+8+3+4=23이다.

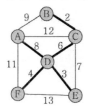

10 CDMA(Code Division Multiple Access) … 하나의 채널로 한 번에 한 통화 밖에 하지 못하는 한계가 있는 아날로그 방식의 문제점을 해결하기 위해 개발된 디지털 방식 휴대폰의 한 방식으로, 코드분할 다중접속 또는 부호분할 다중접속이라고 한다. CDMA는 아날로그 형태인 음성을 디지털 신호로 전환한 후 여기에 난수를 부가하여 여러 개의 디지털 코드로 변환해 통신을 하는 것으로 휴대폰이 통화자의 채널에 고유하게 부여된 코드만을 인식한다. 통화 품질이 좋고 통신 비밀이 보장된다는 장점이 있다.

① RIP(Routing Information Protocol) : RIP는 Distance Vector Algorithm에 기초하여 버클리대학에서 개발한 Routing Protocol로써, 과거에 기업의 근거리 통신망, 또는 그러한 랜(LAN)들이 서로 연결된 그룹과 같은 독립적인 네트워크 내에서 라우팅 정보 관리를 위해 광범위하게 사용되었지만 최근에는 소규모 또는 교육용 외에는 별로 사용되지 않고 있다.

② OSPF(Open Shortest Path First) : 하나의 AS(Autonomous System) 안에서 동작하는 Link State Routing Protocol로, 인터넷 프로토콜인 IP 네트워킹에서 사용하기 위한 계층구조 동적 라우팅 프로토콜이다.

④ BGP(Border Gateway Protocol) : 경계 경로 프로토콜은 인터넷에서 주 경로 지정을 담당하는 프로토콜의 한 종류이다. 인터넷에서 자율 시스템(AS) 중 라우팅 및 도달 가능성 정보를 교환하기 위해 설계된, 표준화된 외부 게이트웨이 프로토콜의 하나이다.

11 암달(Amdahl)의 법칙은 컴퓨터 시스템의 일부를 개선할 때 전체적으로 얼마만큼의 최대 성능 향상을 기대할 수 있는지를 예측하는 데 사용된다. 만약 특정 응용프로그램의 75%가 멀티코어 (Multicore)를 이용한 병렬 수행이 가능하고 나머지 25%는 코어의 수가 증가해도 순차 실행만 가능하다는 전제 하에, 컴퓨팅 코어(Core)의 수를 4개로 늘릴 때 기대할 수 있는 최대 성능 향상은 약 몇 배인가?

① 약 1.28배

② 약 2.28배

③ 약 3.28배

④ 약 4.28배

12 〈보기〉 중 우리가 흔히 인터넷을 통해 비용을 지불하거나 혹은 무료로 사용하는, 클라우드 저장 서버에 대한 분류로 옳은 것을 모두 고르면?

〈보기〉

㉠ Public cloud ㉡ Private cloud

㉢ Software as a service(Saas) ㉣ Platform as a service(Paas)

㉤ Infrastructure as a service(Iaas)

① ㉠, ㉢ ② ㉠, ㉤

③ ㉡, ㉢ ④ ㉡, ㉣

13 다음 프로그램의 구성 요소들 중 프로세스 내에서 생성한 스레드들 사이에 공유되지 않는 것을 모두 고르면?

㉠ 레지스터(Register) ㉡ 힙(Heap) 메모리

㉢ 전역 변수(Global variables) ㉣ 스택(Stack) 메모리

① ㉠, ㉡ ② ㉠, ㉣

③ ㉡, ㉢ ④ ㉢, ㉣

11 **암달의 법칙(Amdahl's law)** … 암달의 저주로도 불리며 컴퓨터 시스템의 일부를 개선할 때 전체적으로 얼마만큼의 최대 성능 향상이 있는지 계산하는 데 사용된다. 진 암달의 이름에서 따왔다. 암달의 법칙에 따르면, 어떤 시스템을 개선하여 전체 작업 중 P%의 부분에서 S배의 성능이 향상되었을 때 전체 시스템에서 최대 성능 향상은 다음과 같다.

ㄱ 공식 : $\dfrac{1}{(1-P)+\dfrac{P}{S}}$

ㄴ 풀이 : $\dfrac{1}{(1-0.75)+\dfrac{0.75}{4}}=\dfrac{1}{0.4375}=2.2857(배)$

12 ㄱ **공공형 클라우드(Public cloud)** : 클라우드 서비스 이용 대상을 제한하지 않는 방식으로 누구나 네트워크에 접속해 신용카드 등의 결제만으로 서비스에 접근할 수 있고 사용한 만큼 지불하는(Pay-as-you-go) 구조를 갖는 공중 인프라를 말한다. 포털 사이트처럼 외부 데이터 센터를 이용하는 형태이다. 불특정 다수의 개인이나 기업 고객을 대상으로 제공된다.

ㅁ **서비스형 인프라[Infrastructure as a service(Iaas)]** : 서버, 스토리지, 소프트웨어 등 정보통신기술(ICT) 자원을 구매하여 소유하지 않고, 필요 시 인터넷을 통해 서비스 형태(as a Service)로 이용하는 방식. 클라우드 컴퓨팅에서 가상화 기술을 활용하여 CPU, 메모리 등을 활용한 컴퓨팅 서비스와 데이터를 보관하고 관리할 수 있는 스토리지 서비스 및 분산 응용 소프트웨어간 통신 네트워크 서비스 등의 자원을 사용한 만큼 비용을 청구하는 서비스가 확산되고 있다.

13 **스레드(thread)** … 프로세스 하위에서 수행되는 한 개 이상의 작업단위로 개별 프로세스에 할당된 주 메모리의 존재하는 Code, Data, Heap 영역을 생성된 스레드끼리 서로 공유하며 여러 스레드 간의 작업전환 속도가 빠르다.
※ **프로세스 구성요소** … 프로세스는 코드(Code) 영역, 데이터 영역, 스택 영역, 힙(Heap) 영역으로 구성된다.
　ㄱ 코드 영역 : 프로그램 코드 자체를 구성하는 명령이나 기계어 명령을 위한 메모리 공간
　ㄴ 데이터 영역 : 프로그램의 전역변수(Global Variable)나 정적변수(Static Variable)의 할당을 위해 존재하는 공간
　ㄷ 스택 영역 : 지역변수(Local Variable), 매개변수(Parameter), 복귀번지(Return Address), 함수 호출시 전달되는 인수(Argument)값 저장을 위한 메모리 공간
　ㄹ 힙 영역 : 프로그램 상에서 필요로 하는 일시적이고 동적인 메모리 할당을 위해 사용되는 메모리 공간

정답 및 해설 11.② 12.② 13.②

14 16진수로 표현된 B9E$_{(16)}$를 2진수로 표현하면 다음 중 무엇인가?

① 1100 0101 1101$_{(2)}$

② 0101 0101 1001$_{(2)}$

③ 1011 1001 1110$_{(2)}$

④ 1110 0101 1101$_{(2)}$

15 다음 중 Use case diagram에서 사용하는 기본 요소가 아닌 것은?

①

② <<Extend>>

③ <<Include>>

④

14 B9E$_{(16)}$를 2진수로 표현하면 다음과 같다.

B	9	E
1011	1001	1110

※ 진수 변환표

10진수	16진수	2진수
1	1	0001
2	2	0010
3	3	0011
4	4	0100
5	5	0101
6	6	0110
7	7	0111
8	8	1000
9	9	1001
10	A	1010
11	B	1011
12	C	1100
13	D	1101
14	E	1110
15	F	1111

15 ④ 터미네이터(terminator)라 하고 출원지, 목적지를 나타내는 자료흐름도(DFD(Data Flow Diagram))의 종류이다.

※ 유스케이스 다이어그램(Use case diagram) … 행위자와 시스템 간의 상호 작용을 나타낸 것으로 시스템의 기능과 범위를 쉽게 설명하고 정의한 모델이다.

ⓐ 유스케이스 다이어그램(Use case diagram)의 구성요소

• ⚲ Actor : 일반적으로 시스템 외부에 표현하면서 시스템과 작용하는 개체

• ◯ Use-case : 시스템의 행위를 정의하기 위해 사용되며, Actor와 상호작용

ⓑ Use case Diagram 관계 유형

항목	내용	
Relation	Actor와 Use-case의 정의 관계로 상호작용 관계를 나타냄	
Generalization	• 일반적으로 요소와 구체적인 요소를 연결하는 관계 • Generalization(일반화)는 '상속'임	
Include	• 포함관계를 나타내는데 다른 Use-Case에서 기존의 Use-Case를 재사용하고 있는 관계임 • 다른 Use-Case 서비스를 사용할 필요가 있을 때 사용함	
Extend	• 확장 관계로 기존 Use-Case에 진행 단계를 추가하여 새로운 Use-Case로 만들어 가는 관계임 • 조건에 따라 수행을 할 수도 있고, 하지 않을 수도 있음	

정답 및 해설 14.③ 15.④

16 다음 중 C 프로그래밍 언어의 식별자로 사용할 수 없는 것은?

① 3id

② My_ID

③ __yes

④ K

17 가상메모리(Virtual Memory)를 효과적으로 제공하기 위해 Core i7과 같은 프로세서 내부에 있는 장치는 무엇인가?

① TLB(Translation Lookaside Buffer)

② 캐시(Cache)

③ 페이지 테이블(Page Table)

④ 스왑 스페이스(Swap Space)

18 3개의 page를 수용할 수 있는 메모리가 있으며, 현재 완전히 비어 있다. 어느 프로그램이 〈보기〉와 같이 page 번호를 요청했을 때, LRU(Least-Recently-Used)를 사용할 경우 몇 번의 page-fault가 발생하는가?

〈보기〉

요청하는 번호순서 : 2 3 2 1 5 2 4 5

---

① 6번

② 5번

③ 4번

④ 3번

19 소프트웨어 프로젝트 관리가 어려운 이유로 옳지 않은 것은?

① 소프트웨어는 형태가 없어 프로젝트 관리자는 프로젝트 진척사항을 분석하는 데 어려움이 있다.

② 소프트웨어 개발 프로세스는 조직에 따라 가변적이므로 관리에 어려움이 있다.

③ 컴퓨터와 통신에서의 빠른 기술적 변화로 인해 관리자의 경험이 새로운 프로젝트에 전달되지 않을 수 있다.

④ 대규모 소프트웨어 프로젝트는 일회성(one-off) 프로젝트가 전혀 없어서, 경험이 충분한 관리자가 문제를 예측할 수 없다.

16 식별자의 첫 글자는 숫자를 이용할 수 없다.

　※ **식별자**

　　㉠ 식별자란 프로그램에서 프로그래머가 직접 이름을 정의하여 사용하는 단어이다.

　　㉡ 식별자를 작성하는 규칙

　　　• 식별자를 구성하는 문자는 영문 대소문자(A~Z,a~z), 숫자(0~9), 밑줄(＿)의 63개 뿐이다.

　　　• 식별자의 첫 글자는 숫자를 이용할 수 없다.

　　　• 대소문자는 구별하며, 키워드는 사용할 수 없다.

17 ① TLB(Translation Lookaside Buffer) : 변환 색인 버퍼(Translation Lookaside Buffer)는 가상 메모리 주소를 물리적인 주소로 변환하는 속도를 높이기 위해 사용되는 캐시로, 약칭은 TLB이다.

　　데스크탑 및 서버용 프로세서는 하나 또는 그 이상의 TLB를 메모리 관리 하드웨어에 가지고 있다. 페이지 단위나 세그먼트 단위로 사용하는 가상 메모리를 사용하는 모든 하드웨어는 TLB를 사용한다. CPU는 1차적으로 TLB에 접근하여 원하는 페이지가 존재하는지 탐색하고, TLB에 존재하지 않을 경우 MMU의 페이지 테이블을 참조한다.

　　인텔 코어 i7(Intel Core i7)은 인텔 코어 2의 후속으로, 2008년 10월에 출시된 인텔이 만든 9세대 x86/x64 아키텍처 마이크로프로세서의 중앙 처리 장치(CPU) 브랜드 이름이다.

　② 캐시(Cache) : 데이터를 임시로 저장해두는 장소. 데이터나 값을 미리 복사해 놓는 임시 장소

　③ 페이지 테이블(Page Table) : 가상 메모리를 사용하는 OS에서 개별 프로세스는 자신만의 가상 주소 공간을 갖는다.

　④ 스왑 스페이스(Swap Space) : 커널이 처리를 하기위해 디스크의 일정한 영역을 예약하여 사용한다.

18 LRU(Least-Recently-Used) … 가장 오랫동안 사용하지 않은 페이지를 교체하는 방식

	2	3	2	1	5	2	4	5
1	2	2	2	2	5	5	5	5
2		3	3	3	3	2	2	2
3				1	1	1	4	4
page-fault	0	0		0	0		0	

19 ④ 대규모 소프트웨어 프로젝트는 일회성 프로젝트가 종종 있기 때문에 기존의 프로젝트와 방향성이 달라 경험이 충분한 관리자라도 문제를 예측할 수 없다.

　※ **프로젝트 관리**

　　㉠ 프로젝트 관리는 소프트웨어 개발 계획을 세우고 분석, 설계, 구현 등의 작업을 통제하는 것으로 소프트웨어 생명 주기의 전 과정에 걸쳐 진행된다.

　　㉡ 소프트웨어 프로젝트를 성공적으로 수행하기 위해서는 수행할 작업의 범위, 필요한 자원, 수행업무, 이정표, 비용, 추진일정들은 알아야 한다.

　　㉢ 소프트웨어 프로젝트 관리의 어려운 점

　　　• 소프트웨어 제품이 보이지 않기 때문에 문서에 의존함

　　　• 소프트웨어 개발 프로세스에 관한 명확한 표준이 없음

　　　• 기술 발전 속도가 빨라 프로젝트 경험을 살리기 어려움

정답 및 해설 16.① 17.① 18.② 19.④

20 다음 C 프로그램의 실행 결과는?

```c
#include<stdio.h>
struct student
{
    char name[20];       // 이름
    int money;           // 돈
    struct student* link; // 자기 참조 구조체 포인터 변수
};
int main(void)
{
    struct student stu1 = {"Kim", 90, NULL};
    struct student stu2 = {"Lee", 80, NULL};
    struct student stu3 = {"Goo", 60, NULL};
    stu1.link = &stu2;
    stu2.link = &stu3;

    printf("%s %d \n", stu1.link → link → name, stu1.link → money);
    return 0;
}
```

① Goo 80

② Lee 60

③ Goo 60

④ Lee 80

20 자기참조 구조체 … 구조체 내에서 자기 자신을 참조하는 것

```
#include<stdio.h>
struct student
{
    char name[20];          // 이름
    int money;              // 돈
    struct student* link; // 자기 참조 구조체 포인터 변수 7행
};
int main(void)
{
    struct student stu1 = {"Kim", 90, NULL};        12행
    struct student stu2 = {"Lee", 80, NULL};        13행
    struct student stu3 = {"Goo", 60, NULL};        14행
    stu1.link = &stu2;                              16행
    stu2.link = &stu3;                              17행
    printf("%s %d ₩n", stu1.link→link→name, stu1.link→money); 21행
    return 0;
}
```

7행에서 자기 참조 구조체 포인터 변수 link를 선언한다.

12행~14행까지에서 구조체 변수 stu1, stu2, stu3를 선언하고 동시에 초기화한다.

초기화 하는 값에 NULL 포인터가 있다.

즉, 구조체 student의 세 번째 멤버 변수인 link에 아무것도 주소를 저장하지 않겠다는 의미이므로 14행까지 수행한 후 메모리 구조는 다음과 같다.

stu1	stu2	stu3
구조체변수	구조체변수	구조체변수
Kim	Lee	Goo
90	80	60
NULL	NULL	NULL

16행과 17행에서 stu1.link에 &stu2(구조체 변수 stu2의 시작주소)를 저장하고, stu2.link에 & stu3(구조체 변수 stu3의 시작주소)를 저장합니다.

17행까지 수행한 후에 메모리 구조는 다음과 같다. 구조체 변수 stu1, stu2, stu3가 포인터인 자기 참조 구조체 변수 link를 통해 서로 연결되어 있다.

stu1	stu2	stu3
구조체변수	구조체변수	구조체변수
Kim	Lee	Goo
90	80	60
&stu2	&stu3	NULL

16행~17행의 stu.link⇒name에서 stu1.link에는 &stu2가 저장되어 있기 때문에 stu1.link ==&stu2가 성립된다.

name이 수행되어 문자열 Lee가 출력되고, 다음으로 stu1.link⇒money에서 stu1.link에는 &stu2가 저장되어 있기 때문에 stu1.link==&stu2가 성립되고, 그후에⇒money가 수행되어 60이 출력된다.

21행의 stu1.link⇒link⇒name에서 stu1.link는 &stu2이고, ⇒link가 수행되어 stu1.link⇒link는 &stu3이 된다. 마지막으로⇒name이 수행되어 문자열 Goo가 출력된다. 이와 같은 방법으로 하면 stu1.link→link→money는 80이 출력된다.

정답 및 해설 **20.①**

1 컴퓨터 구조에 대한 설명으로 옳지 않은 것은?

① 폰노이만이 제안한 프로그램 내장방식은 프로그램 코드와 데이터를 내부기억장치에 저장하는 방식이다.

② 병렬처리방식 중 하나인 SIMD는 하나의 명령어를 처리하기 위해 다수의 처리장치가 동시에 동작하는 다중처리기 방식이다.

③ CISC 구조는 RISC 구조에 비해 명령어의 종류가 적고 고정 명령어 형식을 취한다.

④ 파이프라인 기법은 하나의 작업을 다수의 단계로 분할하여 시간적으로 중첩되게 실행함으로써 처리율을 높인다.

2 중앙처리장치 내의 레지스터 중 PC(program counter), IR(instruction register), MAR(memory address register), AC(accumulator)와 다음 설명이 옳게 짝지어진 것은?

> ㉠ 명령어 실행 시 필요한 데이터를 일시적으로 보관한다.
> ㉡ CPU가 메모리에 접근하기 위해 참조하려는 명령어의 주소 혹은 데이터의 주소를 보관한다.
> ㉢ 다음에 인출할 명령어의 주소를 보관한다.
> ㉣ 가장 최근에 인출한 명령어를 보관한다.

	PC	IR	MAR	AC
①	㉠	㉡	㉢	㉣
②	㉡	㉣	㉢	㉠
③	㉢	㉡	㉠	㉣
④	㉢	㉣	㉡	㉠

1 CISC와 RISC 비교

CISC(Complex Instruction Set Computer)	RISC(Reduced Instruction Set Computer)
• CISC는 명령어의 길이가 가변적으로 구성된 것으로 한 명령어의 길이를 줄여 디코딩 속도를 높이고 최소 크기의 메모리 구조를 가진다.	• CPU에서 수행하는 동작 대부분이 몇 개의 명령어만으로 가능하다는 사실에 기반하여 구현하며 고정된 길이의 명령어를 사용한다.
• X86이 대표적	• 적은 수의 명령어로 명령어 집합을 구성하며 기존의 복잡한 명령은 보유한 명령어를 조합해서 사용하며 보통 많은 수의 범용 레지스터를 가진다.
• 하드웨어의 비중이 크다.	
• 장점	• ARM이 대표적
−컴파일러 작성이 쉽다.	• 소프트웨어의 비중이 크다.
−복잡한 명령도 마이크로코드(microcode)이므로 실행효율이 좋다.	• 장점
−호환성이 좋다.	−각 명령어가 한 클록에 실행되도록 고정되어, 파이프라인 성능에 최적화 됨
• 단점	−고정된 명령어이기 때문에 해석(디코딩) 속도가 **빠**르며, 여러 개의 명령어를 처리할 수 있다.
−하나의 명령어가 복잡하여 해석(디코딩)에 시간이 오래걸리며, 해석에 필요한 회로가 복잡하다.	• 단점
−적은 수의 일부 명령어만 주로 쓰인다.	−컴파일러의 최적화 과정이 복잡해진다.
−명령어의 길이가 달라 동시의 여러 개의 명령처리는 어렵다.	−명령 길이가 고정되어 있기 때문에 코드효율이 낮다.

2 • ⓒ − pc(program counter) : 다음에 실행할 명령어의 주소를 기억하고 있는 중앙처리장치(CPU)의 레지스터 중 하나이다.
 • ② − IR(instruction register) : 컴퓨터의 제어 장치의 일부로, 기억 장치에서 읽어 내어진 명령을 받아 그것을 실행하기 위해 일시 기억해 두는 레지스터이다.
 • ⓒ − MAR(Memory Address Register) : 주기억장치에 접근하는 정보가 저장되어 있는 기억 장소의 주소가 저장되어 있는 레지스터로, '주기억장치 주소 레지스터', 혹은 '주소 레지스터', '메모리 주소 레지스터'라고도 불린다.
 • ① − AC(accumulator) : 누산기 연산 장치에 있는 레지스터로, 4칙 연산, 논리연산 등의 결과를 기억하기 위해 사용된다.

정답 및 해설 1.③ 2.④

3 트랜잭션이 정상적으로 완료(commit)되거나, 중단(abort)되었을 때 롤백(rollback)되어야 하는 트랜잭션의 성질은?

① 원자성(atomicity)

② 일관성(consistency)

③ 격리성(isolation)

④ 영속성(durability)

4 다음의 설명과 무선 PAN 기술이 옳게 짝지어진 것은?

> (가) 다양한 기기 간에 무선으로 데이터 통신을 할 수 있도록 만든 기술로 에릭슨이 IBM, 노키아, 도시바와 함께 개발하였으며, IEEE 802.15.1 규격으로 발표되었다.
>
> (나) 약 10 cm 정도로 가까운 거리에서 장치 간에 양방향 무선 통신을 가능하게 해주는 기술로 모바일 결제 서비스에 많이 활용된다.
>
> (다) IEEE 802.15.4 기반 PAN기술로 낮은 전력을 소모하면서 저가의 센서 네트워크 구현에 최적의 방안을 제공하는 기술이다.

	(가)	(나)	(다)
①	Bluetooth	NFC	ZigBee
②	ZigBee	RFID	luetooth
③	NFC	RFID	ZigBee
④	Bluetooth	ZigBee	RFID

5 디스크 헤드의 위치가 55이고 0의 방향으로 이동할 때, C-SCAN 기법으로 디스크 대기 큐 25, 30, 47, 50, 63, 75, 100을 처리한다면 제일 마지막에 서비스 받는 트랙은?

① 50

② 63

③ 75

④ 100

3 트랜잭션(Transaction) … 데이터베이스에서 하나의 논리적 기능을 수행하기 위한 일련의 연산 집합으로서 작업의 단위이다.

ⓐ 원자성(atomicity)은 트랜잭션을 구성하는 연산들이 모두 정상적으로 실행되거나 하나도 실행되지 않아야 한다는 all-or-nothing 방식을 의미한다.

ⓑ 일관성(consistency)은 트랜잭션이 성공적으로 수행된 후에도 데이터베이스가 일관성 있는 상태를 유지해야 함을 의미한다.

ⓒ 격리성(isolation)은 고립성이라고도 하는데, 현재 수행 중인 트랜잭션이 완료될 때까지 트랜잭션이 생성한 중간 연산 결과에 다른 트랜잭션들이 접근할 수 없음을 의미한다.

ⓓ 지속성(durability)은 영속성이라고도 하는데 트랜잭션이 성공적으로 완료된 후 데이터베이스에 반영한 수행 결과는 어떠한 경우에도 손실되지 않고 영구적이어야 함을 의미한다.

4 (개) **블루투스[Bluetooth]** : 블루투스(Bluetooth)는 휴대폰, 노트북, 이어폰·헤드폰 등의 휴대기기를 서로 연결해 정보를 교환하는 근거리 무선 기술 표준을 뜻한다. 주로 10미터 안팎의 초단거리에서 저전력 무선 연결이 필요할 때 쓰인다.

(내) **근거리 무선 통신[Near Field Communication]** : 13.56MHz 대역의 주파수를 사용하여 약 10cm 이내의 근거리에서 데이터를 교환할 수 있는 비접촉식 무선통신 기술로서 스마트폰 등에 내장되어 교통카드, 신용카드, 멤버십카드, 쿠폰, 신분증 등 다양한 분야에서 활용될 수 있는 성장 잠재력이 큰 기술이다.

(대) **지그비[ZigBee]** : 주로 양방향 무선 개인 영역 통신망(WPAN) 기반의 홈 네트워크 및 무선 센서망에서 사용되는 기술로 지그비 얼라이언스(zigbee alliance)에서 IEEE 802.15.4 물리 계층(PHY, MAC) 표준 기술을 기반으로 상위 프로토콜 및 응용 프로파일을 표준화하였다.

5 C-SCAN 기법은 SCAN에서의 불공평한 대기 시간을 좀 더 균등하게 하려고 변형을 가한 것으로 헤드는 항상 바깥쪽 실린더에서 안쪽 실린더를 이동하면서 가장 짧은 탐색 시간을 갖는 요청을 서비스하는 기법이다.

ⓐ 헤드는 트랙 바깥에서 안쪽으로 한 방향으로만 움직이며 서비스하여 끝까지 이동한 후, 안쪽에 더 이상의 요청이 없으면 헤드는 가장 바깥쪽의 끝으로 이동한 후 다시 안쪽으로 이동하면서 요청을 서비스 하기에 트랙의 안쪽과 바깥쪽의 요청에 대한 서비스가 공평한 기법이다.

ⓑ 이동순서 : 50-47-30-25-100-75-63

정답 및 해설 3.① 4.① 5.②

6 컴퓨터 시스템 구성요소 사이의 데이터 흐름과 제어 흐름에 대한 설명으로 옳은 것은?

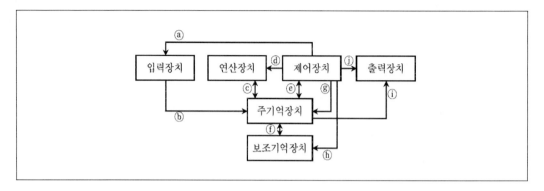

① ⓐ와 ⓕ는 모두 제어 흐름이다.

② ⓑ와 ⓖ는 모두 데이터 흐름이다.

③ ⓗ는 데이터 흐름, ⓓ는 제어 흐름이다.

④ ⓒ는 데이터 흐름, ⓖ는 제어 흐름이다.

7 수식의 결과가 거짓(false)인 것은?

① $20D_{(16)} > 524_{(10)}$

② $0.125_{(10)} = 0.011_{(2)}$

③ $10_{(8)} = 1000_{(2)}$

④ $0.1_{(10)} < 0.1_{(2)}$

8 공개키 암호화 방법을 사용하여 철수가 영희에게 메시지를 보내는 것에 대한 설명으로 옳지 않은 것은?

① 공개키는 누구에게나 공개된다.

② 공개키의 위조 방지를 위해 인증기관은 인증서를 발급한다.

③ 철수는 자신의 공개키를 사용하여 평문을 암호화한다.

④ 영희는 자신의 개인키를 사용하여 암호문을 복호화한다.

9 '인터넷 서점'에 대한 유스케이스 다이어그램에서 '회원등록' 유스케이스를 수행하기 위해서는 '실명확인' 유스케이스가 반드시 선행되어야 한다면 이들의 관계는?

① 일반화(generalization) 관계

② 확장(extend) 관계

③ 포함(include) 관계

④ 연관(association) 관계

6 • 제어장치 : 제어 흐름
  • 연산장치, 출력장치, 주기억장치, 보조기억장치 : 데이터 흐름

7 ① 0010 0000 1101 > 0010 0000 1100 (T)

  ② 0.001 = 0.011 (F)

  ③ 001 000 = 1000 (T)

  ④ 0.00011 < 0.1 (T)

8 공개키 암호화 방식 ··· 공개키 암호화 방식은 암호방식을 가진 암호키와 암호를 해독하는 복호키 중 암호화키를 외부에 공개하여, 상대방은 공개된 암호화키를 이용하여 정보를 보내고, 자신은 자신만이 가진 복호화키를 이용하여 수신된 정보를 해독할 수 있도록 한 정보 암호화 방식이다.

9 유스케이스 다이어그램의 구성요소
  ㉠ 시스템, 엑터, 유스케이스, 관계로 구성되어 있다.
  ㉡ 관계(Relation) : 엑터와 유스케이스 사이의 의미있는 관계를 나타낸다. 종류는 연관, 의존 일반화이 있으며 의존관계는 포함, 확장으로 나눠진다.
  ① 일반화(generalization) 관계는 유사한 유스케이스 또는 엑터를 모아 추상화한 유스케이스 또는 엑터와 연결시켜 그룹을 만들어 이해도를 높이기 위한 관계이다.
  ② 확장(extend) 관계는 확장기능 유스케이스와 확장대상 유스케이스 사이에 형성되는 관계이다.
  ③ 포함(include) 관계는 하나의 유스케이스가 다른 유스케이스의 실행을 전제로 할 때 형성되는 관계이다. 포함되는 유스케이스는 포함하는 유스케이스를 실행하기 위해 반드시 실행되어야 하는 경우에 적용한다. 포함하는 유스케이스에서 포함되는 유스케이스 방향으로 화살표를 점선으로 연결하고 ≪include≫라고 표기한다.
  ④ 연관(association) 관계는 유스케이스와 엑터 간의 상호작용이 있음을 표현한다. 유스케이스와 엑터를 실선으로 연결한다.

정답 및 해설 6.④ 7.② 8.③ 9.③

10 이동 애드혹 네트워크(MANET)에 대한 설명으로 옳지 않은 것은?

① 전송 거리와 전송 대역폭에 제약을 받는다.

② 노드는 호스트 기능과 라우팅 기능을 동시에 가진다.

③ 보안 및 라우팅 지원이 여러 노드 간의 협력에 의해 분산 운영된다.

④ 동적인 네트워크 토폴로지를 효율적으로 구성하기 위해 액세스 포인트(AP)와 같은 중재자를 필요로 한다.

11 네트워크 구성 형태에 대한 설명으로 옳지 않은 것은?

① 메시(mesh)형은 각 노드가 다른 모든 노드와 점 대 점으로 연결되기 때문에 네트워크 규모가 커질수록 통신 회선 수가 급격하게 많아진다.

② 스타(star)형은 각 노드가 허브라는 하나의 중앙노드에 연결되기 때문에 중앙노드가 고장나면 그 네트워크 전체가 영향을 받는다.

③ 트리(tree)형은 고리처럼 순환형으로 구성된 형태로서 네트워크 재구성이 수월하다.

④ 버스(bus)형은 하나의 선형 통신 회선에 여러 개의 노드가 연결되어 있는 형태이다.

12 노드 A, B, C를 가지는 이중 연결 리스트에서 노드 B를 삭제하기 위한 의사코드(pseudo code)로 옳지 않은 것은? (단, 노드 B의 메모리는 해제하지 않는다)

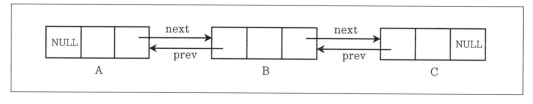

① A->next = C;

　C->prev = A;

② A->next = B->next;

　C->prev = B->prev;

③ B->prev->next = B->next;

　B->next->prev = B->prev;

④ A->next = A->next->next;

　A->next->next->prev = B->prev;

10 이동 애드혹 네트워크(Mobile Ad-hoc NETwork) … 유선 기반망 없이 이동 단말기로만 구성된 무선 지역의 통신망. 유선 기반이 구축되지 않은 산악 지역이나 전쟁터 등지에서 통신망을 구성해서 인터넷 서비스를 제공하는 기술이다. 무선 신호의 송수신은 현재의 자료 연결 기술을 활용하고, 라우터 기능은 이동 애드혹 네트워크의 이동 단말기가 호스트와 라우터 역할을 동시에 하도록 하는데, 여기에 라우터 프로토콜의 개발과 무선 신호의 보안 문제 해결 기술 등이 필요하다.

11 트리(tree)형 … 나무가 하나의 뿌리(root)에서 줄기(trunk)가 나와 가지(branch)로 나누어지는 것처럼, 어떤 하나의 집합(레코드나 디렉토리 등)으로부터 하위 레벨(lower level)로 가지가 나오는 집합 관계를 갖는 계층 구조(hierarchic structure)를 말한다.

12 이중 연결 리스트(doubly linked list)
　ⓐ 이전 노드 또는 다음 노드로 자유롭게 양방향 운행이 가능한 이중 연결 리스트를 사용하면 된다.
　ⓑ 한쪽 방향의 연결 필드가 끊어지면 반대 방향으로 운행하여 관련 자료를 복구하거나 특정 노드에서 이전 노드로 주소를 손쉽게 구할 수 있다.
　ⓒ *prev는 이전 노드를 가리키고, *next는 다음 노드를 가리킨다.
　→ B노드를 삭제하게 되면 B노드의 좌측(A노드)와, 우측(C노드)를 연결시켜 주는 작업이 필요하다.
　예 다음 삭제되는 지정 타겟의 prev 주소를 Left에 next 주소를 Right에 임시 저장하고 Left 노드의 다음은 Right 노드가 되어야 하므로 Left-〉next = Right;
　　　같은 원리로 Right 노드의 이전은 Left가 되어야 하므로 Right-〉prev = Left;로 한다.
　ⓓ 이중 연결 리스트 B노드 삭제 **예**
　　① [A].next=[B].next 또는 [A].next=[A].next.next
　　② [A].next.prev=[A]
　　③ [B].prev=NULL//①,②연산으로 [B]를 가르키는 노드가 없으니 ① 연산 전에 [B]를 따로 저장한다.
　　④ [B].next=NULL
　　⑤ free([B])

13 다음에서 설명하는 보안공격방법은?

> 공격자는 여러 대의 좀비 컴퓨터를 분산 배치하여 가상의 접속자를 만든 후 처리할 수 없을 정도로 매우 많은 양의 패킷을 동시에 발생시켜 시스템을 공격한다. 공격받은 컴퓨터는 사용자가 정상적으로 접속할 수 없다.

① 키로거(Key Logger)
② DDoS(Distributed Denial of Service)
③ XSS(Cross Site Scripting)
④ 스파이웨어(Spyware)

14 논리적 데이터 모델에 대한 설명으로 옳지 않은 것은?

① 개체관계 모델은 개체와 개체 사이의 관계성을 이용하여 데이터를 모델링한다.
② 관계형 모델은 논리적 데이터 모델에 해당한다.
③ SQL은 관계형 모델을 따르는 DBMS의 표준 데이터 언어이다.
④ 네트워크 모델, 계층 모델은 레거시 데이터 모델로도 불린다.

15 다음에서 설명하는 소프트웨어 개발 방법론은?

> • 애자일 방법론의 하나로 소프트웨어 개발 프로세스가 문서화하는 데 지나치게 많은 시간과 노력이 소모되는 단점을 보완하기 위해 개발되었다.
> • 의사소통, 단순함, 피드백, 용기, 존중의 5가지 가치에 기초하여 '고객에게 최고의 가치를 가장 빨리' 전달하도록 하는 방법론으로 켄트 벡이 고안하였다.

① 통합 프로세스(UP)
② 익스트림 프로그래밍
③ 스크럼
④ 나선형 모델

13 ① 키로거(Key Logger)는 컴퓨터 사용자의 키보드 움직임을 탐지해 ID나 패스워드, 계좌번호, 카드번호 등과
같은 개인의 중요한 정보를 몰래 빼 가는 해킹 공격이다.

③ XSS(Cross Site Scripting)는 게시판, 웹 메일 등에 삽입된 악의적인 스크립트에 의해 페이지가 깨지거나
다른 사용자의 사용을 방해하거나 쿠키 및 기타 개인 정보를 특정 사이트로 전송시키는 공격이다.

④ 스파이웨어(Spyware)는 다른 사람의 컴퓨터에 잠입해 개인정보를 빼가는 소프트웨어이다.

14 개체관계 모델 … 피터 첸(Peter Chen)이 1976년에 제안한 것으로, 현실 세계를 개체(entity)와 개체 간의 관계
(relationship)를 이용해 개념적 구조로 표현하는 방법이다.

15 ① 통합 프로세스(UP) : 어떤 소프트웨어 시스템의 모델을 구축하기 위해 만들어야 하는 산출물이나, 수행해야
하는 행동, 이를 수행할 개발자 등을 정의한 방법론이다.

③ 스크럼 : 프로젝트관리를 위한 상호, 점진적 개발방법론이며, 애자일 소프트웨어 공학 중의 하나이다. 스크럼
(Scrum)은 소프트웨어 개발 프로젝트를 위하여 고안되었지만, 소프트웨어 유지보수 팀이나 일반적인 프로
젝트/프로그램 관리에서도 적용될 수 있다.

④ 나선형 모델 : 위험관리를 강조 모형으로서, 폭포수 모델, 프로토타입 모델과 함께 고전적인 소프트웨어 개발
방법론 중 하나이다. 나선(Spiral)이 반복되는 걸로 보인다고 하여 붙여진 이름이며, Barry W. Boehm(배리
보앰)이라는 사람이 제안하였다.

정답 및 해설 13.② 14.① 15.②

16 HTML5의 특징에 대한 설명으로 옳지 않은 것은?

① 플러그인의 도움 없이 음악과 동영상 재생이 가능하다.

② 쌍방향 통신을 제공하여 실시간 채팅이나 온라인 게임을 만들 수 있다.

③ 디바이스에 접근할 수 없어서 개인정보 보호 및 보안을 철저히 유지할 수 있다.

④ 스마트폰의 일반 응용프로그램도 HTML5를 사용해 개발할 수 있다.

17 다음 프로세스 집합에 대하여 라운드 로빈 CPU 스케줄링 알고리즘을 사용할 때, 프로세스들의 총 대기시간은? (단, 시간 0에 P1, P2, P3 순서대로 도착한 것으로 하고, 시간 할당량은 4밀리초로 하며, 프로세스 간 문맥교환에 따른 오버헤드는 무시한다)

프로세스	버스트 시간(밀리초)
P1	20
P2	3
P3	4

① 16

② 18

③ 20

④ 24

18 컴퓨터의 발전 과정에 대한 설명으로 옳지 않은 것은?

① 포트란, 코볼같은 고급 언어는 집적회로(IC)가 적용된 제3세대 컴퓨터부터 사용되었다.

② 애플사는 1970년대에 개인용 컴퓨터를 출시하였다.

③ IBM PC라고 불리는 컴퓨터는 1980년대에 출시되었다.

④ 1990년대에는 월드와이드웹 기술이 적용되면서 인터넷에 연결되는 컴퓨터의 사용자가 폭발적으로 증가하였다.

16 HTML5(HyperText Markup Language 5)

   ㉠ 웹 표준 기관인 월드와이드웹 컨소시엄(W3C)이 만들고 있는 차세대 웹 언어 규격이다.

   ㉡ HTML5는 문서 작성 중심으로 구성된 기존 표준에 그림, 동영상, 음악 등을 실행하는 기능까지 포함시켰다.

   ㉢ HTML5를 이용해 웹사이트를 만들면 국내 전자상거래에서 많이 쓰이는 액티브X, 동영상이나 음악재생에 필요한 어도비 플래시와 같은 프러그인 기반의 각종 프로그램을 별도로 설치할 필요가 없어진다.

   ㉣ HTML5는 모바일환경에서 아이폰이나 안드로이드 등의 운영체제를 가리지 않고 모두 호환된다.

17 라운드 로빈(Round-Robin) 스케줄링 알고리즘 … 시분할 시스템을 위해 설계되었다. 이는 선입 선처리 스케줄링과 유사하지만 시스템이 프로세스들 사이를 옮겨 다닐 수 있도록 선점이 추가된다. 시간 할당량 또는 시간 조작이라고 하는 작은 단위의 시간을 정의한다. 시간 할당량은 일반적으로 10에서 100밀리초 동안이다. 준비완료 큐는 원형 큐로 동작한다. CPU스케줄러는 준비완료 큐를 돌면서 한 번에 한 프로세스에게 한 번의 시간 할당량 동안 CPU를 할당한다.

   ※ 대기시간

     $P1 = 3 + 4 = 7$

     $P2 = 4$

     $P3 = 4 + 3 = 7$

     $7 + 4 + 7 = 18$

18 컴퓨터 세대별 구분

   ㉠ 1세대 : 진공관으로 구성, 계산 속도, H/W 개발에 중점, 기초과학 계산 및 사무용, ENIAC, EDSAC, UNIVAC, EVAC

   ㉡ 2세대 : Transister, Diode 사용, 계산 속도 Multiprogramming의 실현, On-Line real time system 실용화, O/S 도입, Compiler 언어 개발, 보조기억장치 활용, FORTRAN, COBOL, ALGOL

   ㉢ 3세대 : IC(Integrated Circuit), 계산 속도, 범용 컴퓨터 등장, TSS(Time Sharring System)의 실현, MIS 체제 확립, OCR, OMR, MICR, Pascal, C

   ㉣ 4세대 : LSI(Large Scale Integrated) 사용, 계산 속도, 음성응답 장치, Roboat System

   ㉤ 5세대 : VLSI(Very Large Scale Integrated) 사용, 인공지능AI), 전문가시스템, 퍼지이론, 음성인식개발, 의사결정지원시스템DSS), 패턴인식

정답 및 해설 16.③ 17.② 18.①

19 다음 C 프로그램의 출력 값은?

```
#include <stdio.h>

void funCount();

int main(void) {
    int num;
    for(num=0; num<2; num++)
    funCount();
    return 0;
}

void funCount() {
    int num=0;
    static int count;

printf("num = %d, count = %d\n",
    ++num, count++);
}
```

① num = 0, count = 0
   num = 0, count = 1
② num = 0, count = 0
   num = 1, count = 1
③ num = 1, count = 0
   num = 1, count = 0
④ num = 1, count = 0
   num = 1, count = 1

19 void funCount()　　　　→Count는 정적변수로 프로그램이 종료할때까지 값을 유지한다.

int main(void) {

int num ;　　　　　　→num은 funCount()에서 선언한 지역변수로 호출될 때마다 0로 초기화된다.

for(num=0 ; num⟨2 ; num++) →num이 0부터 1씩 증가하여 2가　　때 종료하므로 num이 0, 1 두 번만 반복한다.

funCount();

return 0;

}

void funCount() {

int num=0 ;　　　　　→자동변수, 매번 실행되나 함수가 종료되면 소멸된다.

static int count ;　　　→정적변수, 번역시 기억장소 확보 실행시 건너뛰나 함수가 종료되어도 정적변수는 소멸되지 않음.

printf("num = %d, count = %d\n", ++num, count++); →num은 전치 연산(++num)에 따라 1을 두 번 출력하게 되고 Count는 후치 연산(Count++)에 따라 출력 후 1이 증가 하기 때문에 0과 1이 출력한다.

정답 및 해설 19.④

20 페이지 크기가 2,000byte인 페이징 시스템에서 페이지테이블이 다음과 같을 때 논리주소에 대한 물리주소가 옳게 짝지어진 것은?(단, 논리주소와 물리주소는 각각 0에서 시작되고, 1byte 단위로 주소가 부여된다)

페이지번호(논리)	프레임번호(물리)
0	7
1	3
2	5
3	0
4	8

	논리주소	물리주소
①	4,300	2,300
②	3,600	4,600
③	2,500	6,500
④	900	7,900

20 논리주소 공간과 물리주소 공간

   ⊙ 논리주소 공간(logical address spaace) : 프로그램에 의해 생성된 모든 논리주소의 집합

   ⓒ 물리주소 공간(physical address space) : 논리주소에 해당하는 모든 물리주소의 집합

가상주소

0	000-1999
1	2000-3999
2	4000-5999
3	6000-7999
4	8000-9999

논리주소

0	0000-1999
1	2000-3999
2	4000-5999
3	6000-7999
4	8000-9999
5	10000-11999
6	12000-13999
7	14000-15999
8	16000-17999

① 논리주소 4,300＝2,000*2+300는 페이지번호 2번, 프레임 번호 5번이어서 5*2,000+300이므로 물리주소는 10, 300이다.(×)

② 논리주소 3,600＝2000*2+1600는 페이지번호는 1번, 프레임 번호 3번이어서 3*3,200 +1,600이므로 물리주소는 7,600이다.(×)

③ 논리주소는 2,500＝2,000*1+500이므로 페이지번호는 1번, 프레임번호는 3번 이므로 3*2000+500이므로 물리주소는 6,500이다.(○)

④ 논리주소는 900 ＝ 2,000*0+9,000은 페이지번호는 0번 프레임번호는 7번이므로 7*2,000+300이므로 물리주소는 14,900이다.(×)

정답 및 해설 20.③

1 네트워크 프로토콜에 대한 설명으로 옳지 않은 것은?

① TCP와 UDP는 전송 계층에 속하는 프로토콜로서 데이터 전송의 신뢰성을 보장한다.
② IP는 네트워크 호스트의 주소 지정과 경로 설정을 담당하는 네트워크 계층 프로토콜이다.
③ SMTP는 전자메일 전송을 위한 응용 계층 프로토콜이다.
④ IPv4에서 예상되는 IP 주소의 고갈 문제 해결을 주요 목적으로 IPv6가 제안되었다.

2 하드디스크에 대한 설명으로 옳지 않은 것은?

① 하드디스크는 데이터접근 방식이 직접접근 방식인 보조기억장치이다.
② 바이오스(BIOS)는 하드디스크에 저장된다.
③ 하드디스크는 주기억장치보다 접근 속도가 느리다.
④ 하드디스크는 전원이 꺼져도 저장된 데이터가 지워지지 않는다.

3 가상 사설 네트워크(VPN : Virtual Private Network)에 대한 설명으로 옳지 않은 것은?

① 터널링(tunneling) 기술을 사용한다.
② 전용회선 기반 사설 네트워크보다 구축 및 유지 비용이 높다.
③ 암호화 기술을 사용한다.
④ VPN 기능은 방화벽이나 라우터에 내장될 수 있다.

1 TCP 계층은 TCP(Transmission Control Protocol)와 UDP(User Datagram Protocol) 프로토콜 두 개로 구분할 수 있는데, 신뢰성이 요구되는 애플리케이션에서는 TCP를 사용하고, 간단한 데이터를 빠른 속도로 전송하는 애플리케이션에서는 UDP를 사용한다.

※ TCP와 UDP 비교

TCP	UDP
• IP 프로토콜 위에서 연결형 서비스를 지원하는 전송계층 프로토콜로, 인터넷 환경에서 기본으로 사용한다. • TCP에서 제공하는 주요 기능 – 연결형 서비스를 제공한다. – 전이중(Full Duplex) 방식의 양방향 가상 회선을 제공한다. – 신뢰성 있는 데이터 전송을 보장한다.	• 사용자 데이터그램 프로토콜(user datagram protocol)의 줄임말이다. • 인터넷상에서 서로 정보를 주고받을 때 정보를 보낸다는 신호나 받는다는 신호 절차를 거치지 않고, 보내는 쪽에서 일방적으로 데이터를 전달하는 통신 프로토콜이다. • 보내는 쪽에서는 받는 쪽이 데이터를 받았는지 받지 않았는지 확인할 수 없고, 또 확인할 필요도 없도록 만들어진 프로토콜을 말한다.

2 바이오스(Basic Input Output System) … 컴퓨터에서 전원을 켜면 맨 처음 컴퓨터의 제어를 맡아, 가장 기본적인 기능을 처리해 주는 프로그램을 말한다. 롬 바이오스라고도 하며, 소프트웨어의 계층 중 가장 낮은 계층에 속하며 모든 소프트웨어는 이 곳을 기반으로 움직인다.

3 가상사설망(virtual private network) … 인터넷망을 전용선처럼 사용할 수 있도록 특수 통신체계와 암호화기법을 제공하는 서비스로 기업 본사와 지사 또는 지사 간에 전용망을 설치한 것과 같은 효과를 거둘 수 있으며, 기존 사설망의 고비용 부담을 해소하기 위해 사용한다.

정답 및 해설 1.① 2.② 3.②

2017. 6. 17. 제1회 지방직 시행 ┃ 111

4 다음은 폭포수 모델에서 제시하는 소프트웨어 개발 단계들 중 일부에 대한 설명이다. 제시된 소프트웨어 개발 단계를 순서대로 바르게 나열한 것은?

> ㉠ 시스템 구조, 프로그램, 인터페이스를 설계한다.
> ㉡ 소프트웨어를 이용하면서 문제점을 수정하거나 새로운 기능을 추가한다.
> ㉢ 요구대로 소프트웨어가 적합하게 작동하는지 확인한다.
> ㉣ 사용자의 요구사항을 파악한다.

① ㉠→㉡→㉢→㉣
② ㉠→㉣→㉡→㉢
③ ㉣→㉠→㉢→㉡
④ ㉣→㉢→㉡→㉠

5 입출력과 관련하여 폴링(polling) 방식과 인터럽트(interrupt) 방식에 대한 설명으로 옳지 않은 것은?

① 폴링 방식에서는 프로세서가 입출력을 위해 입출력장치의 상태를 반복적으로 검사한다.
② 인터럽트 방식은 폴링 방식 대비 프로세서의 시간을 낭비하는 단점이 있다.
③ 인터럽트 방식에서는 인터럽트 간에 우선순위를 둘 수 있다.
④ 인터럽트 방식에서는 인터럽트 처리를 위해 인터럽트 처리 루틴을 호출한다.

6 데이터 전송 기법인 DMA(Direct Memory Access)에 대한 설명으로 옳지 않은 것은?

① DMA는 프로세서의 개입을 최소화하면서 주기억장치와 입출력장치 사이에 데이터를 전송하는 기술이다.
② 주기억장치와 입출력장치 사이에 대량의 데이터를 고속으로 전송 시, 인터럽트 방식이 DMA 방식보다 효율적이다.
③ 주기억장치와 입출력장치 사이에 DMA에 의한 데이터 전송 시, DMA 제어기는 버스 마스터(master)로 동작한다.
④ 단일 컴퓨터 시스템에 여러 개의 DMA 제어기가 존재할 수 있다.

4 **폭포수 모델 소프트웨어 개발 프로세스** … 요구사항분석 → 설계 → 프로그래밍 → 테스트 → 사용 → 유지보수

※ **폭포수 모델(waterfall model)** … 소프트웨어 개발을 개념 정립에서 구현까지 단계적으로 정의한 하향식 개발 생명주기 모델. 가장 고전적인 개발 방법론으로 즉, 소프트웨어 개발을 계획부터 분석, 설계, 구현, 시험 및 유지보수의 단계로 구분하고 각 단계별로 활동을 종료한 후 다음 단계를 진행하는 순차적이고 구조화된 접근 방법을 제공한다. 간결하고 이해하기 쉽지만 사용자 피드백에 의한 반복이 어렵다.

5 **폴링 방식과 인터럽트 방식**

㉠ **폴링 방식(polling system)** : 데이터 링크 확립 방식의 하나이며, 분기 방식을 사용하고 있는 시스템에서 각 단말에서의 송신을 제어하기 위해서 사용되고 있는데, 이것을 폴링/실렉팅 방식 또는 폴링/드레싱 방식이라고도 한다.

㉡ **인터럽트 방식(interrupt)** : 프로세서(CPU, 중앙처리장치)의 즉각적인 처리를 필요로 하는 이벤트를 알리기 위해 발생하는 주변 하드웨어나 소프트웨어로부터의 요청을 말한다. 인터럽트가 발생하면 그 순간 운영체계 내의 제어프로그램에 있는 인터럽트 처리 루틴(routine)이 작동하여 응급사태를 해결하고 인터럽트가 생기기 이전의 상태로 복귀시킨다.

※ **인터럽트의 목적**

㉠ **CPU 자원의 효율적 이용** : 주변 장치의 속도가 CPU 속도보다 훨씬 느리기 때문에 주변 장치가 처리를 수행하는 동안 CPU는 다른 작업을 수행하고, 처리 종료 후 이를 알리기 위해 사용된다. 프로그래밍 방식에는 인터럽트 방식과 폴링(polling) 방식이 있는데 정기적으로 CPU 상태를 확인하는 폴링 방법을 사용하게 되면 폴링을 위해 다른 처리의 효율이 떨어진다. 따라서 인터럽트 방식을 사용할 경우 처리 종료 인터럽트를 받을 때까지 CPU는 다른 작업에 집중할 수 있다.

㉡ **응답성 향상** : 키보드, 마우스 등의 사용자 인터페이스는 입력 지연 혹은 누설 없이 이를 안정적으로 처리해야 한다.

㉢ **예외 처리의 효율화** : 주변 장치에 이상이 발생한 경우 인터럽트를 이용하여 장애를 신속하게 전달할 수 있게 한다.

㉣ **정확한 타이밍 제어** : 이미지 표시, 음악 연주 및 시계 등의 타이밍 처리를 위해 기기가 탑재하는 타이머에 의한 인터럽트를 이용해 CPU 타이밍을 제어한다.

6 **DMA(Direct Memory Access)** … 메모리 버퍼, 포인터, 카운터를 사용하여 장치 제어기가 CPU 도움없이 데이터를 직접 메모리로 전송하는 입출력 방식

7 32비트 16진수 정수 302AF567$_{(16)}$이 메모리 주소 200$_{(16)}$부터 시작하는 4바이트에 저장되어 있다. 리틀 엔디안(little endian) 방식을 사용하는 시스템에서 메모리 주소와 그 주소에 저장된 8비트 데이터가 옳게 짝지어진 것은? (단, 바이트 단위로 주소가 지정된다)

①

200$_{(16)}$	201$_{(16)}$	202$_{(16)}$	203$_{(16)}$
67$_{(16)}$	F5$_{(16)}$	2A$_{(16)}$	30$_{(16)}$

②

200$_{(16)}$	201$_{(16)}$	202$_{(16)}$	203$_{(16)}$
F5$_{(16)}$	67$_{(16)}$	30$_{(16)}$	2A$_{(16)}$

③

200$_{(16)}$	201$_{(16)}$	202$_{(16)}$	203$_{(16)}$
30$_{(16)}$	2A$_{(16)}$	F5$_{(16)}$	67$_{(16)}$

④

200$_{(16)}$	201$_{(16)}$	202$_{(16)}$	203$_{(16)}$
2A$_{(16)}$	30$_{(16)}$	67$_{(16)}$	F5$_{(16)}$

8 PMBOK(Project Management Body of Knowledge)에서 제시하는 소프트웨어 프로젝트 관리 영역에 대한 설명으로 옳지 않은 것은?

① 프로젝트 일정 관리(time management)는 주어진 기간 내에 프로젝트를 완료하기 위한 활동에 대해 다룬다.

② 프로젝트 비용 관리(cost management)는 승인된 예산 내에서 프로젝트를 완료하기 위한 활동에 대해 다룬다.

③ 프로젝트 품질 관리(quality management)는 품질 요구를 만족하여 수행 목표를 달성하기 위한 활동에 대해 다룬다.

④ 프로젝트 조달 관리(procurement management)는 완성된 소프트웨어를 고객에게 전달하기 위한 활동에 대해 다룬다.

7 빅 엔디안과 리틀 엔디안은 컴퓨터 메모리에 저장된 바이트들의 순서를 설명하는 용어이다. 빅 엔디안은 큰 쪽 (바이트 열에서 가장 큰 값)이 먼저 저장되는 순서이며, 리틀 엔디안은 작은 쪽(바이트 열에서 가장 작은 값)이 먼저 저장되는 순서이다.

예를 들면, 빅 엔디안 컴퓨터에서는 16진수 "4F52"를 저장공간에 "4F52"라고 저장할 것이다(만약 4F가 1000번 지에 저장되었다면, 52는 1001번지에 저장될 것이다). 반면에, 리틀 엔디안 시스템에서 이것은 "524F"와 같이 저장될 것이다.

8 ④ 프로젝트 조달 관리(procurement management)는 조직의 외부에서 물품과 서비스를 조달하기 위해 요구되 는 프로세스로 구성된다.

※ **프로젝트 관리 지식체계(PMBOK)**

  ㉠ 프로젝트 관리 지식체계(PMBOK : Project Management Body of Knowledge)는 프로젝트와 관련된 대표 적인 문서로 프로젝트와 관련된 작업의 표준이 되고 있다. 따라서 많은 프로젝트가 이 문서를 기반으로 하여 수행되고 있다.

  ㉡ 미국 프로젝트 관리협회(PMI)는 프로젝트 관리 지식체계에서 프로젝트 관리를 수행하는 데 필요한 기본 지식을 9가지 관점으로 체계화하였다.

  • 프로젝트 통합 관리 : 프로젝트 통합 관리(project integration management)는 프로젝트의 여러 요소를 적절하게 통합하기 위한 프로세스들로 구성된다.

  • 프로젝트 범위 관리 : 프로젝트 범위 관리(project scope management)는 프로젝트를 성공적으로 완료하 기 위해 필요한 모든 작업을 프로젝트에 포함시키기 위해 요구되는 프로세스들로 구성된다. 프로젝트 범 위 관리는 제품에 포함될 특징과 기능을 의미하는 제품 범위(product scope)와 이때 반드시 수행해야 할 작업을 의미하는 프로젝트 범위(project scope)로 구성된다.

  • 프로젝트 일정 관리 : 프로젝트 일정 관리(project time management)는 프로젝트를 주어진 기간 내에 완 료하기 위해 요구되는 프로세스들로 구성된다.

  • 프로젝트 비용 관리 : 프로젝트 비용 관리(project cost management)는 주어진 예산 범위 안에서 프로젝 트를 완료하기 위해 요구되는 프로세스들로 구성된다.

  • 프로젝트 품질 관리 : 프로젝트 품질 관리(project quality management)는 사용자의 품질 요구를 만족시 키기 위해 요구되는 프로세스들로 구성된다.

  • 프로젝트 인적 자원 관리 : 프로젝트 인적 자원 관리(project human resource management)는 프로젝트 참여 인력을 어떻게 관리해야 프로젝트를 성공시킬 수 있는가에 관한 내용이다. 참여 인력들이 능력을 최대한 발휘할 수 있게 지원하고, 팀워크를 통해 프로젝트를 잘 수행할 수 있게 팀 환경을 만들어주는 프로세스이다.

  • 프로젝트 의사소통 관리 : 프로젝트 의사소통 관리(project communication management)는 이해 관계자들 간의 메시지를 누구에게, 언제, 어떻게 보낼 것인가를 결정하고 관리하는 프로세스이다. 프로젝트 정보를 적시에 적절하게 생성, 수집, 배포, 저장, 배치하기 위해 요구되는 프로세스들로 구성된다.

  • 프로젝트 위험 관리 : 프로젝트 위험 관리(project risk management)는 프로젝트의 위험을 식별, 분석, 대 응하기 위해 요구되는 6개의 프로세스들로 구성된다.

  • 프로젝트 조달 관리 : 프로젝트 조달 관리(project procurement management)는 조직의 외부에서 물품과 서비스를 조달하기 위해 요구되는 6개의 프로세스(조달 기획, 권유 기획, 권유, 공급자 선정, 계약 관리, 계약 종료)로 구성된다.

정답 및 해설 7.① 8.④

9 다음은 배열로 구현한 스택 자료구조의 push() 연산과 pop() 연산이다. ㉠과 ㉡에 들어갈 코드가 옳게 짝지어진 것은?

```
#define ARRAY_SIZE 10
#define IsFull() ((top == ARRAY_SIZE-1) ?  1: 0)
#define IsEmpty() ((top == -1) ? 1: 0)

int a[ARRAY_SIZE];
int top = -1;

void push(int d) {
    if( IsFull() )
            printf("STACK FULL \n");
    else


┌─────────────────────────────────────────────┐
│                      ㉠                       │
└─────────────────────────────────────────────┘
}


int pop() {
    if( IsEmpty() )
            printf("STACK EMPTY \n");
    else


┌─────────────────────────────────────────────┐
│                      ㉡                       │
└─────────────────────────────────────────────┘
}
```

	㉠	㉡
①	a[++top] = d;	return a[--top];
②	a[++top] = d;	return a[top--];
③	a[--top] = d;	return a[++top];
④	a[top--] = d;	return a[top++];

9 스택(Stack)은 최근에 들어온 데이터가 가장 먼저 나가는 입출력 형태로 LIFO(후입선출)이라고 부른다. 스택(stack)은 모든 원소들의 삽입(insert)과 삭제(delete)가 리스트의 한쪽 끝에서만 수행되는 제한 조건을 가지는 선형 자료 구조(linear data structure)로서, 삽입과 삭제가 일어나는 리스트의 끝을 top이라 하고, 다른 끝을 bottom이라 한다.

스택은 종종 pushdown stack이라고도 하는데, 스택의 top에 새로운 원소를 삽입하는 것을 push라 하고, 가장 최근에 삽입된 원소를 의미하는 스택의 top으로부터 한 원소를 제거하는 것을 pop이라 한다.

이와 같은 스택 연상은 항상 스택의 top에서 발생하므로 top 포인터의 값을 1씩 증가 또는 감소시킴으로써 수행된다.

※ 스택의 기본연산

ㄱ create() : 스택을 생성한다.

ㄴ push() : 스택에 데이터 추가

ㄷ pop() : 스택에서 데이터를 꺼냄

ㄹ is_empty() : 스택이 비었는지 확인

```
#define ARRAY_SIZE 10 →Y_SIZE-1) ? 1: 0)
#define IsEmpty() ((top == -1) ? 1: 0) →IsEmpty 함수를 사용하여 스택 내부가 비어있는지 확인

int a[ARRAY_SIZE];
int top = -1;

void push(int d) {                    →데이터 삽입
   if( IsFull() )
            printf("STACK FULL\n"); →스택이 가득 찼을 때 STACK FULL 메시지 출력
                                 else →그렇지 않을 경우
      a[++top] = d;               →스택포인터를 1증가해 매개변수로 입력 받은 d의값을 할    당
                                    해야 함.

}
int pop() {   →데이터 삭제
   if( IsEmpty() )
            printf("STACK EMPTY\n"); →스택이 비어있을 경우 STACK EMPTY 라는 메시지 출력
else                            →그렇지 않을 경우

      return a[top--];          →a[top]먼저 출력된 후에 스택포인터를 1 감소시켜야 하기 때
                                   문에 a[top--]으로 리턴한다.

}
```

정답 및 해설 9.②

10 프로그램 구현 기법은 컴파일러를 이용한 기법, 인터프리터를 이용한 기법, 하이브리드 (hybrid) 기법으로 구분된다. 이에 대한 설명으로 옳지 않은 것은?

① 하이브리드 기법에서는 인터프리터가 중간 언어로 번역된 프로그램을 해석하고 실행한다.

② 인터프리터를 이용한 기법에서는 고급 언어 프로그램을 명령문 단위로 하나씩 해석하여 바로 실행한다.

③ 반복문이 많은 프로그램의 실행에서 컴파일러를 이용한 기법이 인터프리터를 이용한 기법보다 효율적이다.

④ 인터프리터를 이용한 기법은 번역된 프로그램을 저장하기 위한 큰 기억 장소를 요구하는 단점이 있다.

11 객체지향 프로그래밍에 대한 설명으로 옳지 않은 것은?

① 다형성(polymorphism)을 이용할 수 있다.

② 추상 클래스(abstract class)로부터 객체를 직접 생성할 수 없다.

③ 객체 간에는 메시지(message)를 통해 명령을 전달한다.

④ 상속(inheritance)이란 기존의 여러 클래스들을 조합하여 새로운 클래스를 만드는 기법이다.

12 32K × 8비트 ROM 칩에 대한 설명으로 옳지 않은 것은?

① 이 ROM 칩 4개와 디코더(decoder)를 이용하여 128K × 8비트 ROM 모듈을 구현할 수 있다.

② 데이터 핀은 8개이다.

③ 워드 크기가 8비트인 컴퓨터 시스템에서만 사용된다.

④ 32,768개의 주소로 이루어진 주소 공간(address space)을 갖게 된다.

10 프로그래밍 구현방법

컴파일러	㉠ 컴퓨터에서 직접 실행될 수 있는 기계어로 번역된다. ㉡ 인터프리터보다 **빠른** 프로그램 실행을 제공한다. • 어휘분석기 : 원시프로그램을 어휘단위로 분리한다. • 구문분석기 – 어휘를 입력받아 parse tree라는 계층적 구조를 생성한다. – 문법 검사를 한다. • 중간코드 생성기와 의미분석기 – 중간코드 생성 : source program과 machine code의 중간언어로 변환한다. (고급언어와 기계어 사이의 gap를 완화시킨다) • 최적화 – 컴파일러의 선택사항이다. – 최적화를 수행한다. • 코드생성기 : target machine code를 생성한다. • link/load : 사용자 코드(user code)와 system program을 연결한다.
인터프리터 (순수해석)	㉠ 원시코드를 논리적인 순서로 해석하고 실행한다. ㉡ 실행시간이 컴파일링 시스템보다 늦다. ㉢ 복잡한 구조를 갖는 언어인 경우 구현의 어려움이 있다. ㉣ 디버거가 용이하다는 장점이 있다. ㉤ 최근 스크립트 언어에서 사용한다.(javascript, php)
하이브리드 (혼합형 구현 시스템}	㉠ 두 구현 시스템의 절충 방식이다.(컴파일러와 순수 인터프리터) ㉡ 원시프로그램을 해석이 용이한 중간언어 코드로 변환한다. ㉢ 순수 해석보다 **빠르다.** ㉣ 자바의 바이트 코드 ㉤ JIT구현시스템은 먼저 프로그램을 중간 언어로 번역 후 프로그램 실행 중에 중간 언어 메소드가 호출될 때, 그 메소드를 기계 코드로 번역한다. ㉥ java와 NET언어 모두 JIT시스템으로 구현된다.

11 객체지향 프로그래밍(object-oriented programming) … 모든 데이터를 오브젝트(object ; 물체)로 취급하여 프로그래밍 하는 방법으로, 처리 요구를 받은 객체가 자기 자신의 안에 있는 내용을 가지고 처리하는 방식이다.
※ 상속(inheritance) … 상속은 부모와 자식 관계를 만들어 자식 클래스가 부모 클래스로부터 모든 속성과 메소드를 생성 받고, 필요에 따라 속성과 메소드를 추가하여 새로운 클래스를 생성할 수 있는 것이다.

12 ROM 칩 1개에 대한 1워드는 8비트 이지만 여러 개의 ROM을 사용하여 시스템을 구성할 경우 컴퓨터 시스템의 워드는 다르고 워드의 단위는 CPU가 데이터를 처리하는 단위를 말하는 것으로 ROM에서 출력되는 비트와는 관련이 없다.

정답 및 해설 10.④ 11.④ 12.③

13 다음에서 설명하는 기술은?

> • 자동차를 기반으로 각종 정보를 주고받을 수 있는 자동차용 원격정보 서비스 기술
> • 교통정보, 차량안전 및 보안, 차량진단, 생활정보 등의 서비스를 제공

① 텔레매틱스(Telematics) ② USN(Ubiquitous Sensor Network)
③ 증강현실(Augmented Reality) ④ 와이브로(WiBro)

14 시간 순서대로 제시된 다음의 시스템 운영 기록만을 이용하여 시스템의 가용성(availability)을 계산한 결과는?

(단위 : 시간)

가동시간	고장시간	가동시간	고장시간	가동시간	고장시간
8	1	7	2	9	3

① 80 % ② 400 %
③ 25 % ④ 75 %

15 다음과 같은 가용 공간을 갖는 주기억장치에 크기가 각각 25KB, 30KB, 15KB, 10KB인 프로세스가 순차적으로 적재 요청된다. 최악적합(worst-fit) 배치전략을 사용할 경우 할당되는 가용 공간 시작주소를 순서대로 나열한 것은?

가용 공간 리스트	
시작주소	크기
w	30KB
x	20KB
y	15KB
z	35KB

① w → x → y → z ② x → y → z → w
③ y → z → w → x ④ z → w → x → y

13 ① 텔레매틱스(telematics)란 원격통신을 뜻하는 'telecommunication'과 정보과학을 뜻하는 'informatics'가 결합한 단어로, 무선통신을 이용하여 자동차 안에서 인터넷 접속, 전자상거래, 원격 차량진단, 사고차량 위치 추적, 홈 네트워크 등의 각종 서비스를 제공받을 수 있게 하는 새로운 개념의 차량 무선인터넷 서비스이다.

② USN(Ubiquitous Sensor Network)은 각종 센서에서 수집한 정보를 USN무선 네트워크를 통해 실시간 수집, 활용하도록 구성된 네트워크이다.

③ 증강현실(Augmented Reality)은 사용자가 눈으로 보는 현실세계에 가상 물체를 겹쳐 보여주는 기술이다. 현실세계에 실시간으로 부가정보를 갖는 가상세계를 합쳐 하나의 영상으로 보여주므로 혼합현실(Mixed Reality, MR)이라고도 한다.

④ 와이브로(WiBro)는 'Wireless Broadband Internet'의 줄임말로 '무선 광대역 인터넷 서비스', '무선 광대역 인터넷' 등으로 풀이된다. 와이브로의 특징은 휴대폰, 스마트폰의 3G, 4G 이동통신처럼 언제 어디서나 이동하면서 인터넷을 이용할 수 있다는 점이다. 이론적으로 최대 다운로드 속도는 10Mbps, 최대 전송 거리는 1km이며, 시속 120km로 이동하면서 사용할 수 있다.

14 가용성(Availability)

㉠ 시스템(서비스)이 정상적으로 운영된 시간을 확률로 표기한 것

㉡ 가용성(%) = (MTBF/(MTBF + MTTR)) × 100 (%)

$$= \frac{24}{30} \times 100 = 80\%$$

※ 시스템 가용성 계산공식
- Mean Time To Repair(MTTR) : 고장복구시간 : 고장 후 복구까지의 시간
- Mean Time To Failure(MTTF) : 정상가동시간 : 복구 후 다음 고장까지의 시간
- Mean Time Between Failure(MTBF) = MTTF + MTTR : 고장에서 다음 고장까지의 시간

15 최악적합(worst-fit) 배치전략 … 프로그램을 주기억 장치 내에서 가장 알맞지 않은 공백, 즉 가장 큰 공백에 배치하는 것. 큰 공백에 프로그램을 배치한 후에도 그 남은 공백은 여전히 크므로, 상당히 큰 다른 프로그램을 수행할 수 있다.

배치크기		시작주소	크기
25KB	→	z	35KB
30KB	→	w	30KB
15KB	→	x	20KB
10KB	→	y	15KB

정답 및 해설 13.① 14.① 15.④

16 다음 Java 프로그램의 출력 결과는?

```java
class Foo {
    public int a = 3;
    public void addValue(int i) {
        a = a + i;
        System.out.println("Foo : "+ a + " " );
    }
    public void addFive() {
        a += 5;
        System.out.println("Foo : "+ a + " " );
    }
}

class Bar extends Foo {
    public int a = 8;
    public void addValue(double i) {
        a = a + (int)i;
        System.out.println("Bar : "+ a + " " );
    }
    public void addFive() {
        a += 5;
        System.out.println("Bar : "+ a + " " );
    }
}

public class Test {
    public static void main(String [] args) {
        Foo f = new Bar();
        f.addValue(1);
        f.addFive();
    }
}
```

① Foo : 4

   Foo : 9

② Bar : 9

   Foo : 8

③ Foo : 4

   Bar : 13

④ Bar : 9

   Bar : 14

---

16 Foo 클래스를 Bar 클래스가 상속하고 있다. Foo, Bar 클래스 모두 동일하게 멤버변수로 a를 가지고 있고, 멤버 메소드로는 addFive를 가지고 있다.

    Foo = new Bar()이 코드에서 f라는 인스턴스 변수를 선언하되, Foo(부모 클래스)형으로 선언한다. 이는, f를 통해서, 접근할 수 있는 범위가 Foo형이라는 의미이다. 그리고 new Bar()의 의미는, Bar(자식 클래스)형의 생성자를 호출하여 실제로 Bar 클래스의 인스턴스를 생성하고, (자식 클래스의 생성자에서는, 기본적으로 부모 클래스의 생성자를 먼저 호출하기 때문에, 부모 클래스인 Foo 클래스의 내용물도 생성한다.) 이를 인스턴스 변수에 저장하고 있다.

    f.addFive()를 보면, f는 기본적으로 Foo 클래스에만 접근할 수 있다고 했지만, 그것이 overriding 된 메소드이기 때문에, 실제 내용물인 Bar의 addFive 메소드가 호출된다. Bar 클래스의 addFive 메소드를 살펴보면, a += 5 ; 는 현재 자기 자신의 a에 5를 누적하므로 13이 된다.

   ※ 오버라이딩과 메소드

      ㉠ **오버라이딩(Overriding)** : 오버라이딩은 "메소드 재정의"라고도 불리며 이는 서로 상속관계로 이루어진 객체들 간의 관계에서 비롯된다. super 클래스가 가지는 메소드를 sub 클래스에서 똑같은 것을 새롭게 만들게 되면, 더 이상 super 클래스의 이름이 같은 메소드를 호출할 수 없게 된다. 이를 Overriding이라 하고 또는 멤버 은폐라고도 한다.

      ㉡ **메소드** : 자주 필요한 수행 문장들을 독립적으로 정의하는 단위로 호출 가능한 프로그램 모듈이다.

17 빅데이터에 대한 설명으로 옳지 않은 것은?

① 빅데이터의 특성을 나타내는 3V는 규모(Volume), 속도(Velocity), 가상화(Virtualization)를 의미한다.

② 빅데이터는 그림, 영상 등의 비정형 데이터를 포함한다.

③ 자연어 처리는 빅데이터 분석기술 중의 하나이다.

④ 시각화(visualization)는 데이터 분석 결과를 쉽게 이해할 수 있도록 표현하는 기술이다.

18 서브넷 마스크(subnet mask)가 255.255.255.192인 서브넷의 IP 주소에서 호스트 식별자 (hostid)의 비트 수는?

① 5

② 6

③ 7

④ 8

19 다음 부울식을 간략화한 것은?

$$AB + A'C + ABD' + A'CD' + BCD'$$

① $A'C + BC$

② $AB + BC$

③ $AB + A'C$

④ $A'CD' + BCD'$

17 빅데이터(Big Data)

ⓐ 빅데이터란 디지털 환경에서 생성되는 데이터로 그 규모가 방대하고, 생성 주기도 짧고, 형태도 수치 데이터 뿐 아니라 문자와 영상 데이터를 포함하는 대규모 데이터를 말한다.

ⓑ 빅데이터의 공통적 특징은 3V로 설명할 수 있다.

- 3V는 데이터의 크기(Volume), 데이터의 속도(Velocity), 데이터의 다양성(variety)을 나타내며 이러한 세 가지 요소의 측면에서 빅데이터는 기존의 데이터베이스와 차별화된다.
- 데이터 크기(Volume)는 단순 저장되는 물리적 데이터양을 나타내며 빅데이터의 가장 기본적인 특징이다.
- 데이터 속도(Velocity)는 데이터의 고도화된 실시간 처리를 뜻한다. 이는 데이터가 생성되고, 저장되며, 시각화되는 과정이 얼마나 빠르게 이뤄져야 하는지에 대한 중요성을 나타낸다.
- 다양성(Variety)은 다양한 형태의 데이터를 포함하는 것을 뜻한다. 정형 데이터뿐만 아니라 사진, 오디오, 비디오, 소셜 미디어 데이터, 로그 파일 등과 같은 비정형 데이터도 포함된다.

18 255.255.255.192 → 11111111.11111111.11111111.11000000으로 호스트 식별자의 비트수는 6이 된다.

※ 서브넷 마스크(Subnet Mask) … IP 주소에 대한 Network ID 와 Host ID를 구분하기 위해서 사용된다.

※ 디폴트 마스크(Default Mask)값

- A Class 255.　　0.　　0.　　0
- B Class 255.　255.　　0.　　0
- C Class 255.　255.　255.　　0

※ 비트 값

- A Class 1111 1111. 0000 0000. 0000 0000. 0000 0000
- B Class 1111 1111. 1111 1111. 0000 0000. 0000 0000
- C Class 1111 1111. 1111 1111. 1111 111. 0000 0000

19 4변수 카르노맵 표현(10진수 값을 표시)

CD ＼ AB	00	01	11	10
00			1	
01			1	
11	1	1	1	
10	1	1	1	

F=AB+A'C

※ 카르노맵

ⓐ AND와 OR 게이트로 이루어진 2단 회로를 최소비용으로 구현할 수 있도록 해준다.

ⓑ 1이 나오는 경우(최소항)만 추려내어 그 때의 입력값을 식으로 표현한다. → '최소항'을 이용, 변수가 2,3,4개일 때 주로 사용한다.

ⓒ 카르노맵의 간소화 규칙

- 이웃을 2의 지수 승(2개,4개, …)으로 묶는다.
- 바로 이웃한 항끼리 묶는다.
- 반드시 사각형 형태로 묶는다. 크게 묶을 수 있다면 가능한 크게 묶는다.

정답 및 해설 17.① 18.② 19.③

20 다음은 속성(attribute) A, B, C, D와 4개의 투플(tuple)로 구성되고 두 개의 함수 종속 AB→C, A→D를 만족하는 릴레이션을 나타낸다. ㉠과 ㉡에 들어갈 수 있는 속성 값이 옳게 짝지어진 것은? (단, A 속성의 도메인은 {a1, a2, a3, a4}이고, D 속성의 도메인은 {d1, d2, d3, d4, d5}이다)

A	B	C	D
a1	b1	c1	d1
a1	b2	c2	㉠
㉡	b1	c1	d3
a4	b1	c4	d4

	㉠	㉡
①	d1	a1
②	d1	a2 또는 a3
③	d5	a2 또는 a4
④	d4	a4

20 ㉠ A에서 D의 함수 종속성을 갖고 있기 때문에 a1에 대한 d1을 적용할 수 있다.

　　㉡ A에서 D의 함수 종속성을 갖고 있는데 속성 D의 d3이 결정되었기 때문에 속성 A에서 사용하지 않았던 a2 또는 a3을 적용해 볼 수 있다.

　※ 릴레이션의 특징

　　　㉠ 튜플은 모두 상이하다.

　　　㉡ 튜플은 유일하며 순서에는 의미가 없다

　　　㉢ 속성들 간의 순서는 의미가 없다

　　　㉣ 속성은 원자값으로 구성되며 분해가 불가능하다.

정답 및 해설 20.②

1 다음은 컴퓨터 언어처리에 관련된 시스템 S/W의 기능을 설명한 것이다. 옳지 않은 것은?

① 컴파일러 : 고급언어를 이진목적모듈로 변환기능
② 어셈블러 : 객체지향언어를 이진목적모듈로 변환기능
③ 링커 : 여러 목적모듈을 통합하여 실행 가능한 하나의 모듈로 변환기능
④ 로더 : 실행 가능한 모듈을 주기억장치에 탑재기능

2 컴퓨터에서 사건이 발생하면 이를 처리하기 위해 인터럽트 기술을 사용한다. 사건의 발생지에 따라 동기와 비동기 인터럽트로 분류된다. 다음 중 비동기 인터럽트는?

① 프로세스가 실행 중에 0으로 나누기를 할 때 발생하는 인터럽트
② 키보드 혹은 마우스를 사용할 때 발생하는 인터럽트
③ 프로세스 내 명령어 실행 때문에 발생하는 인터럽트
④ 프로세스 내 명령어가 보호 메모리영역을 참조할 때 발생하는 인터럽트

3 데이터통신에서 에러 복구를 위해 사용되는 Go-back-N ARQ에 대한 설명으로 옳지 않은 것은?

① Go-back-N ARQ는 여러 개의 프레임들을 순서번호를 붙여서 송신하고, 수신 측은 이 순서 번호에 따라 ACK 또는 NAK를 보낸다.
② Go-back-N ARQ는 송신 측은 확인응답이 올 때까지 전송된 모든 프레임의 사본을 갖고 있 어야 한다.
③ Go-back-N ARQ는 재전송 시 불필요한 재전송 프레임들이 존재하지 않는다.
④ Go-back-N ARQ는 송신 측은 n개의 Sliding Window를 가지고 있어야 한다.

1 어셈블러(assembler) … 하드웨어가 직접 이해하여 실행하는 기계어는 일반적으로 비트 열 또는 16진수로 표현되기 때문에 인간이 이해하기 어려워 인간이 이해하기 쉽도록 기계어와 거의 일대일로 대응하는 기호로 표현된 언어를 말한다.

2 인터럽트(INTERRUPT)
ㄱ 작업도중 예기치 못한 상황이 생겼을 때 프로그램을 일시 중단하고 특수한 사건을 해결하고 다시 원래 프로그램으로 복귀하여 정상적으로 처리하는 작업
ㄴ 종류와 우선선위
- H/W 인터럽트(비동기) – 정전, 기계고장, 외부, 입출력 등 (우선순위 1)
- 내부 인터럽트(동기) – 프로그램 오류, 무한루프, 0 나누기 (우선순위 2)
- S/W 인터럽트(동기) – SVC (우선순위 3)

3 Go-back-N ARQ … 패킷을 전송할 때 수신측에서 데이터를 잘못 받은 것이거나 못 받을 경우에 그 패킷 번호부터 다시 재전송을 하는 기법이다.
※ 재전송 되는 경우
ㄱ NAK 프레임을 받았을 경우
ㄴ 전송 데이터 프레임의 분실
ㄷ 지정된 타임아웃내의 ACK 프레임 분실(Lost ACK)

정답 및 해설 1.② 2.② 3.③

4 통신 S/W 구조에서 제2계층인 데이터링크 계층의 주기능이 아닌 것은?

① 데이터링크 계층에서 전송할 프레임(Frame) 제작 기능

② 점대점(Point to Point) 링크 간의 오류제어 기능

③ 종단(End to End) 간 경로설정 기능

④ 점대점(Point to Point) 링크 간의 흐름제어 기능

5 데이터베이스에서 뷰(View)에 대한 설명으로 옳은 것은?

① 뷰는 테이블을 기반으로 만들어지는 가상 테이블이며, 뷰를 기반으로 새로운 뷰를 생성할 수 없다.

② 뷰 삭제는 SQL 명령어 중 DELETE 구문을 사용하며, 뷰 생성에 기반이 된 기존 테이블들은 영향을 미치지 않는다.

③ 뷰 생성에 사용된 테이블의 기본키를 구성하는 속성이 포함되어 있지 않은 뷰도 데이터의 변경이 가능하다.

④ 뷰 생성 시 사용되는 SELECT문에서 GROUP BY 구문은 사용 가능하지만, ORDER BY 구문은 사용할 수 없다.

6 네트워크 토폴로지(Topology) 중 버스(Bus) 방식에 대한 설명으로 옳지 않은 것은?

① 버스 방식은 네트워크 구성이 간단하고 작은 네트워크에 유용하며 사용이 용이하다.

② 버스 방식은 네트워크 트래픽이 많을 경우 네트워크 효율이 떨어진다.

③ 버스 방식은 통신 채널이 단 한 개이므로 버스 고장이 발생하면 네트워크 전체가 동작하지 않으므로 여분의 채널이 필요하다.

④ 버스 방식은 노드의 추가·삭제가 어렵다.

4 데이터링크 계층(Data Link Layer) … 2계층인 데이터링크 계층은 두 포인트(Point to Point) 간 신뢰성 있는 전송을 보장하기 위한 계층으로, CRC 기반의 오류 제어 및 흐름 제어가 필요하다. 데이터링크 계층은 네트워크 위의 개체들 간 데이터를 전달하고, 물리 계층에서 발생할 수 있는 오류를 찾아내며 수정하는 데 필요한 기능적 · 절차적 수단을 제공한다.

5 뷰(View)
  ㉠ 뷰는 사용자에게 접근이 허용된 자료만을 제한적으로 보여주기 위해 하나 이상의 기본 테이블로부터 유도된, 이름을 가지는 가상 테이블이다.
  ㉡ 뷰는 지정장치 내에 물리적으로 존재하지 않지만, 사용자에게는 있는 것처럼 간주된다.
  ㉢ 특징
    • 뷰는 기본 테이블로부터 유도된 테이블이기 때문에 기본 테이블과 같은 형태의 구조를 사용하며, 조작도 기본 테이블과 같다.
    • 뷰는 가상 테이블이기 때문에 물리적으로 구현되어 있지 않다.
    • 논리적 독립성이 보장된다.
    • 필요한 데이터만 뷰로 정의해서 처리할 수 있기 때문에 관리가 용이하고 명령문이 간단해진다.
    • 뷰를 통해서만 데이터에 접근하게 하면 뷰에 나타나지 않는 데이터를 안전하게 보호할 수 있다.
    • 기본 테이블의 기본키를 포함한 속성 집합으로 뷰를 구성해야만 삽입, 삭제, 갱신 연산이 가능하다.
    • 정의된 뷰는 다른 뷰의 정의에 기초가 될 수 있다.
    • 하나의 뷰를 삭제하면 그 뷰를 기초로 정의된 다른 뷰도 삭제된다.

6 버스(Bus) 방식 … 네트워크상의 모든 호스트들이 하나의 케이블로 연결되어 있는 상태다.
  ㉠ 장점 : 하나의 호스트가 고장나도 네트워크에 문제는 없다.
  ㉡ 단점 : 관리가 어렵다.

정답 및 해설 4.③ 5.④ 6.④

7 초기에 빈 Binary Search Tree를 생성하고, 입력되는 수는 다음과 같은 순서로 된다고 가정한다. 입력되는 값을 이용하여 Binary Search Tree를 만들고 난 후 Inorder Traversal을 했을 때의 방문하는 순서는?

> 7, 5, 1, 8, 3, 6, 0, 2

① 01235678
② 02316587
③ 75103268
④ 86230157

8 다음 중 집적도가 가장 높은 회로와 가장 큰 저장용량 단위를 나타낸 것은?

> GB, PB, MB, TB
> VLSI, MSI, ULSI, SSI

① ULSI, PB
② VLSI, TB
③ MSI, GB
④ SSI, PB

9 다음은 다중스레드(Multi-Thread)에 관련된 설명이다. 옳지 않은 것은?

① 하나의 프로세스에 2개 이상의 스레드들을 생성하여 수행한다.
② 스레드별로 각각의 프로세스를 생성하여 실행하는 것보다 효율적이다.
③ 스레드들 간은 IPC(InterProcess Communication)방식으로 통신한다.
④ 각각의 스레드는 프로세스에 할당된 자원을 공유한다.

7 이진 트리의 순회(Binary Tree Traversal) … 이진 트리(Binary Tree)란, 모든 노드의 자식 수가 2 이하인 트리를 말한다.

즉 자식이 아예 없거나 1개 또는 2개인 경우를 말한다.

※ 중위순회(inorder traversal)는 왼쪽 서브트리, root 노드, 오른쪽 서브 트리 순으로 방문하는 방법이다.

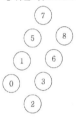

8 집적도와 저장용량 단위

집적도	저장용량 단위
• 소규모 집적회로(SSI)	• 킬로바이트(KB) 1024
• 중규모 집적회로(MSI)	• 메가바이트(MB) 1024KB
• 대규모 집적회로(LSI)	• 기가바이트(GB) 1024MB
• 초대규모 집적회로(VLSI)	• 테라바이트(TB) 1024GB
• 극초 집적회로(ULSI)	• 페타바이트(PB) 1024TB

9 IPC는 Inter Process Communication의 머릿 글자로서 내부 프로세스 통신을 위한 모든 방법을 총칭한다. 종류로는 signal, pipe, FIFO, 메시지 큐, 공유메모리, 세마포어, 소켓, TLI 등이 있으며 IPC는 주로 데이터 전송과 동기화를 위한 목적으로 사용된다.

보통 네트워크 프로그래밍은 클라이언트의 다중 접속을 처리하기 위해 멀티 프로세스 또는 멀티 스레드 모델을 채택하곤 한다.

멀티 스레드 모델은 각각의 스레드 간 데이터 공유에 아무런 제약이 없지만 멀티 프로세스 모델은 각각의 프로세스간 데이터 공유를 바로 실행할 수 없으며 IPC를 사용해서 각각의 프로세스 간 데이터 교환과 동기화를 수행한다.

※ 다중스레드(Multi-Thread) … 기본적으로 동시 실행이 아닌 병렬처리이다. 여러 개의 중적인 실행 흐름을 만들어낸다. 여러 개의 스레드가 생성되어 있을 경우 모든 스레드가 동시에 구동되는 것은 아니다. 여러 개의 스래드가 순차적으로 조금씩 실행이 되게 되는데 이를 관리해주는 것이 운영체제의 스케쥴러이다.

정답 및 해설 7.① 8.① 9.③

10 정보은닉(information hiding)에 대한 설명으로 옳지 않은 것은?

① 필요하지 않은 정보는 접근을 제한하는 것이다.

② 모듈 사이의 독립성을 유지시킨다.

③ 설계전략을 지역화하여 전략의 변경에 따른 영향을 최소화 한다.

④ 모듈 사이의 결합도를 높여 신뢰성을 향상시킨다.

11 다음과 같이 3개의 프로세스가 있다고 가정한다. 각 프로세스의 도착 시간과 프로세스의 실행에 필요한 시간은 아래표와 같다. CPU 스케줄링 알고리즘으로 RR(Round Robin)을 사용한다고 가정한다. 3개의 프로세스가 CPU에서 작업을 하고 마치는 순서는? (단, CPU를 사용하는 타임 슬라이스(time slice)는 2이다.)

프로세스	도착시간	프로세스의 실행에 필요한 시간
P1	0	5
P2	1	7
P3	3	4

① P2, P1, P3

② P2, P3, P1

③ P1, P2, P3

④ P1, P3, P2

10 정보은닉(information hiding) … 필드나 메소드와 같이 객체가 소유하는 것들을 다른 객체에 공개하지 않고 숨기는 것을 정보은닉(information hiding)이라고 한다.

※ 결합도와 응집도

  ㉠ **결합도**(Coupling) : 모듈간 상호 의존하는 정도를 나타내며, 독립적인 모듈이 되기 위해서 각 모듈간 결합도가 약해야 하며 의존하는 모듈이 적어야 한다.

  ㉡ **응집도**(Cohesion) : 정보 은닉 개념을 확장한 것으로 모듈 안의 요소들이 서로 관련되어 있는 정도, 즉 모듈이 독립적인 기능으로 정의되어 있는 정도를 나타낸다.

11

0	2	4	6	8	10	11	13
P1	P2	P1	P3	P2	P1	P3	P2
					P1종료	P3종료	P2종료

→P1, P3, P2

※ RR(Round Robin)

  프로세스들 사이에 우선순위를 두지 않고, 순서대로 시간단위로 CPU를 할당하는 방식이다. 보통 시간 단위는 10ms ~ 100ms 정도이고 시간 단위동안 수행한 프로세스는 준비 큐의 끝으로 밀려나게 된다. 문맥 전환의 오버헤드가 큰 반면, 응답시간이 짧아지는 장점이 있어 실시간 시스템에 유리하고, 할당되는 시간이 클 경우 비선점 FIFO 기법과 같아지게 된다.

정답 및 해설 10.④ 11.④

12 Flynn의 병렬컴퓨터 분류방식에 대한 설명으로 옳지 않은 것은?

① SISD – 명령어와 데이터를 순서대로 처리하는 단일프로세서 시스템이다.

② SIMD – 단일 명령어 스트림을 처리하고 배열프로세서 라고도 한다.

③ MISD – 여러 개의 프로세서를 갖는 구조로 밀결합 시스템(tightly-coupled system)과 소결합 시스템(loosely-coupled system)으로 분류한다.

④ MIMD – 여러 개의 프로세서들이 서로 다른 명령어와 데이터를 처리하는 진정한 의미의 병렬프로세서이다.

13 다음 전가산기 논리회로에 대한 설명으로 옳지 않은 것은?

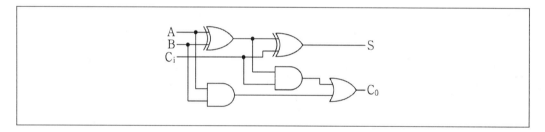

① 전가산기는 캐리를 포함하여 연산처리하기 위해 설계되었다.

② $S = (A \oplus B) \oplus C_i$

③ $C_0 = AB + AC_i + BC_i$

④ 전가산기는 두 개의 반가산기만으로 구성할 수 있다.

14 소프트웨어 개발 생명 주기(Software Development Life Cycle)의 순서로 옳은 것은?

① 계획 → 분석 → 설계 → 구현 → 테스트 → 유지보수

② 분석 → 계획 → 설계 → 구현 → 테스트 → 유지보수

③ 분석 → 계획 → 설계 → 테스트 → 구현 → 유지보수

④ 계획 → 설계 → 분석 → 구현 → 테스트 → 유지보수

12 Flynn의 병렬 컴퓨터 분류방식

SISD(Single nstruction stream Single Data stream)	SIMD(Single Instruction stream Multi Data stream)	MISD(Multi Instruction stream Single Data stream)	MIMD(Multi Instruction stream Multi Data stream)
• ISD는 현재 보통의 컴퓨터 구조이다. • 명령 하나가 자료 하나를 처리하는 구조이다. • 제어장치가 한 개의 명령을 번역한 후 처리기를 작동시켜 명령을 처리할 때 기억장치에서 한 개의 자료를 꺼내서 처리한다. • Pipeline에 의한 시간적 병렬 처리가 가능하다.	• SIMD는 한 개의 명령으로 여러 Data를 동시에 처리한다. • 다수의 처리기가 한 개의 제어장치레 의해 제어된다. 즉 모든 처리기는 제어장치로부터 같은 명령을 수행하도록 제어하지만 처리기는 각각 다른 자료를 사용한다. • 배열 처리기에 의한 동기적 병렬 처리가 가능하다.	• MISD는 다수의 처리기에 의해 각각의 명령들이 하나의 Data를 처리하는 구조이다. • MISD는 실제로는 사용되지 않는 구조이다. • Pipeline에 의한 비동기적 병렬 처리가 가능하다.	• MIMD는 다수의 처리기가 각각 다른 명령 흐름과 자료 흐름을 가지고 여러 개의 자료를 처리한다. • 처리기들의 상호 연결 시 Tightly Coupled System을 다중 처리기, Loosely Coupled System을 분산 처리 시스템이라 한다.

13 전가산기(FA, Full Adder)

ⓐ 뒷자리에서 올라온 자리올림수(C)를 포함하여 1Bit 크기의 2진수 3자리를 더하여 (S)과 자리올림수를 구하는 회로이다.

ⓑ 전가산기는 두 개의 반가산기(HA)와 한개의 OR Gate로 구성된다.

14 소프트웨어 개발 생명주기(SDLC : Software Development Life Cycle)

ⓐ 소프트웨어를 개발하기 위해 정의, 개발, 유지보수 과정을 각 단계로 나눈 것이다.

ⓑ 표현형태 : 폭포수, 프로토타입, 나선형 모형, 4GT

ⓒ 소프트웨어 생명 주기 단계

• 정의 단계 : 타당성 검토→계획→요구사항 분석

• 개발 단계 : 설계 단계→구현 단계→테스트 단계

• 유지보수 단계 : 가장 비용이 많이 요구되는 단계

정답 및 해설 12.③ 13.④ 14.①

15 다음의 C프로그램을 실행한 결과로 옳은 것은?

```c
#include <stdio.h>
void main(){
 int num[4] = {1, 2, 3, 4};
 int *pt = num;

 pt++;
 *pt++ = 5;
 *pt ++= 10;
 pt--;
 *pt +++= 20;
 printf("%d %d %d %d", num[0], num[1], num[2], num[3]);
}
```

① 1 5 10 20

② 1 5 20 4

③ 1 5 30 4

④ 에러 발생

16 다음은 그래프 순회에서 깊이 우선 탐색 방법에 대한 수행순서를 설명한 것이다. (ㄱ)~(ㄹ)에 알맞은 내용으로 짝지어진 것은?

(1) 시작 정점 v를 결정하고 방문한다.
(2) 정점 v에 인접한 정점 중에서
   (2-1) 방문하지 않은 정점 w가 있으면 정점 v를 (ㄱ)에 (ㄴ)하고 w를 방문한다. 그리고 w를 v로 하여 (2)를 수행한다.
   (2-2) 방문하지 않은 정점이 없으면 (ㄱ)을/를 (ㄷ)하여 받은 가장 마지막 방문 정점을 v로 설정한 뒤 다시 (2)를 수행한다.
(3) (ㄹ)이/가 공백이 될 때까지 (2)를 반복한다.

	(ㄱ)	(ㄴ)	(ㄷ)	(ㄹ)
①	Stack	push	pop	Stack
②	Stack	pop	push	Queue
③	Queue	enQueue	deQueue	Queue
④	Queue	enQueue	deQueue	Stack

15

```
#include ⟨stdio.h⟩
void main(){
 int num[4] = {1, 2, 3, 4};
 int *pt = num;

 pt++;          → 포인터를 1증가 시켜 num[1] 주소를 갖음
 *pt++ = 5;     → 후치연산으로 5를 할당하고 포인터 1 증가
 *pt ++= 10;    → 후치연산으로 10을 할당하고 포인터 1 증가
 pt--;          → 포인터를 1감소시켜 num[2] 주소를 갖음
 *pt +++= 20;   → 편재 포인터 num[2]주소를 역참조하여 값에 20을 더하여 다시 할당함.
 printf("%d %d %d %d", num[0], num[1], num[2], num[3]);
}
```

→ 1 5 30 4

16 깊이 우선 탐색(DFS)

ⓐ 트리(Tree), 그래프(Graph)를 탐색하는 알고리즘이다.

ⓑ 트리로 설명하자면 루트의 자식정점을 하나 방문한 다음, 아래로 내려갈 수 있는 곳까지 내려간다. 더 이상 내려갈 수가 없으면 위로 되돌아오다가 내려갈 곳이 있으면 즉각 내려간다.

ⓒ 그래프로 설명하면 다음과 같다.

• 1단계 : 하나의 노드를 택한다.

• 2단계 : 노드를 방문하여 필요한 작업을 한 다음 연결된 다음 노드를 찾는다.(인접행렬 또는 인접리스트 사용) 현재 방문노드는 스택에 저장한다. 2단계를 반복하면서 방문을 계속한다. 막히면 3단계로 간다.(큐를 사용해도 된다)

• 3단계 : 더 이상 방문할 노드가 없으면 스택에서 노드를 빼내 다음 방문 노드를 찾아 2단계 과정을 다시 반복한다.

※ push와 pop

ⓐ push : 원소를 스택에 넣는 행위

ⓑ pop : 원소를 꺼내는 행위

정답 및 해설 15.③ 16.①

17 다음은 postfix 수식이다. 이 postfix 수식은 스택을 이용하여 연산을 수행한다. 그리고 ^는 지수함수 연산자이다. 처음 *(곱하기 연산) 계산이 되고 난 후 스택의 top과 top-1에 있는 두 원소는 무엇인가? (단, 보기의 '(top)'은 스택의 top 위치를 나타낸다.)

```
27  3  3  ^  /  2  3  *  -
```

① (top) 6, 1

② (top) 9, 1

③ (top) 2, 3

④ (top) 2, 7

18 다음 C프로그램의 실행 결과는?

```
#include <stdio.h>
void change(int *px, int *py, int pc, int pd);
void main(void)
{
 int a=10, b=20, c=30, d=40;
 change(&a, &b, c, d);
 printf("a=%d b=%d c=%d d=%d", a, b, c, d);
}
void change(int *px, int *py, int pc, int pd)
{
 *px = *py + pd;  *py = pc + pd;
  pc = *px + pd;    pd = *px + *py;
}
```

① a=60   b=70   c=50   d=30

② a=60   b=70   c=30   d=40

③ a=10   b=20   c=50   d=30

④ a=10   b=20   c=30   d=40

17 스택(Stack)은 무언가를 쌓는다는 의미를 갖는 자료구조로 데이터의 삽입(Push)과 삭제(Pop)가 한쪽 끝에서 이루어지는 LIFO(Last In First Out) 후입선출이다.

㉠ 삽입(Push) : 넣는 것을 의미하며 스택의 구조상 마지막 데이터 위치에 삽입이 된다. 나중에 코딩할 때 마지막 데이터 위치를 기억하기 위해 top라는 변수를 만들며 삽입을 한다면 top는 +1이 된다.

㉡ 삭제(Pop) : Push와 반대로 빼는 것을 의미하며 Pop도 Push와 마찬가지로 마지막 데이터 위치에서 삭제가 된다. Pop를 하게 된다면 top의 위치는 −1이 된다.

※ **후위 표기법 계산방법** … 후위표기법 수식을 구성하는 원소를 하나씩 읽어서 피연산자이면 스택에 push 연산자이면 피연산자를 2개 pop하여 연산 후에 그 결과값을 다시 push 이를 반복하면 최종 결과값이 스택의 맨 아래에 남게 된다.

27 3 3 ^ / 2 3 * −

3
3
27

27
27

3
2
1

피연산자삽입   3, 3 pop 후 결과 push   27, 27 pop한 후, 결과 push, 2, 3 push

6
1

←top은 스택의 가장 위 데이터를 가리키는 포인터

2, 3 pop, 결과 push

→(top) 6. 1

18
```
int a=10, b=20, c=30, d=40;
 change(&a, &b, c, d);              →&a, &b,는 참조전달,c, d는 값 전달.
 printf(*a=%d b=%d c=%d d=%d*, a, b, c, d);
}
void change(int *px, int *py, int pc, int pd)
{
 *px = *py + pd;  *py = pc + pd;
  pc = *px + pd;    pd = *px + *py;
}
```

• 포인터 : 메모리 주소값을 저장하고 있는 변수이다.
• void포인터는 어떠한 형태의 주소값이든 참소할 수 있는 포인터다. 어떠한 형태여도 상관은 없으나 포인터 연산과 변수값의 변경은 불가능하다.
• change 함수 : 메인함수에서 전달되는 int형 변수의 포인터를 저장해야 하므로 포인터 변수 두 개를 매개변수로 선언하면 된다.
• 값 전달(Call by Value)는 주어진 값을 복사하여 처리하는 방식이다.
• 참조 전달(Call by Reference)는 매개 변수의 원래 주소에 값을 저장하는 방식이다.

정답 및 해설 17.① 18.②

19 빅데이터에 대한 설명으로 옳은 것은?

① 빅데이터는 정형데이터로만 구성되며, 소셜 미디어 데이터는 해당되지 않는다.

② 빅데이터를 구현하기 위한 대표적인 프레임워크는 하둡이 있으며, 하둡의 필수 핵심 구성 요소는 맵리듀스(MapReduce)와 하둡분산파일시스템(Hadoop Distributed File System)이다.

③ 빅데이터 처리과정은 크게 수집 → 저장 → 처리 → 시각화(표현) → 분석 순서대로 수행된다.

④ NoSQL은 관계 데이터 모델을 사용하는 RDBMS 중 하나이다.

20 최근 컴퓨팅 환경이 클라우드 환경으로 진화됨에 따라 가상화 기술이 중요한 기술로 부각되고 있다. 이에 대한 설명으로 옳지 않은 것은?

① 하나의 컴퓨터에 2개 이상의 운영체제 운용이 가능하다.

② VM(Virtual Machine)하에서 동작되는 운영체제(Guest OS)는 실 머신에서 동작되는 운영체제보다 효율적이다.

③ 특정 S/W를 여러 OS플랫폼에서 실행할 수 있어 S/W 이식성이 제고된다.

④ VM하에서 동작되는 운영체제(Guest OS)의 명령어는 VM명령어로 시뮬레이션되어 실행된다.

19 ① 빅데이터(Big Data) : 디지털 환경에서 생성되는 데이터로 그 규모가 방대하고, 생성 주기도 짧고, 형태도 수치 데이터뿐 아니라 문자와 영상 데이터를 포함하는 대규모 데이터를 말한다. 오늘날 정보통신 분야에서의 화두는 단연 빅데이터이다. 빅데이터는 기존 데이터보다 너무 방대하여 기존의 방법이나 도구로 수집/저장/분석 등이 어려운 정형 및 비정형 데이터들을 의미한다.

④ NoSQL은 빅 데이터 처리를 위한 비관계형 데이터베이스 관리 시스템(DBMS)이다. 전통적인 관계형 데이터베이스 관리 시스템(RDBMS)과는 다르게 설계된 비관계형(non-relational) DBMS로, 대규모의 데이터를 유연하게 처리할 수 있는 것이 강점이다. 노에스큐엘(NoSQL)은 테이블-컬럼과 같은 스키마 없이, 분산 환경에서 단순 검색 및 추가 작업을 위한 키 값을 최적화하고, 지연(latency)과 처리율(throughput)이 우수하다.

※ 하둡(Hadoop) … 대량의 자료를 처리할 수 있는 대규모 컴퓨터 클러스터에서 동작하는 분산 애플리케이션을 지원하는 오픈 자바 소프트웨어 프레임워크다.

20 클라우드 컴퓨팅(Cloud Computing) … 정보처리를 자신의 컴퓨터가 아닌 인터넷으로 연결된 다른 컴퓨터로 처리하는 기술을 말하며 핵심기술은 가상화(virtualization)와 분산처리(distributed processing)다.

※ 가상머신

　　㉠ 가상 머신(VM, Virtual Machine)은 실제 운영체제 위에서 사용자 응용 프로그램처럼 작동하는 컴퓨터를 소프트웨어로 추상화한 것이다. 가상 머신 운영체제는 가상 머신에서 제공하는 자원을 관리하며 예로 여러 운영체제의 인스턴스를 동시에 실행하는 것이다.

　　㉡ 가상 머신(VM, Virtual Machine)은 소프트웨어의 이식성(portability), 다양한 이기종 플랫폼에서 실행할 수 있는 능력을 높여준다.

　　㉢ 가상 머신(VM, Virtual Machine)의 특징 : 소프트웨어가 여러 플랫폼에서 동작할 수 있게 해서 이식성을 높여주며 실제 머신보다는 효율성이 떨어진다. 간접 실행이기 때문에 명령어를 많이 거친다.

정답 및 해설 19.② 20.②

1 주기억장치로 사용될 수 없는 기억장치는?

① EPROM

② 블루레이(Blu-ray) 디스크

③ SRAM

④ DRAM

2 스택(stack)에 대한 설명으로 옳지 않은 것은?

① 임의의 위치에서 데이터의 삽입과 삭제가 가능하다.

② 연결 리스트(linked list)를 사용하여 구현할 수 있다.

③ 푸시(push) 연산에 의해 데이터를 삽입한다.

④ 가장 나중에 삽입된 데이터가 가장 먼저 삭제된다.

3 통신 시스템에서 아날로그 신호를 디지털 신호로 변환하는 과정 중 시간적으로 연속적인 아날로그 신호로부터 신호 값을 일정한 시간 간격으로 추출하는 단계는?

① 표본화(sampling)

② 부호화(encoding)

③ 복호화(decoding)

④ 양자화(quantization)

1 주기억장치와 보조기억장치

ㄱ 주기억장치 : CPU에 의하여 수행중인 데이터가 저장되어 CPU가 직접 접근 가능한 기억장치

	ROM	RAM
특징	읽기 가능, 비휘발성, 펌웨어	읽고 쓰기 가능, 휘발성 메모리
종류	• Mask Rom : 사용자가 수정 불가능 • Rom : 한 번만 기록 가능 • EPRom : 자외선을 이용하여 여러 번 수정 가능 • EEPROM : 전기적인 방법으로 여러 번 수정 가능	• DRAM : 재충전 필요 • SRAM : 속도가 빠르고 비싸며 캐시 메모리에 사용

ㄴ 보조기억장치 : 현재 수행에는 직접 필요하지 않은 프로그램이나 데이터를 저장하고 있다가 필요한 경우에 주기억 장치로 전송하는 기억장치
- 캐시메모리 : CPU와 주기억장치 사이에서 컴퓨터의 처리 속도를 향상시켜 주며 접근 속도가 빠른 SRAM을 사용한다.
- 가상메모리 : 보조기억장치의 일부를 주기억장치처럼 사용하는 메모리 기법
- 버퍼메모리 : 두 장치 간의 데이터를 주고받을 때 속도 차이를 해결하기 위해 사용되는 임시저장공간
- 연관메모리 : 저장된 내용의 일부를 이용하여 기억장치에 접근하여 데이터를 읽어오는 장치
- 블루레이 디스크 : CD와 DVD보다 용량이 큼, 휴대용 저장 매체로 보조기억장치에 해당

2 스택(stack)

ㄱ 스택(stack) : 후입선출, LIFO 형태
- 스택은 데이터의 삽입과 추출이 동일한 곳에서 이루어지는 구조로 데이터 추가 시 하단(Bottom)부터 차례대로 쌓이게 되어 스택의 가장 상단(Top)에는 가장 최근에 추가된 데이터가 놓여있게 된다.
- LIFO(LAST IN FIRST OUT) 방식으로 마지막에 추가(push)된 데이터부터 추출(peek/pop)할 수 있다.

ㄴ 스택(stack) 용어
- TOP : 스택의 가장 상단의 데이터를 가리킨다.
- PUSH : 스택에 데이터를 추가. 스택의 Top이 하나 증가한다.
- PEEK : 스택에서 가상 상단의 데이터를 제거하지 않고 읽어오기만 하는 것. 스택의 Top에는 변화가 없다.
- POP : 가장 상단의 데이터를 읽어오면서 스택에서 제거. 스택의 Top이 하나 감소한다.

3 PCM(Pulse Code Modulation) ⋯ 아날로그 신호를 디지털 신호로 변환할 때는 '표본화→부호화 : 양자화'의 단계를 거쳐 디지털 신호로 바꿔준다.
① 표본화(sampling) : 아날로그 파형을 디지털 형태로 변환하기 위해 표본을 취하는 것
② 부호화(encoding) : 표본화와 양자화를 거친 디지털 정보를 2진수로 표현하는 과정
③ 복호화(decoding) : 상대된 전송 장치에서 전송되어 온 디지털 신호를 아날로그 신호로 변환하는 것
④ 양자화(quantization) : 아날로그 레벨을 한정된 디지털 레벨로 바꾸는 과정

정답 및 해설 1.② 2.① 3.①

4 OSI 참조 모델에서 데이터 링크 계층의 프로토콜 데이터 단위(PDU : Protocol Data Unit)는?

① 비트(bit)

② 프레임(frame)

③ 패킷(packet)

④ 메시지(message)

5 어떤 컴퓨터에서 프로그램 P를 실행할 때, 실행시간 중 60 %의 시간이 연산 A를 실행하는데 소요된다. 다른 조건의 변화 없이 연산 A만을 n배 빠르게 실행하도록 컴퓨터의 성능을 향상시킨 후 프로그램 P에 대한 실행시간이 50 % 감소했다면, n의 값은? (단, 실행시간은 프로그램 P만 실행하여 측정한다)

① 2

② 4

③ 6

④ 10

6 다음 C 프로그램의 실행 결과는?

```c
#include <stdio.h>

int main(void)
{
    int i;
    char buf[]="12345678901234567890112345";
    char *str, ch;

    str = buf;
    for(i = 0; i <= 20; i += 4)
    {
                printf("%c ", *str++);
                ch = *++str;
    }
    return 0;
}
```

① 1 3 5 7 9 1

② 1 5 9 3 7 1

③ 2 4 6 8 0 2

④ 2 6 0 4 8 2

4 계층별 프로토콜 및 기능

계층	데이터 전송 단위(PDU)	장비
물리계층	비트(bits)	장비 : 리피터, 허브
데이터링크계층	프레임(frames)	장비 : 스위치, 브릿지
네트워크계층	세그먼트(segment)	프로토콜 : TCP, UDP
세션계층~응용계층	메시지(messages) 또는 데이터(data)	프로토콜 : SSH, TLS

5 프로그램 P를 수행하는 데 걸리는 시간을 100%라 설정하면,
- 연산 A를 수행하는 데 걸리는 시간은 60%
- 이후 연산 A만을 수행하여 50% 감소하였을 경우 50의 시간이 소요되므로 연산 A는 n배 빠르게 하여 10의 시간이 된다.
- $\frac{60}{10} = 6$배

※ 암달의 법칙 … 컴퓨터 시스템의 일부를 개선할 때 전체적으로 얼마만큼의 최대 성능 향상이 있는지 계산하는 데 사용된다.

6

```
#include ⟨stdio.h⟩
int main(void)
{
int i;
char buf[]="1234567890123456789012345";
char *str, ch;
str = buf; → str 변수는 buf와 같은 배열을 가리키고 제일 앞 문자인 1을 선택

for(i = 0; i <= 20; i += 4)
```
> → for문은 i=0일 때로 시작, I 값은 4가 증가되어 4며 20보다 작거나 같지 않기 때문에 for 문을 다시 실행
> → I가 20이 될 때까지 for문이 반복되며, for문은 총 6번 반복 총 0부터 시작해서 같거나 작을 때까지 진행된다.

```
{
printf("%c ", *str++);
```
→ printf문에서 *str++이라고 되어 있으면 *str에 있는 값을 우선 출력한 뒤 1 증가 먼저 1을 출력한 뒤 str 포인터 변수는 1 다음의 변수 2를 선택한다.
```
ch = *++str;
```
→str 포인터 1이 증가하여 str 포인터는 배열에서 세 번째인 3을 선택한다.
```
}
```
　　　　str 변수를 먼저 증가시키고 ch 변수에 값을 대입하였기 때문에 ch 변수에는 3이 들어감
```
return 0;
}
```
→ for문을 한 번씩 실행할 때마다 str이 선택하는 문자 하나가 출력되며, str 포인터의 값은 2 증가된다.
→ I가 4 증가해 8이 되고, for문이 실행되어 print문을 통해 5 출력 후 str 포인터는 7을 가리킨다.
→ 1부터 2칸씩 건너뛰어 총 6개의 숫자를 출력하여 1 3 5 7 9 1이 된다.

정답 및 해설 4.② 5.③ 6.①

7 데이터 통신의 오류 검사 방식 중 다항식 코드를 사용하며 집단(burst) 오류 검출에 적합한 방식은?

① FEC(Forward Error Correction)
② 단일 패리티 비트(parity bit) 검사
③ 블록 합(block sum) 검사
④ CRC(Cyclic Redundancy Check)

8 컴퓨터의 수 표현에 대한 설명으로 옳지 않은 것은?

① 기본적으로 0과 1을 사용하여 수를 표현한다.
② 1의 보수 표기법을 사용하여 부호 있는(signed) 2진 정수를 표현할 수 있다.
③ IEEE 754 표준 부동소수점 수는 부호(sign), 지수(exponent), 소수(fraction)로 구성된다.
④ IEEE 754 표준 단정도(single precision) 부동소수점 수가 표현할 수 있는 값의 개수는 2의 보수 표기법에 의한 32비트의 부호 있는 2진 정수보다 많다.

9 다음은 2진 입력 A, B, C와 2진 출력 X, Y, Z 사이의 관계를 나타낸 것이다. X, Y, Z에 대한 출력 함수를 옳게 짝지은 것은?

> • 입력 C = 0일 때, 출력 X = 0, Y = 0, Z = 0
> • 입력 B = 0이고 C = 1일 때, 출력 X = 0, Y = 0, Z = 1
> • 입력 B = 1이고 C = 1일 때, 출력 X = A, Y = B, Z = C

① X = AC, Y = BC, Z = C
② X = A'C, Y = B'C, Z = C'
③ X = ABC, Y = BC, Z = C
④ X = A'B'C, Y = B'C, Z = C'

7 ④ CRC(Cyclic Redundancy Check)
- 다항식 코드를 사용하여 오류를 검출하는 방식으로 임의의 비트열 검사에 사용하며 집단 오류를 검출할 수 있고 검출률이 높다.
- 동기식 전송에 주로 사용한다.

① FEC(Forward Error Correction) : 순방향 오류 정정
- 전송 데이터에서 발생한 오류 검출뿐만 아니라 수정도 가능하도록 부호화하며, 수신 측에서 오류 수정을 할 수 있도록 하는 방식

② 단일 패리티 비트(parity bit) 검사 : 기계적인 오류를 검사하는 데 사용

③ 블록 합(block sum) 검사 : 문자 블록에 수평패리티와 수직패리티를 2차원적으로 검사하는 방법

※ OSI Layer에서 오류 제어의 분류

구분	Layer	종류
데이터 링크 계층	오류 검출	• 패리티 검사 방식(parity bit) • 블록 합 검사 방식(block sum) • 순환 중복 검사 방식(CRC : Cyclic Redundancy Check) • 검사 합 방식(Check Sum)
	오류 정정	• 전진 오류 정정 방식(FEC : Forward Error Correction) • 자동 반복 요청 방식(ARQ : Auto Repeat Request)

8 ㉠ IEEE 754 부동소수점 표현 방식은 지수를 이용하여 수의 표현 범위가 넓을 뿐 표현 가능한 수의 개수가 많아지는 것이 아니므로 0과 1을 표현할 수 있는 비트는 지는 것이 아니므로 0과 1을 표현할 수 있는 비트 32개를 이용해 2^{32} 가지 이상을 표현하는 것은 불가능하다.

㉡ 컴퓨터는 자료를 표현하기 위해 1과 0으로 이루어진 2진 코드를 이용하여 자료를 표현하고 저장한다.

㉢ IEEE 754 표준 : 컴퓨터에서 부동소수점을 표현하기 위해 가장 널리 쓰이는 표준이다. IEEE 754에는 32비트 단정도(single-precision), 64비트 배정도(double-precision), 43비트 이상의 확장 단정도(거의 쓰이지 않음), 79비트 이상의 확장 배정도(일반적으로 80비트로 구현됨)에 대한 형식을 정의하고 있다.

㉣ IEEE 754의 부동소수점 표현은 크게 세 부분으로 구성되는데, 최상위 비트는 부호를 표시하는 데 사용되며, 지수 부분(exponent)과 가수 부분(fraction/mantissa)이 있다.

　㉤ IEEE 754 표준 단정도는 부호비트 두 가지(양수 0, 음수 1), 지수부는 127 바이어스 법을 이용하여 $(2^{-124}$ 부터 $2^{128})$, 가수부(2^{23})로 구성되며 총 표현이 가능한 수의 개수는 $2 \times 2^{23} \times 2^{8} = 2^{32}$ 이다.

㉥ 2의 보수표기법으로 표현 가능한 32비트 정수는 -2^{n-1} 부터 $2^{n-1}-1$ 까지 총 2^{32} 가지이며 2의 보수법에 의한 표기법은 0이 한 가지이기 때문에 2^{32} 가지를 표현 가능하며, 1의 보수법이나 부호화 절댓값 표기법은 0이 두 가지이기 때문에 $2^{32}-1$ 가지를 표현한다.

9 불대수 ··· 하나의 명제가 참 또는 거짓인가를 판단하는 데 이용하는 방법

X	Y	Z
X가 1이 나오는 경우는 A와 B와 C가 모두 1	Y가 1이 나오는 경우는 B와 C가 동시에 1	B가 0이든 1이든 C가 1이면 Z는 1
X=ABC	Y=BC	Z=C

10 데이터베이스 무결성 제약조건에 대한 설명으로 옳지 않은 것은?

① 무결성 제약조건은 사용자에 의한 데이터베이스 갱신이 데이터의 일관성을 손상하지 않도록 보장하는 데에 사용된다.

② DBMS는 무결성 제약조건을 검사하는 기능을 가진다.

③ 도메인 무결성 제약조건은 기본 키가 널(NULL) 값을 가질 수 없고 튜플을 유일하게 식별해야 한다는 것이다.

④ 참조 무결성 제약조건은 릴레이션 사이의 참조를 위해 사용되는 외래키에 대한 것이다.

11 다음 시나리오에서 괄호 안에 들어갈 가장 적합한 정보 서비스 유형은?

> 회사원 갑이 출장지로 자동차를 운전하여 가던 중, 휘발유가 부족한 것을 알았다. 그래서
> (   ) 유형의 앱을 실행하여 주변 주유소를 검색하고 가장 가까운 주유소를 선택하였다.

① 빅데이터 서비스
② 클라우드 서비스
③ 가상현실 서비스
④ 위치기반 서비스

12 다음 이진 트리의 노드를 중위 순회(inorder traversal)할 때, 4, 5, 6번째 방문 노드를 순서대로 바르게 나열한 것은?

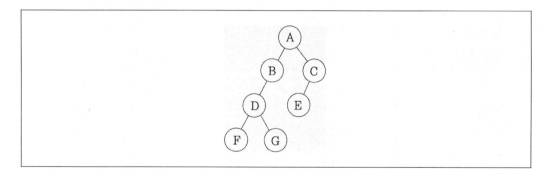

① A, B, C   ② B, A, E

③ B, E, C   ④ F, G, C

10 ㉠ 데이터베이스 키 : 관계 데이터베이스에서 튜플을 식별하기 위해 사용되는 속성이나 속성집합
- 키 유일성 : 각 튜플을 유일하게 식별할 수 있는 성질
- 키 최소성 : 유일하게 식별할 수 있는 속성이 최소로 구성된 성질

㉡ 데이터 무결성 제약조건 : 무결성이란 데이터의 내용이 서로 모순되는 일이 없고, 데이터베이스에 걸린 제약을 완전히 만족하게 되는 성질을 뜻하며 이러한 무결성은 데이터베이스의 정확성과 안전성을 지켜준다.

㉢ 무결성 유지를 위한 제약조건
- 참조무결성 : 참조할 수 없는 외래키값은 가질 수 없다. 외래키는 NULL값을 가질 수 없으며 참조하는 릴레이션의 기본키와 동일해야 한다.
- 개체 무결성 : 기본키는 NULL이 올 수 없으며, 기본키를 구성하는 어떠한 속성값이라도 중복값이나 NULL값을 가질 수 없다.
- 도메인 무결성 : 각 속성값은 반드시 정의된 도메인(하나의 속성이 가질 수 있는 값들의 범위)만을 가져야 한다.

11 ④ 위치기반 서비스 : 휴대 전화 등 이동 단말기를 통해 움직이는 사람의 위치를 파악하고 각종 부가 서비스를 제공하는 것
① 빅데이터 서비스 : 기존 데이터보다 너무 방대하여 기존의 방법이나 도구로 수집, 저장, 분석 등이 어려운 정형 및 비정형 데이터들을 의미
② 클라우드 서비스 : 데이터를 인터넷과 연결된 중앙컴퓨터에 저장해서 인터넷에 접속하기만 하면 언제 어디서든 데이터를 이용할 수 있는 것
③ 가상현실 서비스 : 현실의 특정한 환경이나 상황을 컴퓨터를 통해 그대로 재현하여 사용자가 마치 실제 주변 상황 및 환경과 상호작용을 하고 있는 것처럼 만드는 기술

12 중위 순회
Left → Root → Right
왼쪽 자식 노드 → 부모 노드 → 오른쪽 자식 노드
중위 순회 방문 노드 순서 ⇒ F-D-G-B-A-E-C

정답 및 해설 10.③ 11.④ 12.②

13 CASE(Computer-Aided Software Engineering)에 대한 설명으로 옳지 않은 것은?

① 소프트웨어 품질을 효율적으로 제어할 수 있다.

② 소프트웨어 유지보수 비용을 절감할 수 있다.

③ 통합 CASE 도구는 소프트웨어 개발 주기의 전체 과정을 지원한다.

④ 하위 CASE 도구는 프로젝트 계획 수립 및 요구 분석 과정을 지원한다.

14 2의 보수로 표현된 n비트의 부호 있는(signed) 2진 정수가 표현할 수 있는 최댓값과 최솟값의 합은?

① -1 ② 0

③ 1   ④ $2n-1$

15 다음 표는 프로세스들의 대기 시간과 예상되는 서비스 시간을 나타낸 것이다. HRRN(Highest Response Ratio Next) 스케줄링 알고리즘을 사용할 때, 우선순위가 가장 높은 프로세스는?

(단위 : 밀리초)

프로세스	대기 시간	서비스 시간
P1	10	5
P2	12	4
P3	8	12
P4	15	3

① P1   ② P2

③ P3   ④ P4

13 소프트웨어 생명 주기의 전체 단계를 연결시켜 주고 자동화시켜 주는 통합된 도구를 제공해 주는 기술로 개발 비용이 절감되고 품질을 향상시키며 개발 기간을 줄일 수 있다. 또한 유지보수가 간편하여 모듈의 재사용이 향상되며 도구와 방법론이 결합된 것으로 개발 단계의 표준화가 이루어졌다

※ CASE(Computer-Aided Software Engineering) … 소프트웨어 개발 과정에서 사용되는 요구분석, 설계, 구현, 검사 및 디버깅 과정을 컴퓨터와 전용의 소프트웨어 도구를 사용하여 자동화 하는 작업을 의미하며 상위, 하위, 통합 3가지로 분류된다.

ⓐ 상위 CASE : 요구분석과 설계 단위를 지원

ⓑ 하위 CASE : 코드 작성과 테스트, 문서화하는 부분을 지원

ⓒ 통합 CASE : 개발 주기 전체를 지원

14 • 2의 보수로 표현 가능한 수의 범위는 $-2^{n-1} \sim 2^{n-1}-1$

• 최댓값 -2^{n-1}

• 최솟값 $2^{n-1}-1$ 최댓값과 최솟값의 합은 -1이다.

15 HRRN(Highest Response Ratio Next) 스케줄링 … SJF 스케줄링의 문제점을 보완해 개발된 스케줄링으로 프로세스 처리의 우선 순위를 CPU 처리 기간과 해당 프로세스의 대기 시간을 동시에 고려해 선정하는 스케줄링 알고리즘이다.

HRRN 스케줄링에서 우선순위를 결정하는 식

$$우선순위 = \frac{대기시간 + 서비스시간}{서비스시간}$$

각 프로세스의 우선순위 ⇒ (대기시간 + 서비스시간 / 서비스 시간)

P1 = (10+5)/5 = 3

P2 = (12+4)/4 = 4

P3 = (8+12)/12 = 1.666…

P4 = (15+3)/3 = 6

따라서 우선순위가 가장 높은 프로세스는 P4이다.

16 비트맵 방식의 이미지 파일 형식 중 압축을 하지 않기 때문에 파일 크기가 크다는 단점을 가진 것은?

① AI
② BMP
③ PNG
④ JPEG

17 프로세스 P가 수행 준비는 되어 있으나 다른 프로세스들이 더 우선적으로 수행되어, 프로세스 P가 계속적으로 CPU 할당을 기다리면서 수행되지 못하는 상태는?

① 교착상태(deadlock)
② 기아상태(starvation)
③ 경쟁상태(race condition)
④ 상호배제(mutual exclusion)

18 다음은 후위(postfix) 표기 수식을 스택을 이용하여 계산하는 과정 중에 처리되지 않고 남아 있는 수식과 스택의 상태를 나타낸 것이다. 수식 계산을 완료했을 때의 최종 결과 값은? (단, 수식에서 연산자는 +, *이다)

• 남아 있는 수식 : * 4 * 5 + 6 +

• 스택의 상태 :

3
2

① 35
② 68
③ 126
④ 466

16 BMP는 압축을 하지 않기 때문에 파일 크기가 매우 크지만, 그만큼 화질이 가장 선명하다.

① AI : 어도비 일러스트 확장자로 이미지의 형태가 벡터 형식으로 되어 있으며 이미지를 확장하면 곡선부분이 깨지거나 고르지 못하다.

② BMP : 마이크로소프트사가 개발한 파일 형식으로 압축하지 않은 비트맵 이미지를 저장하는 윈도 OS의 그래픽 파일 형식으로 무손실 무압축 포맷이기 때문에 이미지의 크기가 크다.

③ PNG : GIF를 대체하기 위해 만들어진 자유, 오픈소스 파일 포맷이다.

④ JPEG : 사진 이미지를 위해 개발된 형식으로 손실 압축기법을 사용한다.

※ **이미지 파일 형식** … 이미지 데이터를 저장하고 표현하기 위한 파일 형식으로 래스터 방식과 벡터 방식이 있다.

　　㉠ **래스터 방식** : 개별적으로 제어되는 화소 점에 의해 영상을 표현

　　　예 BMP, GIF, PNG, TIFF,JPEG

　　㉠ **벡터 방식** : 영상을 선과 모양으로 수학적 계산에 의해 표현하는 방식으로 아무리 확대해도 깨지지 않는 곡선을 유지

　　　예 SVG, AI

17 ② **기아상태**(starvation) : 프로세스가 끊임없이 필요한 컴퓨터 자원을 가져오지 못하는 상황

① **교착상태**(deadlock) : 한정된 자원을 여러 곳에서 사용하려고 할 때 모두 작업을 수행할 수 없이 대기 상태에 놓이는 상태

③ **경쟁상태**(race condition) : 한정된 자원을 동시에 이용하려는 여러 프로세스가 자원의 이용을 위해 경쟁을 벌이는 현상

④ **상호배제**(mutual exclusion) : 둘 이상의 프로세스에서 공용 자원을 동시에 사용할 수 없도록 하는 것

18 ㉠ **후위**(postfix) **표기 수식**
- 연산자를 피연산자 뒤에 표기하는 방법으로 컴퓨터 내부에서 수식을 처리하기에 가장 효율적인 방법이다.
- 괄호나 연산자 우선순위를 따로 처리하지 않고 왼쪽에서 오른쪽으로 표기된 순서대로 처리할 수 있다.

㉡ **후위**(postfix) **표기 수식 계산**
- 전체 수식을 왼쪽에서 오른쪽 방향으로 스캔
- 스캔과정에서 피연산자가 나오면 무조건 스택에 저장
- 연산자가 나오면 스택에서 피연산자 두 개를 꺼내 연산을 실행
- 결과를 다시 스택에 저장

→ 현재 2와 3이 삽입이 되어 있으므로 후위표기법에 따라 남아있는 수식을 차례대로 대입하여 계산한다.

　* 4 * 5 + 6 +

① 　　2 * 3
3
2

② 　　6 * 4
4
6

③ 　　24 + 5
5
24

④ 　　29 + 6
6
29

⑤
35

19 다음 Java 프로그램이 실행될 수 있도록 ㉠~㉢을 옳게 짝지은 것은?

```
import java.util.Stack;

public class StackDemo1 {
    public static void main(String[] args) {
        Stack< ㉠ > stack = ㉡ Stack<>();
        stack.push("java");
        stack.push("stack");
        stack.push("demo");

        ㉢ popResult = stack.pop();
        System.out.println(popResult);

        popResult = stack.pop();
        System.out.println(popResult);

        popResult = stack.pop();
        System.out.println(popResult);
    }
}
```

	㉠	㉡	㉢
①	String	create	String
②	Object	create	String
③	Object	new	char
④	String	new	Object

20 캐시 기억장치에 대한 설명으로 옳지 않은 것은?

① 명령어 캐시 기억장치와 데이터 캐시 기억장치로 분리된 구조를 가질 수 있다.

② 2개 이상의 단계(level)를 가지는 다단계 구조를 가질 수 있다.

③ 직접 사상(direct mapping) 방식을 사용할 경우, 적절한 교체(replacement) 알고리즘이 필요하다.

④ 쓰기 버퍼(write buffer)는 즉시 쓰기(write-through) 캐시 기억장치에서 쓰기 동작이 오래 걸리는 문제를 개선할 수 있다.

19 • STACK : LIFO 구조로 마지막에 들어온 것 부터 먼저 내보내는 후입선출 구조이다.
   • PUSH : 데이터가 입력돼서 쌓이는 데이터는 가장 나중에 쌓인 데이터가 가장 위로 올라와 있는데 이때, 데이터를 입력하는 연산을 말한다.
   • POP : 삭제 연산이 들어가게 되면 가장 위에 있는 데이터, 즉 가장 나중에 입력된 데이터부터 삭제가 되는데 이때, 데이터를 제거하는 연산을 말한다.
   ㉠ stack.push에 ("java"),("stack"),("demo");와 같은 문자열이 삽입(push)되고 있으므로 ㉠ 위치에는 String로 지정해준다
   ㉡ 자바에서 stack은 클래스로 구현, 사용하기 위해서는 새로운 객체 생성해야 하므로 객체생성 연산자는 new 예약어이므로 ㉡ 위치에 new Stack◇이라고 객체를 생성한다.
   ㉢ popResult = stack.pop();
   System.out.println(popResult);를 보면
   popResult라는 변수에 stack으로 부터 삭제(pop)되어 나오는 값을 넘겨받은 뒤 출력
   popResult 변수를 선언한 부분이 없기 때문에 ㉢ 위치에서 변수를 선언하고 생성
   넘겨받을 값의 데이터 형식이 문자열이기 때문에 String 이나, Object를 사용할 수 있다.

20 ㉠ 캐시 기억장치 : 중앙처리장치의 속도가 주기억장치의 처리 속도보다 훨씬 빠르기 때문에 프로그램의 실행 속도를 중앙처리 장치의 속도에 접근시키기 위해 만든 고속 기억장치
   ㉡ 교체 알고리즘 : 캐시 기억장치가 가득 차 있는 상태에서 기억장치의 일부를 제거하고 주기억장치로부터 새로운 데이터를 가져와야 하는 경우 캐시의 내용을 제거하는 방식
   • 직접 사상 방식에서는 주기억장치의 데이터가 캐시 기억장치의 같은 주소에 저장되기 때문에 교체 알고리즘을 사용할 필요가 없다.
   • 연관사상 및 집합 연관사상 방식의 경우 교체 알고리즘이 필요하다.
   ㉢ 캐시 기억장치 쓰기정책
   • 즉시 쓰기 방식 : CPU 연산결과를 기억장치에 저장할 때 캐시 기억장치 외에 주기억장치에도 동시에 쓰기 동작이 발생하여 캐시에 적재된 내용이 항상 동일한 장점이 있다.
   • 쓰기 동작이 발생할 때마다 캐시 기억장치와 주기억장치 간의 접근이 빈번하게 일어나 쓰기 시간이 길어진다.
   • 나중 쓰기 방식 : 새롭게 생성된 CPU 데이터를 캐시 기억장치에만 저장하고 주기억장치에는 나중에 저장하는 방식

정답 및 해설 19.④ 20.③

1 유닉스 운영체제에 대한 설명으로 옳지 않은 것은?

① 계층적 파일시스템과 다중 사용자를 지원하는 운영체제이다.

② BSD 유닉스의 모든 코드는 어셈블리 언어로 작성되었다.

③ CPU 이용률을 높일 수 있는 다중 프로그래밍 기법을 사용한다.

④ 사용자 프로그램은 시스템 호출을 통해 커널 기능을 사용할 수 있다.

2 다음에서 설명하는 해킹 공격 방법은?

> 공격자는 사용자의 합법적 도메인을 탈취하거나 도메인 네임 시스템(DNS) 또는 프락시 서버의 주소를 변조하여, 사용자가 진짜 사이트로 오인하여 접속하도록 유도한 후 개인정보를 훔친다.

① 스니핑(Sniffing)

② 파밍(Pharming)

③ 트로이 목마(Trojan Horse)

④ 하이재킹(Hijacking)

3 다음 SQL 명령어에서 DDL(Data Definition Language) 명령어만을 모두 고른 것은?

㉠ ALTER	㉡ DROP
㉢ INSERT	㉣ UPDATE

① ㉠, ㉡

② ㉡, ㉢

③ ㉡, ㉣

④ ㉢, ㉣

1 ㉠ 유닉스 운영체제(UNIX) : 1969년에 미국의 벨 연구소에서 켄 톰슨과 데니스 리치에 의해 개발한 이식성이 있는 다중 작업, 다중 사용자의 계층구조형 운영체제이다. 처음에는 어셈블리어로 개발되었지만 데니스 리치가 1971년에 개발한 C언어로 1973년에 유닉스를 다시 만들어 유닉스는 고급언어로 작성된 최초의 운영체제가 되었다.

ㄴ 유닉스의 특징 : 컴퓨터 시스템 자원을 효율적으로 사용하기 위한 운영체제로 PC뿐 아니라 워크스테이션, 서버 및 중대형 컴퓨터 등 다양한 환경에서 동작하며 고급언어로 개발되어 쉽게 이식할 수 있고 필요한 기능을 쉽게 구현할 수 있다.

※ 유닉스 계열의 운영체제 BSD(Berkeley Software Distribution) 운영체제

ㄱ AT&T가 매우 저렴한 가격에 소스코드를 버클리 대학의 소프트웨어 재단에 판매하였으며 버클리 대학에서 소스 코드를 수정, 보완하면서 네트워크 기능을 탑재한 BSD 버전을 출시하여 널리 사용된다.

ㄴ 유닉스의 구조는 커널, 쉘, 유틸리티와 파일시스템이 있다.
  - 커널 : 운영체제의 중심이 되는 부분으로 컴퓨터 내부의 기능을 조정하는 핵심요소로 시스템의 하드웨어를 제어하며 주메모리 관리, 작업관리, 파일관리가 있다.
  - 쉘 : 사용자와 커널 사이의 중간자 역할을 담당하며 사용자가 입력한 명령을 해석하여 커널에 넘겨주면 커널이 명령의 수행결과를 돌려주고 쉘은 다시 사용자에게 이해할 수 있는 형태로 바꾸어 출력한다.
  - 유틸리티 : 유닉스는 각종 개발도구, 문서 편집도구, 네트워크 관련 도구 등 매우 다양한 유틸리티를 제공한다.

2 ① 스니핑(Sniffing) : 가장 많이 사용되는 해킹 수법으로 이더넷 상에서 전달되는 모든 패킷을 분석하여 사용자의 계정과 암호를 알아내는 것
③ 트로이 목마(Trojan Horse) : 컴퓨터 사용자의 정보를 빼가는 악성 프로그램
④ 하이재킹(Hijacking) : 다른 사람의 세션 상태를 훔치거나 도용하여 액세스하는 해킹 기법

3 명령어
㉠ 데이터 정의어(DDL) : DB 테이블과 같은 데이터 구조를 정의하는데 사용되는 명령어들로 데이터 구조와 관련된 명령어들을 말한다.
  - CREAT : 테이블, 뷰, 인덱스 등 객체를 생성하는데 사용
  - DROP : 스키마, 도메인, 테이블, 뷰, 인덱스, 트리거를 제거하는 명령문
  - ALTER : 테이블에 대한 정의를 변경
ㄴ 데이터 조작어(DML) : DB에 있는 데이터를 검색, 등록, 삭제, 갱신하기 위한 언어
  - SELECT : DB에 있는 데이터를 검색하는 명령어
  - INSERT : DB에 있는 데이터를 삽입하는 명령어
  - UPDATE : DB에 있는 데이터를 갱신하는 명령어
  - DELETE : DB에 있는 데이터를 삭제하는 명령어
ㄷ 데이터 제어어(DCL) : DB에 접근하고 객체들을 사용하도록 권한을 부여, 해제하는 명령어
  - GRANT : DB 권한을 부여
  - REVOKE : DB 권한을 해제
  - COMMIT : 데이터를 DB에 저장하고 트랜잭션을 성공적으로 종료하는 명령어
  - ROLLBACK : 데이터의 변경사항을 취소하고 원상태로 복귀한 후 트랜잭션을 종료하는 명령어

정답 및 해설 1.② 2.② 3.①

4 다음 진리표를 만족하는 부울 함수로 옳은 것은? (단, · 은 AND, $\oplus$는 XOR, $\odot$는 XNOR 연산을 의미한다)

입력			출력
A	B	C	Y
0	0	0	1
0	0	1	0
0	1	0	0
0	1	1	1
1	0	0	0
1	0	1	1
1	1	0	1
1	1	1	0

① $Y = A \cdot B \oplus C$

② $Y = A \oplus B \odot C$

③ $Y = A \oplus B \oplus C$

④ $Y = A \odot B \odot C$

5 다음 수식에서 이진수 Y의 값은? (단, 수식의 모든 수는 8 비트 이진수이고 1의 보수로 표현된다)

$$11110100_{(2)} + Y = 11011111_{(2)}$$

① $11101001_{(2)}$　　　　　　　　② $11101010_{(2)}$

③ $11101011_{(2)}$　　　　　　　　④ $11101100_{(2)}$

4 부울 함수 … 논리변수의 상호관계를 나타내기 위해 부울변수, 부울연산기호, 괄호 및 등호 등으로 나타내는 대수적 표현
- 진리표 : 논리변수에 할당한 0과 1의 조합의 리스트

XOR			XNOR		
A	B	Y	A	B	Y
0	0	0	0	0	1
0	0	0	0	1	0
0	1	1	1	0	0
0	1	1	1	1	1
1	0	1	1	0	0
1	0	1	1	1	1
1	1	0	0	0	1
1	1	0	0	1	0

- A, B의 입력 값이 다를 경우 1이 나오므로 XOR 게이트를 적용하여 $Y = A \oplus B = A'B + AB'$
- A, B의 입력 값이 모두 같을 경우 1이 나오므로 XNOR 게이트를 적용하여 $Y = A \odot B = A'B' + AB$
  결과는 $Y = A \oplus B \odot C$가 된다.

※ **진리표** … 논리식 및 논리회로에 대한 모든 입력과 출력을 기록하는 표로 진리표에는 입력과 출력이 있음

구분	특징	논리식
AND 게이트 (논리곱)	모든 입력이 1일 경우에만 출력이 1이 되고, 그 밖의 입력의 경우에는 출력이 0이다.	$Y = A \cdot B = AB$
OR 게이트 (논리합)	입력 중에서 하나 이상의 입력이 1이 되면 출력이 1이 되고, 모든 입력이 0이 되면 출력은 0이다.	$Y = A + B$
NOT 게이트 (부정)	2전 정보의 논리역을 수행하며 입력이 1이면 출력이 0이 되고 반대로 입력이 0이면 출력이 1이 된다.	$Y = A'$
NAND 게이트	AND 게이트와 NOT 게이트를 조합하여 논리곱의 보수를 수행하는 논리게이트로 입력 중에 하나 이상의 입력이 0이면 출력이 1이 되고, 모든 입력이 1이면 출력은 0이 된다.	$Y = (AB)' = A' + B'$
NOR 게이트	OR 게이트와 NOT 게이트를 조합하여 논리합의 보수를 수행하는 논리게이트로 입력 중 하나 이상의 입력이 1이면 출력은 0이 되고, 모든 입력이 0이면 출력은 1이 된다.	$Y = (A + B)' = A'B'$
XOR 게이트 (배타적 OR)	2개의 입력이 서로 다른 상태이면 출력이 1이 되고, 2개의 입력이 같은 상태이면 출력이 0이 된다.	$Y = A \oplus B = A'B + AB$
XNOR 게이트 (배타적 NOR)	2개의 입력이 다른 상태이면 출력이 0이 되고, 2개의 입력이 같은 상태이면 출력이 1이 된다.	$Y = A \odot B = A'B' + AB$

5 8비트 이진수 값의 최상위비트는 부호비트이다. 부호비트가 0일 경우 양수, 1일 경우 음수이다. 1의 보수에서 양수와 음수 각각의 비트를 반전시키면,
- $11110100_{(2)}$는 $00001011_{(2)} \rightarrow$ 십진수 11이므로, $11110100_{(2)}$는 -11이다.
- $11011111_{(2)}$는 $00100000_{(2)} \rightarrow$ 십진수 32이므로, $11011111_{(2)}$는 -32이다.
따라서 $11110100_{(2)} + Y = 11011111_{(2)}$에서 $Y = -21$이다.
21은 이진수로 $00010101_{(2)}$이므로 $Y = 11101010_{(2)}$이다.

정답 및 해설 4.② 5.②

6 네트워크 기술에 대한 설명으로 옳지 않은 것은?

① IPv6는 인터넷 주소 크기가 128비트이고 호스트 자동 설정기능을 제공한다.

② 광대역통합망은 응용 서비스별로 약속된 서비스 레벨 보증(Service Level Agreement) 품질 수준을 보장해줄 수 있다.

③ 모바일 와이맥스(WiMAX)는 휴대형 단말기를 이용해 고속 인터넷 접속 서비스를 제공하는 무선망 기술이다.

④ SMTP(Simple Mail Transfer Protocol)는 사용자 인터페이스 구성방법을 지정하는 전송 계층 프로토콜이다.

7 스레싱(Thrashing)에 대한 설명으로 옳지 않은 것은?

① 프로세스의 작업 집합(Working Set)이 새로운 작업 집합으로 전이 시 페이지 부재율이 높아질 수 있다.

② 작업 집합 기법과 페이지 부재 빈도(Page Fault Frequency) 기법은 한 프로세스를 중단(Suspend)시킴으로써 다른 프로세스들의 스레싱을 감소시킬 수 있다.

③ 각 프로세스에 설정된 작업 집합 크기와 페이지 프레임 수가 매우 큰 경우 다중 프로그래밍 정도(Degree of Multiprogramming)를 증가시킨다.

④ 페이지 부재 빈도 기법은 프로세스의 할당받은 현재 페이지 프레임 수가 설정한 페이지 부재율의 하한보다 낮아지면 보유한 프레임 수를 감소시킨다.

8 인공신경망에 대한 설명으로 옳은 것만을 모두 고른 것은?

> ㉠ 단층 퍼셉트론은 배타적 합(Exclusive-OR) 연산자를 학습할 수 있다.
> ㉡ 다층 신경망은 입력 층, 출력 층, 하나 이상의 은닉 층들로 구성된다.
> ㉢ 뉴런 간 연결 가중치(Connection Weight)를 조정하여 학습한다.
> ㉣ 생물학적 뉴런 망을 모델링한 방식이다.

① ㉠, ㉡, ㉢　　　　　　　　　　② ㉠, ㉡, ㉣

③ ㉠, ㉢, ㉣　　　　　　　　　　④ ㉡, ㉢, ㉣

6 ① IPv6 : 인터넷 프로토콜 스택 중 네트워크 계층의 프로토콜로서 버전6 인터넷 프로토콜로 제정된 차세대 인터넷 프로토콜이다. IPv4의 주소공간을 4배 확장한 128비트 인터넷 주소 체계로 인터넷 프로토콜 주소공간을 128비트로 확장하여 주소의 개수를 크게 증가시키고 패킷 처리에 대한 오버헤드를 줄이기 위해 새로운 헤더 포맷을 도입한 것이 특징이다.

② 광대역통합망(BcN) : 음성, 데이터, 유무선 등 통신, 방송, 인터넷이 융합된 품질보장형 광대역 멀티미디어 서비스를 언제 어디서나 끊김없이 안전하게 이용할 수 있는 차세대 통합 네트워크

③ 모바일 와이맥스(WiMAX) : 시속 120㎞ 이상 고속으로 이동 중인 차량이나 기차 안에서도 유선 인터넷 속도 이상으로 무선 인터넷 서비스를 즐길 수 있는 기술로 와이브로(WiBro)는 국내 서비스 이름이며 모바일 와이맥스가 국제적으로 통용되는 명칭이다.

④ SMTP(Simple Mail Transfer Protocol) : TCP/IP의 상위층 응용 프로토콜의 하나로 컴퓨터 간에 전자 우편을 전송하기 위한 프로토콜이다.

7 ㉠ 스레싱(Thrashing) : 교체된 페이지가 얼마 지나지 않아 다시 사용되는 반복적인 페이지 발생하는 상황

㉡ 스레싱의 원인
- 운영체제는 CPU의 이용률을 검사해 CPU 이용률이 너무 낮을 경우 새로운 프로세스를 시스템에 더 추가해서 다중 프로그래밍의 정도를 높인다.
- 페이지 교체가 필요하다면 이미 활발하게 사용되는 페이지들로 구성되어 있으므로 어떤 페이지가 교체되든지 바로 다시 페이지 교체를 할 것이며 이런 현상이 일어날 경우 다중 프로그래밍 정도를 낮춰 스레싱을 해결할 수 있다.

㉢ 페이지 부재 빈도 : 페이지 부재 빈도방식은 보다 더 직접적으로 스레싱을 조절할 수 있으며 페이지 부재율의 상한과 하한을 정해놓고 페이지 부재율이 상한을 넘으면 그 프로세스에게 프레임을 더 할당해 주고 하한보다 낮아지면 그 프로세스의 프레임 수를 줄인다.

8 인공신경망 … 사람의 두뇌를 모델로 하여 여러 정보를 처리하는 데 두뇌와 비슷한 방식으로 처리하기 위한 알고리즘

㉠ 퍼셉트론(perceptron)은 인공신경망의 한 종류로서, 1957년에 코넬 항공 연구소(Cornell Aeronautical Lab)의 프랑크 로젠블라크(Frank Rosenblatt)에 의해 고안 되었다. 단층 퍼셉트론은 XOR 연산이 불가능하지만, 다층 퍼셉트론으로는 XOR 연산이 가능함을 보였다.

9 다음 Java 프로그램의 출력 값은?

```java
class Super {
        Super() {
                System.out.print('A');
        }

        Super(char x) {
                System.out.print(x);
        }
}

class Sub extends Super {
        Sub() {
                super();
                System.out.print('B');
        }

        Sub(char x) {
                this();
                System.out.print(x);
        }
}

public class Test {
        public static void main(String[] args) {
                Super s1 = new Super('C');
                Super s2 = new Sub('D');
        }
}
```

① ABCD   ② ACBD

③ CABD   ④ CBAD

9 상속이란 A클래스가 B클래스에 정의된 필드와 메소드를 사용할 수 있도록 만드는 것을 말하며 A는 부모클래스, B는 자식(extends)클래스가 된다. 이를 슈퍼 클래스(A)와 서브 클래스(B)라고 한다.

자바에서 모든 클래스는 Object라고 하는 클래스를 상속받으며 이는 아무 것도 상속받지 않은 클래스도 포함한다.

① Super s1 = new Super('C');에서 상위클래스 super 객체인 s1을 생성하는 동시에 메소드가 실행되어 Super('C')이므로 상위 클래스 super의 Super(char x)가 실행되어 'C'가 출력된다.

② Super s2 = new Sub('D')에서 상위 클래스 super 클래스를 참조하는 Sub 타입 객체 S2를 생성하고 Sub('D')에 의해 선언과 동시에 메소드를 실행되며 Sub('D')이므로 Sub클래스의 Sub(char x) 메소드가 실행된다.

• Sub(char x) 메소드의 첫줄은 this() 메소드로 자기 자신의 생성자를 호출함으로써 생성자의 초기화 과정을 생략할 수 있게 해주는 메소드이다.

• this()에 의해 자기 자신의 생성자가 Sub가 매개변수 없이 Sub()로 호출 되며 Sub() 메소드 안에서 super() 메소드를 만나 super()는 상속받은 바로 위 클래스의 생성자를 호출하는 메소드이다.

• super()에 의해 상위 클래스인 Super가 매개변수 없이 super()로 호출되어, 'A'를 출력 한다.

③ sub() 메소드로 돌아와 super() 아래 행인 System.out.print('B'); 을 실행하여 'B'가 출력된다.

④ Sub(char x) 메소드로 돌아와 this(); 아래 행인 System .out.print(x); 행이 실행되어 처음 생성 시 넘겨받은 'D'가 출력된다.

결과 : CABD

정답 및 해설 9.③

10 개발자가 사용해야 하는 서브시스템의 가장 앞쪽에 위치하면서 서브시스템에 있는 객체들을 사용할 수 있도록 인터페이스 역할을 하는 디자인 패턴은?

① Facade 패턴

② Strategy 패턴

③ Adapter 패턴

④ Singleton 패턴

11 해싱(Hashing)에 대한 설명으로 옳지 않은 것은?

① 서로 다른 탐색키가 해시 함수를 통해 동일한 해시 주소로 사상될 수 있다.

② 충돌(Collision)이 발생하지 않는 해시 함수를 사용한다면 해싱의 탐색 시간 복잡도는 O(1)이다.

③ 선형 조사법(Linear Probing)은 연결리스트(Linked List)를 사용하여 오버플로우 문제를 해결한다.

④ 폴딩함수(Folding Function)는 탐색키를 여러 부분으로 나누어 이들을 더하거나 배타적 논리합을 하여 해시 주소를 얻는다.

12 자료구조에 대한 설명으로 옳지 않은 것은?

① 데크는 삽입과 삭제를 한쪽 끝에서만 수행한다.

② 연결리스트로 구현된 스택은 그 크기가 가변적이다.

③ 배열로 구현된 스택은 구현이 간단하지만 그 크기가 고정적이다.

④ 원형연결리스트는 한 노드에서 다른 모든 노드로 접근이 가능하다.

10 디자인 패턴 … 자주 사용하는 설계 형태를 정형화해서 이를 유형별로 설계 템플릿을 만들어둔 것을 말한다. 디자인 패턴을 사용하면 효율성과 재사용성을 높일 수 있다.

① 퍼사드 패턴(Facade Pattern) : 개발자가 사용해야 하는 서브 시스템의 가장 앞쪽에 위치하면서 하위 시스템에 있는 객체들을 사용할 수 있도록 하는 역할로 시스템의 복잡성을 줄이기 위해 서브 시스템을 구조화하고 서브 시스템으로의 접근을 하나의 퍼사드 객체로 제공하는 패턴이다.

② 스트레티지(Strategy Pattern) : 알고리즘을 담당하는 각각의 클래스를 만들어 책임을 분산하기 위한 목적으로 만든 행위 패턴이다.

③ 어댑터 패턴(Adapter Pattern) : 클래스의 인터페이스를 사용자가 기대하는 다른 인터페이스로 변환하는 패턴으로 호환성이 없는 인터페이스 때문에 함께 동작할 수 없는 클래스들이 함께 동작하도록 해준다.

④ 싱글톤 패턴(Singleton Pattern) : 객체의 생성에 관련된 패턴으로서 특정 클래스의 인스턴스가 오직 하나임을 보장하고 이 인스턴스에 접근할 방법을 제공한다.

11 ㉠ 해싱 : 키(Key) 값을 해시 함수(Hash Function)라는 수식에 대입시켜 계산한 후 나온 결과를 주소로 사용하여 바로 값(Value)에 접근하게 할 수 하는 방법이다.

㉡ 선형 조사법(Linear Probing) : 특정 버켓에서 충돌이 발생하면 해시테이블에서 비어있는 버켓을 찾는 방법이다.

㉢ 폴딩법(Folding) : 키(Key)를 마지막 부분을 제외한 모든 부분의 길이가 동일하게 여러 부분으로 나누고, 이들 부분을 모두 더하거나 XOR 연산을 하여 버킷 주소(인덱스)로 이용하는 방법이다.

㉣ 체이닝 : 각 버킷은 고정된 개수의 슬롯 대신 유동적인 크기를 갖는 연결 리스트로 구성되며 충돌 뿐만 아니라 오버플로우 문제도 해결된다.

12 선형구조 … 배열(선형리스트), 연결리스트, 스택, 큐, 데크로 데이터가 연속적으로 연결되어 있는 모양으로 구성하는 방법

① 데크(Deque) : 양쪽에서 삽입과 삭제가 가능한 자료구조

② 연결리스트(linked list) : 스택과 큐 등의 자료구조를 배열을 이용하여 구현하면 구현이 간단하고 빠르다는 장점이 있지만 크기가 고정된다는 단점이 있다.

③ 배열(Array) : 동일한 특성을 가지며 일정한 규칙에 따라 여러 요소가 나열되어 있는 데이터들의 집합을 배열은 같은 형태를 지닌 데이터들이 동일한 크기의 순서를 갖고 나열되어 있는 집합

④ 원형연결리스트(Circular Linked List) : 리스트를 구성하고 있는 노드 중에서 맨 마지막과 맨 처음에 있는 노드 사이에 링크가 존재하는 리스트

정답 및 해설 10.① 11.③ 12.①

13 소프트웨어 모듈 평가 기준으로 판단할 때, 다음 4명 중 가장 좋게 설계한 사람과 가장 좋지 않게 설계한 사람을 순서대로 바르게 나열한 것은?

- 철수 : 절차적 응집도 + 공통 결합도
- 영희 : 우연적 응집도 + 내용 결합도
- 동수 : 기능적 응집도 + 자료 결합도
- 민희 : 논리적 응집도 + 스탬프 결합도

① 철수, 영희   ② 철수, 민희

③ 동수, 영희   ④ 동수, 민희

14 IPv4가 제공하는 기능만을 모두 고른 것은?

| ㉠ 혼잡제어 | ㉡ 인터넷 주소지정과 라우팅 |
| ㉢ 신뢰성 있는 전달 서비스 | ㉣ 패킷 단편화와 재조립 |

① ㉠, ㉡   ② ㉡, ㉢

③ ㉡, ㉣   ④ ㉢, ㉣

15 결정 명령문 내의 각 조건식이 참, 거짓을 한 번 이상 갖도록 조합하여 테스트 케이스를 설계하는 방법은?

① 문장 검증 기준(Statement Coverage)

② 조건 검증 기준(Condition Coverage)

③ 분기 검증 기준(Branch Coverage)

④ 다중 조건 검증 기준(Multiple Condition Coverage)

13 동수는 기능적 응집도와 자료 결합도를 이용하여 모듈 간의 결합도를 최소화하여 모듈의 독립성을 높인 것을 의미하는 것으로 가장 좋게 설계하였으며 영희는 반대로 우연적 응집도와 내용 결합도로 가장 좋지 않게 설계를 하였다.

ⓐ 소프트웨어 설계기법 : 모듈의 평가기준으로 응집도와 결합도가 있다.

ⓑ 응집도 : 한 모듈 내에 있는 구성요소의 기능적 관련성을 평가하는 기준으로 응집도가 높을수록 모듈의 독립성은 높아진다.

- 응집도의 순서 : 기능적 응집도→순차적 응집도→통신적 응집도→절차적 응집도→시간적 응집도→논리적 응집도→우연적 응집도
- 기능적 응집도 : 하나의 기능을 수행하는데 필요한 요소만 포함한 경우
- 구조도 최하위 모듈에서 발견
  -순차적 응집도 : 하나의 기능에서 생성된 출력자료가 다음 기능의 입력자료로 사용된 경우
  -통신적 응집도 : 동일한 자료를 사용하지만, 자료에 대한 처리 절차가 완전히 다르고 서로 관계가 없는 경우
  -절차적 응집도 : 입출력을 공유하지 않으나 순서에 따라서 수행될 필요가 있는 경우
  -시간적 응집도 : 특정한 시점에서 작업을 수행
  -논리적 응집도 : 유사한 기능들이 하나의 모듈 안에 구성된 경우
  -우연적 응집도 : 관계없는 요소들로 구성된 모듈

ⓒ 결합도 : 두 모듈 간의 상호 의존도를 측정하는 것으로 좋은 설계는 모듈 간의 결합도를 최소화하여 모듈의 독립성을 높인 것을 의미한다.

- 모듈의 결합도 순서 : 자료 결합도→스태프 결합도→제어 결합도→외부 결합도→공통 결합도→내용 결합도
  -자료 결합도 : 단순한 매개변수 전단
  -스태프 결합도 : 모듈 간 자료구조 전달 결합
  -제어 결합도 : 호출하는 모듈이 호출되어 지는 모듈이 제어를 지시하는 데이터를 매개변수로 사용
  -외부 결합도 : SW 외부환경과 연관
  -공통 결합도 : 많은 모듈이 전역 변수를 참조
  -내용 결합도 : 특정 모듈이 다른 모듈의 내부 자료나 제어정보를 사용

14 ⓐ IPv4(Internet Protocol version 4) : IPv4는 현재 인터넷 및 TCP/IP 네트워크에서 활용하는 IP 주소 (address) 체계이며, 특징으로는 신뢰성이 보장되지 않는 비연결지향 구조, 주소지정, 패킷 경로설정 및 라우팅 기능이 있다.

ⓑ TCP(Transmission Control Protocol)

- IP프로토콜 위에서 연결형 서비스를 지원하는 전송계층 프로토콜이다.
- 특징으로는 연결형 서비스를 제공, 전이중(FullDuplex) 방식의 양방향 가상 회선을 제공, 신뢰성 있는 데이터 전송을 보장한다.

15 테스트 케이스 선정기준 … 모든 가능한 실행 경로를 테스트 할 수 없으므로 적정 수의 테스트 경로를 실행해야 하며 효과적인 테스트 케이스의 집합을 구했는지 또는 테스트 작업이 적정한지를 판단하는 기준

① 문장 검증 기준(Statement Coverage) : 프로그램의 모든 문장을 한 번 이상 실행
② 조건 검증 기준(Condition Coverage) : 모든 분기점에서 조건식을 구성하는 단일 조건의 참과 거짓을 한 번 이상 실행
③ 분기 검증 기준(Branch Coverage) : 모든 분기점에서 참과 거짓에 해당하는 경로를 한 번 이상 실행
④ 다중 조건 검증 기준(Multiple Condition Coverage) : 조건식을 구성하는 단일 조건식들의 모든 가능한 참/거짓 조합을 한 번 이상 실행

정답 및 해설 13.③ 14.③ 15.②

16 가상 머신(Virtual Machine)에 대한 설명으로 옳지 않은 것은?

① 단일 컴퓨터에서 가상화를 사용하여 다수의 게스트 운영체제를 실행할 수 있다.

② 가상 머신은 사용자에게 다른 가상 머신의 동작에 간섭을 주지 않는 격리된 실행환경을 제공한다.

③ 가상 머신 모니터(Virtual Machine Monitor)를 사용하여 가상화하는 경우 반드시 호스트 운영체제가 필요하다.

④ 자바 가상 머신은 자바 바이트 코드가 다양한 운영체제 상에서 수행될 수 있도록 한다.

17 IEEE 802.11 무선 랜에 대한 설명으로 옳은 것은?

① IEEE 802.11a는 5 GHz 대역에서 5.5Mbps의 전송률을 제공한다.

② IEEE 802.11b는 직교 주파수 분할 다중화(OFDM) 방식을 사용하여 최대 22Mbps의 전송률을 제공한다.

③ IEEE 802.11g는 5 GHz 대역에서 직접 순서 확산 대역(DSSS) 방식을 사용한다.

④ IEEE 802.11n은 다중입력 다중출력(MIMO) 안테나 기술을 사용한다.

18 데이터베이스의 동시성 제어에 대한 설명으로 옳지 않은 것은? (단, T1, T2, T3는 트랜잭션이고, A는 데이터 항목이다)

① 다중버전 동시성 제어 기법은 한 데이터 항목이 변경될 때 그 항목의 이전 값을 보존한다.

② T1이 A에 배타 로크를 요청할 때, 현재 T2가 A에 대한 공유 로크를 보유하고 있고 T3가 A에 공유 로크를 동시에 요청한다면, 트랜잭션 기아 회피기법이 없는 경우 A에 대한 로크를 T3가 T1보다 먼저 보유한다.

③ 로크 전환이 가능한 상태에서 T1이 A에 대한 배타 로크를 요청할 때, 현재 T1이 A에 대한 공유 로크를 보유하고 있는 유일한 트랜잭션인 경우 T1은 A에 대한 로크를 배타 로크로 상승할 수 있다.

④ 2단계 로킹 프로토콜에서 각 트랜잭션이 정상적으로 커밋될 때까지 자신이 가진 모든 배타적 로크들을 해제하지 않는다면 모든 교착상태를 방지할 수 있다.

19 파일구조에 대한 설명으로 옳지 않은 것은?

① VSAM은 B+ 트리 인덱스 구조를 사용한다.

② 히프 파일은 레코드들을 키 순서와 관계없이 저장할 수 있다.

③ ISAM은 레코드 삽입을 위한 별도의 오버플로우 영역을 필요로 하지 않는다.

④ 순차 파일에서 일부 레코드들이 키 순서와 다르게 저장된 경우, 파일 재구성 과정을 통해 키 순서대로 저장될 수 있다.

---

16 ㉠ 가상 머신(Virtual Machine, VM) : 한 컴퓨터의 하드웨어가 다수의 실행 환경을 제공하도록 추상화하는 것으로 각 개별적인 실행 환경이 자신만의 독립된 컴퓨터를 사용하는 환경을 제공하는 것

㉡ 가상 머신 모니터(Virtual Machine Monitor) : 가상화를 제공하는 소프트웨어 계층은 가상 머신 모니터 또는 하이퍼바이저라고 한다. 하이퍼바이저는 순 그대로의 하드웨어 또는 호스트 운영 체제 위에서 실행

17 IEEE 802.11 ⋯ 무선 인터넷을 위한 일련의 표준 규격

④ IEEE 802.11n : 최고 600Mbps / 2.4GHz과 5GHz 대역 사용
MIMO와 40MHz 채널 대역폭을 가진 물리 계층, 맥 계층의 프레임 집적 기술

① IEEE 802.11a : 최고 54Mbps 속도 / 5GHz / OFDM 기술

② IEEE 802.11b : 최고 전송속도 11 Mbps이나 실제로는 6~7Mbps 정도의 효율 / 2.4GHz 대역 / HR-DSSS기술

③ IEEE 802.11g : 최고 24 또는 54Mbps / 2.4GHz 대역 / OFDM, DSSS기술로 널리 사용되고 있는 802.11b 규격과 쉽게 호환

18 2단계 로킹 프로토콜(Two Phase Locking Protocol) ⋯ 확장 단계와 축소 단계라는 2개의 단계로 구성된 로킹 기법이다. 이 기법은 트랜잭션 스케줄의 직렬성을 보장해 주지만, 교착상태가 발생할 수 있다는 단점이 있다.

㉠ 확장단계(Growing Phase) : 트랜잭션들이 LOCK연산만 수행할 수 있고, UNLOCK이 불가능하다.

㉡ 축소단계(Shrinking Phase) : 트랜잭션들이 UNLOCK연산만 수행할 수 있고, LOCK이 불가능하다.

19 ㉠ 색인 순차 접근 방식(ISAM ; Index Sequential Access Method) : 순차 파일과 직접 파일의 방법이 결합된 형태로 각 레코드를 키 값 순으로 논리적으로 저장하고, 시스템은 각 레코드의 실제 주소가 저장된 색인을 관리한다.

색인 순차 파일은 기본 영역, 색인 영역, 오버플로 영역으로 구성된다.

• 기본 영역(Prime Area) : 실제 레코드가 기록되는 데이터 영역으로, 각 레코드들은 키 값 순으로 저장된다.

• 색인 영역(Index Area) : 기본 영역에 있는 레코드들의 위치를 찾아가는 색인이 기록되는 영역으로, 트랙 색인 영역, 실린더 색인 영역, 마스터 색인 영역으로 분류한다.

• 오버플로 영역(Overflow Area) : 기본 영역에 빈 공간이 없어서 새로운 레코드의 삽입이 불가능할 때를 대비하여 예비로 확보해 둔 영역이다.

㉡ 히프 파일 : 가장 단순한 파일 조직으로 레코드들이 삽입된 순서대로 파일에 저장되며 레코드들 간의 순서를 따지지 않고 파일의 가장 끝에 첨부되기 때문에 삽입 시 성능이 좋다.

㉢ VSAM : B+ 트리 인덱스 구조 기법을 이용하는 대표적인 인덱스된 순차 파일 구성

정답 및 해설 16.③ 17.④ 18.④ 19.③

20 다음 C 프로그램의 출력 값은?

```
#include <stdio.h>

int a = 10;
int b = 20;
int c = 30;

void func(void)
{
    static int a = 100;
    int b = 200;

    a++;
    b++;
    c = a;
}

int main(void)
{
    func();
    func();

    printf("a = %d, b = %d, c = %d\n", a, b, c);

    return 0;
}
```

① a = 10, b = 20, c = 30
② a = 10, b = 20, c = 102
③ a = 101, b = 201, c = 101
④ a = 102, b = 202, c = 102

20 • int a = 10;, int b = 20;, int c = 30; → 전역변수 선언

func 함수 내부에 선언된 static int a와 int b는 지역변수이며 static int a는 지역변수이면서 정적변수이다.

• main함수 실행되어 첫 번째 func 실행 후 지역변수 b=200 생성

• a++;

b++;

c=a;

a++; 정적 변수 a 값 1 증가하여 101

b++; 지역 변수 b 값 1 증가하여 201

c는 a;값으로 101

• main() 함수 복귀 후

정적변수 = 101

a++; → 정적 a값 1 증가로 102

b++; → 두 번째 fumc() 함수 실행하여 b=200 생성되며 b값 1 증가하여 201이 된다.

c는 a;값으로 102

• main() 함수 복귀 후

printf() 실행하여 a, b, c 모두 전역변수 값 출력

전역변수 a, b는 값 변경 없이 a=10, b=20 그대로 출력

c는 102 값이 출력

정답 및 해설 20.②

1 선형 자료구조에 해당하지 않는 것은?

① 큐
② 스택
③ 이진 트리
④ 단순 연결 리스트

2 비트열(bit string) A를 2의 보수로 표현된 부호 있는(signed) 2진 정수로 해석한 값은 −5이다. 비트열 A를 1의 보수로 표현된 부호 있는 2진 정수로 해석한 값은?

① −4
② −5
③ −6
④ −7

3 직원 테이블 emp의 모든 레코드를 근무연수 wyear에 대해서는 내림차순으로, 동일 근무연수에 대해서는 나이 age의 오름차순으로 정렬한 결과를 얻기 위한 SQL 질의문은?

① SELECT * FROM emp ORDER BY age, wyear DESC;
② SELECT * FROM emp ORDER BY age ASC, wyear;
③ SELECT * FROM emp ORDER BY wyear DESC, age;
④ SELECT * FROM emp ORDER BY wyear, age ASC;

1 ㉠ 선형구조
- 데이터가 연속적으로 연결되어 있는 모양으로 구성하는 방법
- 종류 : 배열(선형리스트), 연결리스트, 스택, 큐, 데크

㉡ 비선형구조
- 트리나 그래프와 같은 구조로 포인터 등을 사용하여 데이터를 연결하면 그 결과가 데이터가 일직선상에 표시되거나 하나의 원상에 표시되는 구조
- 종류 : 트리, 그래프

2

부호 있는 2진 정수 2의 보수 해석값 : −5	양수 : 5, 0101 1의 보수 : −5, 1010 2의 보수 : −5, 1011	비트열 A 값 : 1011
비트열 A 1의 보수 해석값	1의 보수 : 1011은 양수의 반전 값이므로 양수는 4, 0100이다.	비트열 A 값 : −4, 1011

→ 컴퓨터는 덧셈 밖에 하지 못하기 때문에 뺄셈을 계산하기 위해 만든 방법은 1의 보수, 2의 보수이다. 보수는 보충해 주는 수의 의미로 빼기를 사용하기 위한 용어로 부호화된 수를 표현할 때 1100처럼 4개의 숫자로 이루어져 있는 걸 4비트 수라고 하며 맨 앞자리 수에 0이 오면 +(양수), 1이 오면 −(음수) 부호를 갖는다.

㉠ 1의 보수 표현 방법
- 먼저 주어진 수를 음수로 만들 때는 맨 앞자리의 수를 1로 바꾼다.
- 맨 앞자리를 제외한 나머지 숫자에 대해 1은 0으로 0은 1로 바꾼다.

㉡ 2의 보수 표현방법 : 1의 보수로 바꾼 다음 맨 마지막에 1을 더해준다.

3 SELECT … 조건에 따라 검색할 수도 있고 일정한 기준으로 그룹을 지어 검색하거나 검색결과를 오름차순 또는 내림차순으로 정렬할 수 있다.

㉠ 기본형식
- SELECT[DISTINCT]칼럼명[. 칼럼명]
- FROM테이블명[. 테이블명…]
- [WHERE 조건,조건,,,]
- [GROUP BY 칼럼명[HAVING 조건]]
- [ORDER BY 칼럼명[asc | desc]]

㉡ SELECT ~ FROM 문을 사용하여 데이터를 가져오면 아무런 순서 없이 출력되는데 기본적으로 데이터를 가져올 때는 ORDER BY 절을 이용하여 정렬한다.

㉢ 기본적으로 정렬 방향을 지정해주지 않으면 ORDER BY 절은 오름차순으로 적용된다.
- ASCENDING(ASC)   ORDER BY '열이름' ASC : 오름차순(A~Z)
- DESCENDING(DESC)   ORDER BY '열이름' DESC : 내림차순(Z~A)

4 다음에서 설명하는 디스크 스케줄링은?

> 디스크 헤드가 한쪽 방향으로 트랙의 끝까지 이동하면서 만나는 요청을 모두 처리한다.
> 트랙의 끝에 도달하면 반대 방향으로 이동하면서 만나는 요청을 모두 처리한다. 이러한
> 방식으로 헤드가 디스크 양쪽을 계속 왕복하면서 남은 요청을 처리한다.

① 선입 선처리(FCFS) 스케줄링

② 최소 탐색 시간 우선(SSTF) 스케줄링

③ 스캔(SCAN) 스케줄링

④ 라운드 로빈(RR) 스케줄링

5 정보량의 크기가 작은 것에서 큰 순서대로 바르게 나열한 것은? (단, PB, TB, ZB, EB는 각각
petabyte, terabyte, zettabyte, exabyte이다)

① 1PB, 1TB, 1ZB, 1EB

② 1PB, 1TB, 1EB, 1ZB

③ 1TB, 1PB, 1ZB, 1EB

④ 1TB, 1PB, 1EB, 1ZB

6 다음에서 설명하는 RAID 레벨은?

> • 블록 단위 스트라이핑(striping)을 통해 데이터를 여러 디스크에 분산 저장한다.
> • 패리티를 패리티 전용 디스크에 저장한다.

① RAID 레벨 1

② RAID 레벨 2

③ RAID 레벨 4

④ RAID 레벨 5

4 ① 선입 선처리(FCFS) 스케줄링 : 요청이 도착한 순서에 따라 처리하며 프로그램하기 쉽고 어떤 요청도 무기한 연기되는 경우가 없으며 본질적으로 공평성이 유지됨

② 최소 탐색 시간 우선(SSTF) 스케줄링 : 디스크 요청을 처리하기 위해서 헤드가 먼 곳까지 이동하기 전에 현재 헤드 위치에 가까운 모든 요구를 먼저 처리하는 방법

③ 스캔(SCAN) 스케줄링 : 입출력 헤드가 디스크의 한 끝에서 다른 끝으로 이동하며 한쪽 끝에 도달했을 때는 역방향으로 이동하면서 요청한 트랙을 처리

④ 라운드 로빈(RR) 스케줄링 : 시분할 시스템을 위해 설계된 선점형 스케줄링의 하나로서 프로세스들 사이에 우선순위를 두지 않고 순서대로 시간단위로 CPU를 할당하는 방식의 CPU 스케줄링 알고리즘

5 데이터용량 단위

	10^3	10^6	10^9	10^{12}	10^{15}	10^{18}	10^{21}	10^{24}
1Byte	1KB	1MB	1GB	1TB	1PB	1EB	1ZB	1YB
1바이트	킬로(kilo)	메가(mega)	기가(giga)	테라(tera)	페타(peta)	엑사(exa)	제타(zetta)	요타(yotta)

6 RAID(Redundant Array of Inexpensive/Independent Disk) … 여러 디스크를 하나의 디스크처럼 사용할 수 있도록 하면서 동시에 신뢰성을 높이고 성능을 향상시킬 수 있는 저장 장치이다. RAID의 종류로는 크게 하드웨어 RAID와 소프트웨어 RAID가 있다. 하드웨어 RAID의 단점은 안정성이 높은 반면 가격이 비싸다. 소프트웨어 RAID는 신뢰성이나 속도가 하드웨어 RAID에 비해 떨어질 수 있으나 비용이 저렴한 것이 장점이다.

• RAID 0 : 일반적으로 2개 이상의 하드를 병렬로 연결해서 데이터를 블록 단위로 분산해서 읽고 쓰는 방식

• RAID 1 : 디스크 미러링이라고 하며 데이터의 안정성을 높이기 위해 동일한 데이터를 가진 적어도 두 개의 드라이브로 구성

• RAID 2 : 병렬접근기법 사용, 데이터는 동기화되며 여분의 디스크 비용이 고가

• RAID 3 : 배열이 아무리 크더라도 여분의 디스크는 한 개만 있으면 되며 모든 데이터 디스크와 같은 위치에 있는 비트들에 대하여 계산되는 패리티비트 사용

• RAID 4 : 각 디스크는 독립된 액세스 기법을 사용하며 높은 입력과 출력 요구율에 적합

• RAID 5 : RAID4와 유사한 방식으로 패리티 스트립이 모든 디스크에 분산 저장되며 주로 네트워크 서버내에서 사용

• RAID 6 : 두 가지 패리티가 계산되며 서로 다른 디스크들의 각각 분리된 블록에 저장

• RAID 7 : 하드웨어 컨트롤러에 내장되어 있는 실시간 운영체제를 구성하는 방식

• RAID 10 : RAID 0+1의 반대 개념으로 디스크 2개를 먼저 미러링으로 구성하고 해당 그룹을 다시 스트라이핑하는 방식

정답 및 해설 4.③ 5.④ 6.③

7 소프트웨어 개발을 위한 애자일 기법에 대한 설명으로 옳은 것은?

① 소프트웨어를 점증적으로 개발한다.

② 작동하는 소프트웨어보다 포괄적인 문서에 더 가치를 둔다.

③ 계획에 따라 단계적으로 개발하므로 변화에 대응하기 어렵다.

④ 고객과의 협업보다 계약 협상을 더 중요시한다.

8 다음 C 프로그램의 출력 결과는?

```
#include <stdio.h>
#define SIZE 3
void func(int *m, int *a, int b);

int main(void){
        int num[SIZE] = { 1, 3, 6 };
        int a=10, b=30;

        func(num, &a, b);
        printf("a = %d, b = %d\n", a, b);

        return 0;
}
void func(int *m, int *x, int y){
        int i = 0, n = 0;
        y = *x;
        n = *(m + 1) + (*m + 2);
        *x = ++n;
}
```

① a = 7, b = 10
② a = 7, b = 30
③ a = 10, b = 10
④ a = 10, b = 30

7 ㉠ 애자일 기법 : 짧은 개발 주기와 지속적인 테스트, 테스트에서 배운 내용을 다시 개발에 반영하는 것을 강조

㉡ 애자일 소프트웨어 개발 선언

- 공정과 도구보다 개인과 상호작용
- 포괄적인 문서보다 작동하는 소프트웨어
- 계약 협상보다 고객과의 협력
- 계획을 따르기보다 변화에 대응하기

8

```
#include <stdio.h>
#define SIZE 3
void func(int *m, int *a, int b);

int main(void){
    int num[SIZE] = { 1, 3, 6 };          →num 배열은 지역변수 선언
    int a = 10, b = 30;                    →정수형변수 a, b가 지역변수로 선언

    func(num, &a, b);                      →num 배열과 변수 a는 주소값으로 보내고, b는 값을 복사 받아
    printf("a = %d, b = %d \n", a, b);        y=30이 입력된다.

    return 0;
}                                          →*x는 주소인 x가 가리키는 값을 의미하며 x에는 a의 주소가
void func(int *m, int *x, int y){             있으므로 *x=a에  해당한다.
    int i = 0, n = 0;
    y = *x;                                →y에 a의 값인 10이 입력
    n = *(m + 1) + (*m + 2);               →m은 배열 num의 주소, m + 1은 배열 num의 2번째 요소의
    *x = ++n;                                 주소가 된다.
}                                          →++이 앞에 붙어 있으므로 먼저 n값을 1 증가시키고 x값인 a
                                              에 7을 넣는다.
```

main()함수로 복귀하여 a, b값을 출력
a는 변경된 값 7 출력, b는 func()함수의 y값만 복사했으므로 b의 값은 입력된 30 그대로 출력된다.

정답 및 해설 7.① 8.②

9 2-way 집합 연관 사상(set-associative mapping) 방식을 사용하는 캐시 기억장치를 가진 컴퓨터가 있다. 캐시 기억장치 접근(access)을 위해 주기억장치 주소가 다음 세 필드(field)로 구분된다면, 캐시 기억장치의 총 라인(line) 개수는?

태그(tag) 필드	세트(set) 필드	오프셋(offset) 필드
8비트	9비트	7비트

① 128개   ② 256개
③ 512개   ④ 1,024개

10 TCP 프로토콜에 대한 설명으로 옳지 않은 것은?

① 전이중(full duplex) 연결 서비스를 제공한다.
② 3-way 핸드셰이크(handshake)를 사용하여 연결을 설정한다.
③ 흐름제어(flow control)와 혼잡제어(congestion control)를 제공한다.
④ TCP 세그먼트(segment)에서 검사합(checksum)의 포함은 선택 사항이다.

11 사용자가 인터넷 등을 통해 하드웨어, 소프트웨어 등의 컴퓨팅 자원을 원격으로 필요한 만큼 빌려서 사용하는 방식의 서비스 기술은?

① 클라우드 컴퓨팅
② 유비쿼터스 센서 네트워크
③ 웨어러블 컴퓨터
④ 소셜 네트워크

9 ㉠ 집합 연관 사상 : 직접사상과 연관사상 방식을 조합한 방식으로 하나의 주소 영역이 서로 다른 태그를 갖는 여러 개의 집합으로 이루어지는 방식

　㉡ 2-way 집합 연관 사상
　　• 하나의 집합이 2개의 슬롯으로 구성된 것으로 블록은 주기억장치에서 한꺼번에 인출되는 데이터 그룹이다.
　　• 주소구조에서 세트필드가 9비트이므로 집합번호를 9비트로 표현한다는 의미로 $2^9 = 512$, 총 집합의 개수는 512개이다.
　→ 결과 : 캐시의 전체 라인수는 $2 * 512 = 1024$개이다.

10 ㉠ TCP(Transmission Control Protocol) : 송·수신단 간에 3-way 핸드셰이크(handshake) 방식에 의해 반드시 사전에 정확한 커넥션 설정 후 데이터를 전송하여 체크섬 방식을 통해 에러검출, 재전송 요구 등을 행한다. 현재 데이터처리 버퍼의 용량을 상대에 알려 데이터의 흐름을 적절히 조절하며 송·수신단에 데이터 전송을 위한 포트를 각각 할당하여 신뢰서 있는 가상회선 서비스를 제공한다.

　㉡ UDP : 데이터의 전송 개시 전 반드시 상호간의 커넥션을 설정하는 TCP와 달리 UDP는 사전에 이러한 커넥션 설정이 이루어 지지 않는다. 데이터의 에러제어, 흐름 제어와는 무관하게 전송되므로 신뢰성 있는 전송 제어에는 취약하지만 통신부하를 줄일 수 있다는 장점이 있다.

11 ① 클라우드 컴퓨팅(cloud computing) : 인터넷 서버에서 데이터 저장과 처리, 네트워크, 콘텐츠 사용 등 IT 관련 서비스를 한번에 제공하는 기술
　② 유비쿼터스 센서 네트워크(USN, Ubiquitous Sensor Network, u-sensor network) : 각종 센서에서 감지한 정보를 무선으로 수집할 수 있도록 구성한 네트워크
　③ 웨어러블 컴퓨터(wearable computer) : 선글라스, 시계 등 착용할 수 있는 작고 가벼운 컴퓨터
　④ 소셜 네트워크(social network) : 인터넷상에서 개인 또는 집단이 하나의 인적 관계를 형성한 사회적 관계구조

정답 및 해설 9.④　10.④　11.①

12 다음 이진 트리의 노드를 전위 순회(preorder traversal)할 경우의 방문 순서는?

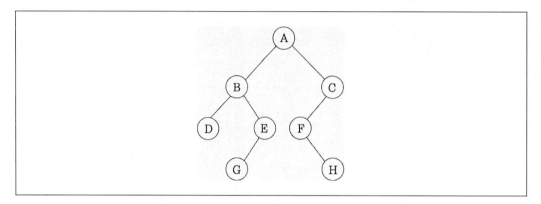

① A − B − C − D − E − F − G − H

② A − B − D − E − G − C − F − H

③ D − B − G − E − A − F − H − C

④ D − G − E − B − H − F − C − A

13 전자메일의 송신 또는 수신을 목적으로 하는 응용 계층 프로토콜에 해당하지 않는 것은?

① IMAP

② POP3

③ SMTP

④ SNMP

14 모바일 기기에 특화된 운영체제에 해당하지 않는 것은?

① iOS

② Android

③ Symbian

④ Solaris

12 전위순회(preorder traversal) ⋯ 트리 순회 방법에서 각 노드를 방문하는 순서는 먼저 나 자신(A)인 노드를 방문하고 왼쪽 서브트리, 오른쪽 서브트리 순으로 방문하는 방법

※ 전위순회방법
- 루트노드를 방문
- 왼쪽 서브트리를 전위순회
- 오른쪽 서브트리를 전위순회

※ 전위순회 방문순서 : A→B→D→E→G→C→F→H

13 ㉠ TCP/IP 4계층 중 4번째 계층인 응용계층에 속해 있는 프로토콜
- TCP : FTP, POP, SMTP, HTTP, HTTPS
  - FTP(TCP포트 : 21) : 파일 전송 프로토콜
  - HTTP(TCP포트 : 80) : 웹브라우저 사용을 위한 프로토콜

㉡ 메일 교환을 위해 사용하는 프로토콜
- SMTP(TCP포트 : 25) : 두 메일 서버 간에 이메일을 송수신하는데 사용하는 프로토콜로 이메일을 메일 서버로 보낼 때 SMTP 사용, 메일서버에서 자신의 이메일을 다운로드할 때 IMAP, POP3 사용
- POP(TCP포트 : 110) : 메일 서버에서 메일을 받아 올 때 사용
- IMAP(TCP포트 :143) : 메일 서버에서 메일을 받아 올 때 사용
- SNMP(Simple Network Management Protocol, 간이 망관리 프로토콜) : TCP/IP의 망관리 프로토콜로 라우터나 허브 등 망기기의 망관리 정보를 망 관리 시스템에 보내는 데 사용되는 표준 통신 규약

14 모바일 운영체제
① iOS : 애플사의 아이폰에 탑재된 모바일 운영체제
② Android : 구글에서 개발한 오픈소스 기반의 모바일 운영체제
③ Symbian : 실시간 처리가 가능한 멀티태스킹 기능을 지원하는 모바일 운영체제
④ Solaris : 선 마이크로시스템즈사의 유닉스 운용체제로 자바프로그램을 실행하는 자바 가상 머신, 유닉스의 그래픽 사용자 인터페이스 규격의 CDE/Desktop과 네트워킹 프로그램을 포함

정답 및 해설 12.② 13.④ 14.④

15 다음 표는 단일 중앙처리장치에 진입한 프로세스의 도착 시간과 그 프로세스를 처리하는 데 필요한 실행 시간을 나타낸 것이다. 비선점 SJF(Shortest Job First) 스케줄링 알고리즘을 사용한 경우, P1, P2, P3, P4 프로세스 4개의 평균 대기 시간은? (단, 프로세스 간 문맥 교환에 따른 오버헤드는 무시하며, 주어진 4개의 프로세스 외에 처리할 다른 프로세스는 없다고 가정한다)

프로세스	도착 시간(ms)	실행 시간(ms)
P1	0	5
P2	3	6
P3	4	3
P4	6	4

① 3ms

② 3.5ms

③ 4ms

④ 4.5ms

16 IPv4와 IPv6에 대한 설명으로 옳지 않은 것은?

① IPv4는 비연결형 프로토콜이다.

② IPv6 주소의 비트 수는 IPv4 주소 비트 수의 2배이다.

③ IPv6는 애니캐스트(anycast) 주소를 지원한다.

④ IPv6는 IPv4 네트워크와의 호환성을 위한 방법을 제공한다.

17 순차논리회로(sequential logic circuit)에 해당하는 것은?

① 3-to-8 디코더(decoder)

② 전가산기(full adder)

③ 동기식 카운터(synchronous counter)

④ 4-to-1 멀티플렉서(multiplexer)

15 ㉠ 비선점 스케줄링 : 비선점 스케줄링에는 FCFS, SJF, HRN, 우선순위, 기한부 알고리즘이 있다.

㉡ SJF(Shortest Job First)
- 준비상태 큐에서 기다리고 있는 프로세스들 중에서 실행시간이 가장 짧은 프로세스에게 먼저 CPU를 할당하는 기법
- 가장 적은 평균 대기시간을 제공하는 최적 알고리즘
- 실행시간이 긴 프로세스는 실행시간이 짧은 프로세스에게 할당 순위가 밀려 무한 연기 상태가 발생

※ 처리순서
- 가장 먼저 들어온 P1을 처리한다.
- 5ms 시점에 대기열에 들어와 있는 P2(6)와 P3(3) 중 실행시간이 짧은 P3(3)를 먼저 실행한다.
- 8ms 시점에 대기열에 있는 P2(6)와 P4(4)중 실행시간이 짧은 P4(4)를 먼저 실행한다.
- 남은 P2(6)를 실행 한다.

프로세스	도착	실행	완료	대기
P1	0	5	5	0
P3	4	3	8	1
P4	6	4	12	2
P2	3	6	18	9

완료시간 − (도착시간 + 실행시간) = 대기시간

따라서 (0 + 1 + 2 + 9) / 4 = 3ms

16 ② IPv4는 총 32비트(4바이트), IPv6는 총 128비트(16바이트)로 4배 차이이다.

IPv4 (Internet Protocol version4)	IPv6 (Internet Protocol version6)
유니캐스트, 브로드캐스트, 멀티캐스트	애니캐스트, 유니캐스트, 멀티캐스트
8비트씩 4자리	16비트씩 8자리
총 32비트(4바이트)	총 128비트(16바이트)

17 ㉠ 순차논리회로(sequential logic circuit) : 입력 및 현재 상태에 따라 출력 및 다음 상태가 결정되는 논리회로

㉡ 카운터(counter) : 여러 개의 플립플롭으로 구성되며 레지스터의 특수한 형태이다. 클록펄스와 플립플롭의 상태가 순차적으로 변하는 순차논리회로 이다.
- 동기식카운터 : 모든 플립플롭이 하나의 공통 클록에 연결되어 있어 동시에 공급받도록 구성된 회로
- 비동기식 카운터 : 리플(ripple) 카운터라고도 하며, 플립플롭들이 서로 다른 클록을 사용하는 형태로 구성된 회로

① 3-to-8 디코더(decoder) : 3개의 입력과 23개의 최소항을 갖는 리코더

② 전가산기(full adder) : 2진 비트를 덧셈하기 위한 논리회로로 3개의 입력과 2개의 출력을 생성

④ 4-to-1 멀티플렉서(multiplexer) : 입력이 4개, 출력이 1개인 MUX

정답 및 해설 15.① 16.② 17.③

18 클록(clock) 주파수가 2GHz인 중앙처리장치를 사용하는 컴퓨터 A에서 프로그램 P를 실행하는 데 10초가 소요된다. 클록 주파수가 더 높은 중앙처리장치를 사용하는 컴퓨터 B에서 프로그램 P를 실행하면, 소요되는 클록 사이클 수는 컴퓨터 A에 대비하여 1.5배로 증가하나 실행 시간은 6초로 감소한다. 컴퓨터 B에 사용된 중앙처리장치의 클록 주파수는? (단, 실행 시간은 중앙처리장치의 실행 시간만을 고려한 것이며 프로그램 P만 실행하여 측정된다)

① 3GHz

② 4GHz

③ 5GHz

④ 6GHz

19 다음 Java 프로그램의 출력 결과는?

```java
public class Foo {
    public static void main(String[] args) {
        int i, j, k;
        for (i = 1, j = 1, k = 0; i < 5; i++ ) {
            if ((i % 2) == 0)
                continue;
            k += i * j++;
        }
        System.out.println(k);
    }
}
```

① 5

② 7

③ 11

④ 15

18 클록 주파수(clock frequency) : 클록의 발생 간격을 주파수로 표시한 것

예) CPU의 클록 주파수란 CPU가 어떤 일을 처리하는 단계 진행을 결정하는 클록의 속도로 주파수가 높을수록 CPU의 처리 능력이 높다

- 컴퓨터 A 실행시간 10초 = 2GHz
- B컴퓨터에서 클록 사이클 1.5배로 증가(처리량 1.5배)
- 2GHz × 1.5 = 3GHz
- B컴퓨터의 처리 시간은 10초에서 6초로 감소(역수 곱셈)
- 2GHz × 1.5 × (10/6) = 5GHz
- 계산식 : $2 \times 1.5 \times \dfrac{10}{6} = 3 \times \dfrac{10}{6} = \dfrac{10}{2} = 5$

결과 : 컴퓨터B에 사용된 중앙처리장치의 클록 주파수는 5GHz이다.

19
- int i, j, k; 문에서 시작한다.

  if ((i % 2) == 0)는 조건에 맞지 않으므로 if 문을 생략하고 그 다음을 실행한다.

  k += i * j++; → j 뒤에 ++가 있으며 j값 1 증가

  k += 1 * 1 → k값에 1을 더해 1이 되고, j는 1이 증가하여 2가 된다.
- i가 1 증가해 → for (i = 3, j = 2, k = 1;에서 for 문 실행한다.

  if ((i % 2) == 0)은 조건에 맞으므로 continue; 가 실행되며 이후는 생략하고 다시 for문으로 돌아간다.
- i가 1 증가해 값은 3이 되고 → for (i = 3, j = 2, k = 1;에서 for문 실행한다.

  if ((i % 2) == 0)은 조건이 맞지 않으므로 다음을 실행한다.

  k += i * j++; → j 뒤에 ++가 있으며 j값 1증가

  k += 3 * 2 → k값에 6을 더해 7이 되고, j는 1이 증가하여 3이 된다.
- for (i = 4, j = 3, k = 7;에서 for 문 실행한다.

  if ((i % 2) == 0)은 조건에 맞으므로 continue; 가 실행되며 이후는 생략하고 다시 for문으로 돌아간다.
- i < 5; i++)에서 i=5가 되어, 5<5는 조건에 맞지 않으므로 for문을 나와 System.out.println(k); 문을 실행하여 → k값 7을 출력한다.

결과 : k값 7

정답 및 해설 18.③ 19.②

20 다음 카르노 맵(Karnaugh map)으로 표현된 부울 함수 F(A, B, C, D)를 곱의 합(sum of products) 형태로 최소화(minimization)한 결과는? (단, X는 무관(don't care) 조건을 나타낸다)

CD＼AB	00	01	11	10
00	0	1	X	1
01	0	X	0	0
11	X	1	0	0
10	0	1	X	1

① F(A, B, C, D) = AD' + BC'D' + A'BC

② F(A, B, C, D) = AB'D' + BC'D' + A'BC

③ F(A, B, C, D) = A'B + AD'

④ F(A, B, C, D) = A'C + AD'

20 ⊙ 카르노맵(Karnaugh Map) : 최소 논리곱의 합으로 식을 구하며 최소 개수의 게이트를 가지고 최소 개수의 게이트 입력을 가진다.

ⓛ 카르노맵을 이용한 진리표 간소화
- 변수의 개수에 적합한 카르노 맵을 그린다. 이때 가로 축과 세로 축에 변수의 값을 배열할 때는 동시에 두 개의 값이 변하지 않도록 배열한다.
- 진리표에서 출력(F)이 '1'인 경우의 입력 값에 해당되는 칸에 '1'을 표시한다.
- 가로 또는 세로로 이웃한 1을 2n개가 되도록 묶는다. 이때 묶음의 크기가 가능한 최대가 되게 묶는다(동일한 1이 묶이는 데 여러 번 사용될 수도 있다.).
  → 무관(don't care)은 0과 1을 모두 수용하기 때문에 1과 x를 포함하는 가장 큰 사각형을 만들어서 묶으며 x는 1또는 0으로 볼수 있으며, 그룹을 크게하는 x는 1로 취급하여 그룹화 한다.

CD \ AB	00	01	11	10
00	0	1	X	1
01	0	X	0	0
11	X	1	0	0
10	0	1	X	1

- 묶음 안에서 값의 변화가 없는 동일한 변수만 선택하여 기록한다. 즉, 0 → 1, 1 → 0으로 변화되는 변수는 버린다.
  → 진한선 A'B
  → 왼쪽 줄이 X는 무관항이므로 생략해도 상관없으므로 생략한다. 이중선 AD'
- 묶인 항을 논리곱에 대한 논리합으로 표현한다.
  → A'B+AD'

정답 및 해설 20.③

1 중위 표기법으로 표현된 〈보기〉의 수식을 후위 표기법으로 옳게 표현한 것은?

〈보기〉

a+(b*c-d)*(e-f*g)-h

---

① ab*cd+efg*-*-h-

② abc*d+ef*g-*-h-

③ abcd*-efg*+*-h-

④ abc*d-efg*-*+h-

2 소프트웨어 개발 프로세스 모델에 대한 설명으로 가장 옳지 않은 것은?

① 폭포수(Waterfall) 모델은 단계별 정형화된 접근 방법 및 체계적인 문서화가 용이하다.

② RAD(rapid Application Development) 모델은 CASE(Computer Aided Software Engineering) 도구를 활용하여 빠른 개발을 지향한다.

③ 나선형(Spiral) 모델은 폭포수(Waterfall) 모델과 원형(Prototype) 모델의 장점을 결합한 모델이다.

④ 원형(Prototype) 모델은 고객의 요구를 완전히 이해하여 개발을 진행하는 것으로 시스템 이해도가 높은 관리자가 있는 경우 유용하다.

3 서로 다른 시스템 간의 통신을 위한 표준을 제공함으로써 통신에 방해가 되는 기술적인 문제점을 제거하고 상호 인터페이스를 정의한 OSI 참조 모델의 계층에 대한 설명으로 가장 옳지 않은 것은?

① 네트워크 계층은 물리 계층에서 전달받은 데이터에 대한 동기를 확인하는 기능, 데이터의 원활한 전송을 제어하는 흐름제어(Flow Control) 기능, 안전한 데이터 전송을 위한 에러 제어(Error Control) 기능을 수행한다.

② 물리 계층은 상위 계층으로부터 전달받은 데이터의 물리적인 링크를 설정하고 유지, 해제하는 기능을 담당한다.

③ 전송 계층은 통신하고 있는 두 사용자 사이에서 데이터 전송의 종단 간(end-to-end) 서비스 질을 높이고 신뢰성을 제어하는 기능을 담당한다.

④ 응용 계층은 사용자가 직접 접하는 부분이며 전자 메일 서비스, 파일 전송 서비스, 네트워크 관리 등이 있다.

---

1 ㉠ 후위 표기법 : 수식을 표현하는 방식으로 연산자를 연산수 다음에 놓는 기법이다.
　㉡ 중위 표기법을 후위 표기법으로 변환
　　• 피연산자가 들어오면 바로 출력
　　• 연산자가 들어오면 자기보다 우선순위가 높거나 같은 것들을 빼고 자신을 스택에 담는다.
　　• 여는 괄호 '('를 만나면 무조건 스택에 담는다.
　　• 닫는 괄호 ')'를 만나면 ')'를 만날 때까지 스택에서 출력한다.
　　　→a+(b*c−d)*(e−f*g)−h 값을 후위 표기법으로 계산하면 abc*d−efg*−*+h−이 된다.

2 프로토타이핑(prototyping) 모델(＝원형모델) … 고객의 요구를 완전하게 이해하고 있지 못하거나 완벽한 요구 분석의 어려움을 해결하기 위하여 개발의 일부분만을 우선 개발하여 사용자에게 제공하여 시험 사용하게 하고 시험 사용을 통해서 요구를 분석하거나 요구 정당성을 점검, 성능을 평가하여 그 결과를 개선 작업에 반영하여 진행이 되도록 하는 모델

3 네트워크 계층 : 하나 또는 복수의 통신망을 통하여 컴퓨터나 단말 장치 등의 시스템 간에 데이터 전송
　데이터링크 계층 : 매체 접근 제어, 흐름제어, 오류검사

정답 및 해설 1.④　2.④　3.①

4 〈보기〉 C프로그램의 실행 결과는?

```
#include 〈stdio.h〉

int main()
{
int a=0, b=1;
switch(a)
    {    case 0 : printf("%d\n", b++); ; break;
         case 1 : printf("%d\n", ++b); ; break;
         default : printf("0\n", b); ; break;
    }
return 0;
}
```

① 0   ② 1

③ 2   ④ 3

5 정책 수립에 있어 중요성이 커지고 있는 빅데이터에 대한 설명으로 가장 옳지 않은 것은?

① 디지털 환경에서 생성되는 데이터로 규모가 방대하고, 생성 주기가 길며, 형태가 다양하다.

② 하둡(Hadoop)과 같은 오픈 소스 소프트웨어 시스템을 빅데이터 처리에 이용하는 것이 가능하다.

③ 보건, 금융과 같은 분야의 빅데이터는 사회적으로 유용한 정보이나 데이터 활용 측면에서 프라이버시 침해에 대한 대비가 필요하다.

④ 구글 및 페이스북, 아마존의 경우 이용자의 성향과 검색패턴, 구매패턴을 분석해 맞춤형 광고를 제공하는 등 빅데이터의 활용을 증대시키고 있다.

6 〈보기〉는 TCP/IP 프로토콜에 대한 설명이다. ㉠~㉡에 들어갈 내용으로 가장 옳은 것은?

〈보기〉

- (㉠)는 사용자가 입력한 IP 주소를 이용해 물리적 네트워크 주소(MAC Address)를 제공한다.
- (㉡)는 데이터 전송 과정에서 오류가 발생하면 오류 메시지를 전송한다.

	㉠	㉡		㉠	㉡
①	ICMP	RARP	②	RARP	ICMP
③	ARP	ICMP	④	ICMP	ARP

---

4 ① switch문으로 a 사용, case 0에 해당하는 첫 번째 문장을 실행
② printf("%d\'5Cn", b++)에서 b++이므로, 먼저 b값 1을 출력 후 b값 증가
※ switch-case문의 문법
　㉠ switch를 사용 후 소괄호 ( ) 안에 값을 넣고, 이 값이 값 1일 경우 수행문 1을 실행하고 종료한다.
　㉡ 값이 2면 수행문 2를 실행하고 종료하며 값 3도 같다.
　㉢ default 같은 경우에는 모든 경우가 아닐 경우에 실행되는 default일 때 수행문을 실행하고 종료하며, break는 종료의 의미이다.

5 빅데이터 … 기존 데이터보다 너무 방대하여 기존의 방법이나 도구로 수집/저장/분석 등이 어려운 정형 및 비정형 데이터들을 의미한다.

6 ㉠ ARP(Address Resolution Protocol, 주소 결정 프로토콜) : IP 주소를 물리적 네트워크 주소로 대응시키기 위해 사용되는 프로토콜
㉡ ICMP(Internet Control Message Protocol, 인터넷 제어 메시지 프로토콜) : TCP/IP 기반의 인터넷 통신 서비스에서 인터넷 프로토콜(IP)과 조합하여 통신 중에 발생하는 오류의 처리와 전송 경로의 변경 등을 위한 제어 메시지를 취급하는 무연결 전송(connectionless transmission)용의 프로토콜(RFC.792)
㉢ RARP(Reverse Address Rosolution Protocol, 역순 주소 결정 프로토콜) : 인터넷 환경에서의 호스트 상호 간 통신에서, 상대방 호스트의 데이터 링크 주소로부터 IP 주소를 필요에 따라 역동적으로 얻기 위한 절차를 제공하는 프로토콜(REC.903)

7 주기억 장치의 페이지 교체 기법에 대한 설명으로 가장 옳은 것은?

① FIFO(Frrst In First Out)는 가장 오래된 페이지를 교체한다.

② MRU(Most Recently Used)는 최근에 적게 사용된 페이지를 교체한다.

③ LRU(Least Recently Used)는 가장 최근에 사용한 페이지를 교체한다.

④ LFU(Least Frequently Used)는 최근에 사용빈도가 가장 많은 페이지를 교체한다.

8 RAID(Redundant Array of Inexpensive Disks) 기술에 대한 설명으로 가장 옳지 않은 것은?

① RAID 1 레벨은 미러링(Mirroring) 을 지원한다.

② RAID 3 레벨은 데이터를 블록 단위로 분산 저장하여 대용량의 읽기 중심 서버용으로 사용한다.

③ RAID 5 레벨은 고정적인 패리티 디스크 대신 패리티가 모든 디스크에 분산되어 저장되므로 병목 현상을 줄여준다.

④ RAID 6 레벨은 두 개의 패리티 디스크를 사용하므로 두 개의 디시크 장애 시에도 데이터의 복구가 가능하다.

9 질의 최적화를 위한 질의문의 내부 형태 변화에 대한 규칙으로 가장 옳지 않은 것은?

① 실렉트(select) 연산은 교환적이다: $\sigma_{c1}(\sigma_{c2}(R)) \equiv \sigma_{c2}(\sigma_{c1}(R))$

② 연속적인 프로젝트(project) 연산은 첫 번째 것을 실행하면 된다.
: $\Pi_{List1}(\Pi_{List2}(\cdots(\Pi_{Listn}(R))\cdots)) \equiv \Pi_{Listn}(R)$

③ 합집합(∪)과 관련된 프로젝트(project) 연산은 다음과 같이 변환된다.
: $\Pi(A \cup B) \equiv \Pi(A) \cup \Pi(B)$

④ 실렉트의 조건 c가 프로젝트 속성만 포함하고 있다면 교환적이다: $\sigma_c(\Pi(R)) \equiv \Pi(\sigma_c(R))$

7 ② MRU(Most Recently Used)는 자료 등의 순서 정렬에서 '가장 최근에 사용했던' 것을 최우선으로 하는 것

③ LRU(Least Recently Used)는 페이지가 호출되면 페이지 테이블에 복사되어 있는 사용 횟수 레지스터의 값은 가장 최근에 호출된 시간을 나타내므로, 모든 페이지의 사용 횟수 레지스터 값을 탐색하여 가장 적은 값을 가진 페이지와 교체하는 방식

④ LFU(Least Frequently Used)는 각 페이지의 사용이 얼마나 집중적으로 되었는가에 관심을 갖고, 가장 적게 사용되거나 집중적이 아닌 페이지로 대체하는 방법

8 RAID(Redundant Array of Inexpensive/Independent Disk)

㉠ 여러 디스크를 하나의 디스크처럼 사용할 수 있도록 하면서 동시에 신뢰성을 높이고 성능을 향상시킬 수 있는 저장 장치이다.

㉡ RAID의 종류로는 크게 하드웨어 RAID와 소프트웨어 RAID가 있다.

㉢ 하드웨어 RAID는 안정성이 높은 반면 가격이 비싼 단점이 있다.

㉣ 소프트웨어 RAID는 신뢰성이나 속도가 하드웨어 RAID에 비해 떨어질 수 있으나 비용이 저렴하다.

- RAID 0 : 일반적으로 2개 이상의 하드를 병렬로 연결해서 데이터를 블록 단위로 분산해서 읽고 쓰는 방식
- RAID 1 : 디스크 미러링이라고 하며 데이터의 안정성을 높이기 위해 동일한 데이터를 가진 적어도 두 개의 드라이브로 구성
- RAID 2 : 병렬접근기법 사용, 데이터는 동기화되며 여분의 디스크 사용, 비용이 고가
- RAID 3 : 배열이 아무리 크더라도 여분의 디스크는 한 개만 있으면 되며 모든 데이터 디스크와 같은 위치에 있는 비트들에 대하여 계산되는 패리티비트 사용
- RAID 4 : 각 디스크는 독립된 액세스 기법을 사용하며 높은 입력과 출력 요구율에 적합
- RAID 5 : RAID4와 유사한 방식으로 패리티 스트립이 모든 디스크에 분산 저장되며 주로 네트워크 서버내에서 사용
- RAID 6 : 두 가지 패리터가 계산되며 서로 다른 디스크들의 각각 분리된 블록에 저장
- RAID 7 : 하드웨어 컨트롤러에 내장되어 있는 실시간 운영체제를 구성하는 방식
- RAID 10 : RAID 0+1의 반대 개념으로 디스크 2개를 먼저 미러링으로 구성하고 해당 그룹을 다시 스트라이핑하는 방식

9 데이터베이스 관계연산

㉠ SELECT(σ)

- 셀렉트 연산은 피연산자 릴레이션에서 특정 조건에 맞는 튜플들의 집합을 구하는 연산으로 그 결과는 수평적 부분 집합(set)으로 구성된 별도의 릴레이션
- 셀렉트 연산의 형식 : $\delta condition(R)$

㉡ PROJECT(π) : 프로젝트 연산은 피연산자에서 지정된 속성 항목만으로 구성된 릴레이션을 반환하는 연산이며 프로젝트 연산의 결과로 피 연산자로부터 수직적 부분 집합으로 구성된 별도의 릴레이션이 반환
$\pi column\_list(R)$

㉢ JOIN($\triangleright\triangleleft$) : 두 개의 릴레이션으로부터 상호 관련성을 구하기 위한 연산으로 두 릴레이션의 카티션 프로덕트 연산과 셀렉트 연산의 조합으로 구성된 연산이며 조인 연산의 결과로는 프로덕트 연산으로 결합된 결과 릴레이션의 모든 튜플들 중에 조건을 만족하는 튜플로만 구성된 릴레이션이 반환

㉣ DIVISION : 첫 번째 피연산자 릴레이션을 두 번째 피연산자 릴레이션으로 나누어 새로운 결과 릴레이션을 반환하는 연산이며 연산의 결과로는 두 번째 릴레이션의 모든 튜플들에 부합되는 첫 번째 릴레이션의 모든 동일한 튜플들이 반환

㉤ 합집합(union)

- 합집합 연산의 결과로 반환되는 릴레이션은 피연산자로 참여한 각각의 릴레이션의 튜플들을 모두 포함하되 중복되는 튜플들은 결과 릴레이션에서 한 번만 나타나게 된다.
- 합집합 연산은 연산으로 참여한 두개의 릴레이션이 호환(compatible) 가능해야만 의미가 있다. (합집합의 호환성)

정답 및 해설 7.① 8.② 9.②

10 〈보기〉 이진 트리의 내부 경로 길이(length)와 외부 경로 길이로 옳은 것은?

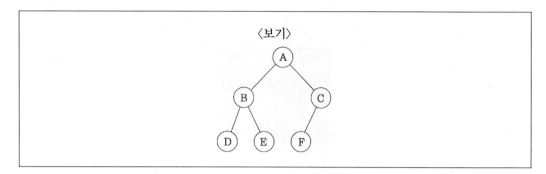

① 7, 20

② 7, 23

③ 8, 20

④ 8, 23

11 8진수로 표현된 13754₍₈₎를 10진수로 표현하면?

① 6224

② 6414

③ 6244

④ 6124

10 경로 길이(Path Length) : 각 노드들의 레벨의 총합으로 각 노드들에 이르는 길이의 합이 된다.

⊙ 내부 경로 길이(Internal Path Length) : 내부 노드에 이르는 길이의 합(혹은 레벨의 총합)

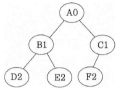

따라서 내부 경로길이는 0+1+1+2+2+2 = 8 이다.

ⓛ 외부 경로 길이(External Path Length) : 단 노드에 가상적 노드를 추가하여, 근 노드와 가상 노드와의 길이를 합산한 것

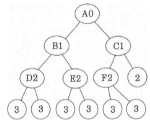

각 단말 노드에는 트리그래프에 보이지 않는 NULL 노드 포인터들이 담겨져 있으며 외부 경로 길이는 이러한 NULL 노드까지의 경로 길이를 합한 값이다.

〈공식〉

E = I + 2N [E : 외부 경로 길이, I : 내부 경로 길이, N : 노드수]

따라서 외부 경로길이는 2 + 3 + 3 + 3 + 3 + 3 + 3 = 20이다.

또는 8 + 2 × 6 = 20

11 8진수의 값을 10진수로 변환하기 전, 먼저 2진수로 변환한 다음 10진수로 변환하면 쉽게 계산할 수 있다.

$13754_{(8)}$ → 2진수로 변환					
$13754_{(8)}$	421	421	421	421	421
2진수	001	011	111	101	100

$1011111101100_{(2)}$ → 10진수로 변환												
2진수	1	0	1	1	1	1	1	1	0	1	1	0	0
10진수	4096	2048	1024	512	256	128	64	32	16	8	4	2	1
1이 있는 자리의 값만 더해준다.	4096	0	1024	512	256	128	64	32	0	8	4	0	0

→ 결과 : 4096 + 1024 + 512 + 256 + 128 + 64 + 32 + 8 + 4 = 6,124

정답 및 해설 10.③ 11.④

12 〈보기〉 잘 알려진 포트번호(well-known port)와 TCP 프로토콜이 바르게 연결된 것을 모두 고른 것은?

〈보기〉

㉠ : 21번 포트 : FTP ㉡ : 53번 포트 : TELNET

㉢ : 23번 포트 : SMTP ㉣ : 80번 포트 : HTTP

① ㉠, ㉡ ② ㉠, ㉣

③ ㉡, ㉢ ④ ㉡, ㉣

13 파일 처리 시스템(File Process System)과 비교한 데이터 베이스관리 시스템(DBMS)에 대한 설명으로 가장 옳지 않은 것은?

① 응용 프로그램과 데이터 간의 상호 의존성이 크다.
② 데이터 중복을 최소화한다.
③ 응용 프로그램의 요청을 수행한다.
④ 데이터 공유를 수월하게 한다.

14 임계지역(critical section) 문제에 대한 해결책이 가져야 하는 성질로 가장 옳지 않은 것은?

① 한 번에 한 프로세스만이 임계지역을 수행하도록 해야 한다.
② 프로세스는 자신이 임계지역을 수행하지 않으면서 다른 프로세스가 임계지역을 수행하는 것을 막으면 안된다.
③ 프로세스의 임계지역 진입은 유한 시간 내에 이루어져야 한다.
④ 임계지역 문제의 해결책에서는 프로세스의 수행 속도에 대해 적절한 가정을 할 수 있다.

12 잘 알려진 포트(Well-Known Port) : 0~1023번

대표적으로 텔넷(23), DNS(53), HTTP(80), NNTP(119), TLS/SSL 방식의 HTTP(443)

포트	프로토콜	용도
20	FTP	FTP-제어포트
23	Telnet	텔넷 프로토콜– 암호화 되지 않은 텍스트 통신
25	SMTP	이메일 전송 프로토콜
53	DNS	Domain Name System
80	HTTP	웹 페이지 전송 프로토콜

13 데이터베이스 관리 시스템 … 데이터베이스를 생성하거나 관리하고 사용자의 질의에 대해 응답하는 프로그램의 집합

데이터베이스 관리 시스템의 장점	파일 처리 시스템의 단점
• 자기 기술성 • 프로그램과 데이터의 분리(독립성) • 데이터 중복의 최소화 • 데이터의 무결성 • 데이터 공유 및 보호	• 데이터의 종속성 • 데이터의 무결성 침해 • 데이터의 중복성 • 데이터 불일치 • 데이터 보안성 결여

14 ㉠ 임계구역(critical section) : 다중 프로그래밍 운영체제에서 여러 프로세스가 데이타를 공유하면서 수행될 때 각 프로세스에서 공유 데이타를 액세스하는 프로그램 코드 부분

㉡ 임계구역(critical section) 3가지 요구조건
- mutual exclusion(상호배제) : 특정한 프로세스가 임계구역에서 실행되는 동안, 다른 프로세스가 접근할 수 없다.
- progress(진행) : 임계구역을 사용하지 않고 있다면, 다른 프로세스가 접근할 수 있도록 한다.
- bounded waiting(한정된 대기) : 임계구역 진입 횟수에 한계가 있어서 같은 프로세스가 계속 독점해서 사용하지 못하게 한다. 다른 프로세스들이 기아상태에 빠지지 않도록 한다.

정답 및 해설 12.② 13.① 14.④

15 〈보기〉 C프로그램의 출력은?

〈보기〉

```
#include 〈stdio.h〉

int main()
{
    int a = 5, b = 5;

    a *=3+b++;
    printf("%d %d", a, b) ;
    return 0;
}
```

① 40 5　　　　　　　　　　② 40 6

③ 45 5　　　　　　　　　　④ 45 6

16 〈보기〉 회로의 종류를 바르게 연결한 것은?

〈보기〉
ⓐ 3개의 입력 중에서 적어도 2개의 입력이 1이면 출력이 1이 되는 회로
ⓑ 설정된 값이 표시되었을 때, 경고음을 울리는 카운터

	㉠	㉡
①	조합논리회로	조합논리회로
②	순차논리회로	조합논리회로
③	조합논리회로	순차논리회로
④	순차논리회로	순차논리회로

17 CISC(Complex Instruction Set Computer)에 대한 설명으로 가장 옳은 것은?

① 고정 길이의 명령어 형식을 가진다.

② 명령어의 길이가 짧다.

③ 다양한 어드레싱 모드를 사용한다.

④ 하나의 명령으로 복잡한 명령을 수행할 수 없어 복잡한 하드웨어가 필요하다.

---

15 printf : printf 다음에 오는 괄호 안의 내용을 모니터로 출력해 주는 함수

%d : char, short, int 부호가 있는 10진 정수

풀이

int a = 5, b = 5;

a * = 3 + b++;

b++ 이므로, 먼저 b값을 그대로 계산한 다음에 b값 증가

a(5)에 3+b(5) = 8을 곱해서 다시 a에 집어넣는다. (a = 40)

b++; //b의 값을 출력한 후 1증가해 6이 되어 a는 40, b는 6이 출력

16

조합논리회로	순차논리회로
• AND, OR, NOT 등의 논리연산자를 조합하여 구성하는 것으로 인가된 입력에 대해 즉시 연산 결과를 출력 • 입력이 2개 이상 인 경우 모든 가능한 입력의 조합에 대해 출력이 정해지기 때문에 이를 진리표로 만들어서 입출력 관계를 정의 예) 덧셈기	• 입력의 조합만으로는 출력이 정해지지 않는 논리 회로 • 현재의 내부 상태와 입력에 의해 출력의 상태가 정해지는 것. 즉, 기억 작용이 있는 논리 회로

㉠ 입력값에 따라 출력값이 결정되는 회로이므로 '조합논리회로'에 해당한다.

㉡ 이미 어떠한 설정된 값이 들어있는 상태에서 현재 표시되는 값과 비교하여 출력을 따지는 회로이기 때문에 '순차논리회로'에 해당한다.

17 ③ 다양한 명령어 형식을 사용하는건 CISC이다. 다양한 어드레싱 모드를 사용 한다는 것은 명령어 주소형식을 직접주소방식, 간접주소방식, 상대적주소방식 등의 여러 가지 형식으로 사용 한다는 것이다.

CISC(Complex Instruction Set Computer)	RISC(Reduced Instruction Set Computer)
고급언어 동작을 지원하는 하드웨어를 제공하기 때문에 간결한 프로그래밍이 가능하다. **특징** • 대부분의 명령어는 직접적으로 기억장치 액세스를 할 수 있다. • 주소지정방식의 수가 상당히 많다. • 명령어 포맷은 여러 개의 길이를 갖는다. • 명령어는 기본적인 연산과 복잡한 연산을 모두 수행한다.	명령어가 간단하며 유연한 구조를 갖으며, 실행속도도 빨라지고 더 높은 처리능력을 갖는다. **특징** • 기억장치 액세스는 로드와 스토어 명령어에 의해서만 가능하고, 데이터 처리 명령어는 레지스터 – 대 – 레지스터 모드에서만 가능하다. • 주소지정방식의 수는 제한되어 있다. • 명령어 포맷은 모두 같은 길이를 갖는다. • 명령어는 기본적인 연산기능만을 수행한다.

정답 및 해설 15.② 16.③ 17.③

18 퀵 정렬에 대한 설명으로 가장 옳지 않은 것은?

① 퀵 정렬은 분할 정복(divide and conquer) 방식으로 동작한다.

② 퀵 정렬의 구현은 흔히 재귀 함수 호출을 포함한다.

③ n개의 데이터에 대한 퀵 정렬의 평균 수행 시간은 $O(\log n)$ 이다.

④ C.A.R. Hoare가 고안한 정렬 방식이다.

19 〈보기〉 C프로그램의 실행 결과로 화면에 출력되는 숫자가 아닌 것은?

〈보기〉

```
#include 〈stdio.h〉

int my(int I, int j) {
    if (i〈3) I=j=1;
    else {
      i=i-1
      j=j-i;
      printf("%d, %d,", i, j);
      return my(i,j);
    }
}

int main(void)
{
    my(5,14);
    return 0;
}
```

① 1   ② 3

③ 5   ④ 7

20 나시−슈나이더만(N−S) 차트의 반복(While) 구조에 대한 표현으로 가장 옳은 것은?

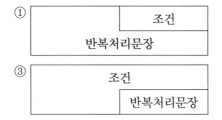

①
	조건
반복처리문장	

②
	반복처리문장
조건	

③
조건	
	반복처리문장

④
반복처리문장	
	조건

---

18 Quick Sort(퀵 정렬)

　㉠ 퀵 정렬(quick sort)은 찰스 앤터니 리처드 호어가 1959년에 개발한 정렬 알고리즘으로 평균적으로 매우 빠른 수행 속도를 자랑하는 방법이다. 퀵 정렬도 병합 정렬과 같이 분할−정복법(divide and conquer)을 사용한다.

　㉡ 평균시간복잡도 O(nlogn), 최악의 시간복잡도 O(n^2)

19 ① i = 5, j = 14인 my(5, 14) 실행

　　I가 3 이상이므로 else문 실행

　　i = 5 −1 = 4 j = 14 −4 = 10

　　printf문을 통해 4와 10 출력

　② return문 실행

　　my(4, 10) 함수가 실행

　　i = 4, j = 10 으로 i가 3이상 이므로 else문 실행

　　i = 4 −1 = 3 j = 10 −3 = 7

　　printf문을 통해 3과 7 출력

　③ my(3, 7) 함수가 실행

　　i가 3 이상 이므로 else문 실행

　　i = 3 −1 = 2 j = 7 −2 = 5

　　printf문을 통해 2와 5 출력

　④ my(2, 5) 함수가 실행

　　i<3의 조건을 만족하므로 if문이 실행

　　i와 j에 모두 1이 들어가고 함수 실행

　결과 : 출력되는 값은 2, 3, 4, 5, 7, 10으로 출력되지 않는 값은 1이다.

20 N−S Chart

　㉠ 논리의 기술에 중점을 둔 상자 도형을 이용한 표현 방법(박스 다이어그램)

　㉡ 순차 구조, 반복 구조, 선택 구조, 다중 선택 구조 등을 표현함

　　Sequence, While, Do~Until, IF~Then~Else, Case

　㉢ Goto나 화살표를 사용하지 않으며, 선택과 반복 구조를 시각적으로 표현함

　㉣ 조건이 복합되어 있는 곳의 처리를 시각적으로 명확히 식별하는데 적합

　㉤ 이해가 쉽고, 코드 변환이 용이함

정답 및 해설 18.③　19.①　20.③

1 CPU 내부 레지스터로 옳지 않은 것은?

① 누산기(accumulator)

② 캐시 메모리(cache memory)

③ 프로그램 카운터(program counter)

④ 메모리 버퍼 레지스터(memory buffer register)

2 다음 전위(prefix) 표기식의 계산 결과는?

$$+ \; - \; 5 \quad 4 \quad \times \quad 4 \quad 7$$

① -19
② 7

③ 28
④ 29

3 사진이나 동영상 등의 디지털 콘텐츠에 저작권자나 판매자 정보를 삽입하여 원본의 출처 정보를 제공하는 기술은?

① 디지털 사이니지

② 디지털 워터마킹

③ 디지털 핑거프린팅

④ 콘텐츠 필터링

4 1K × 4bit RAM 칩을 사용하여 8K × 16bit 기억장치 모듈을 설계할 때 필요한 RAM 칩의 최소 개수는?

① 4개   ② 8개

③ 16개   ④ 32개

---

1 ② 캐시 메모리(cache memory) : 컴퓨터의 처리속도 향상을 위해 사용되는 소형 고속 기억장치 또는 버퍼메모리의 일종으로 SRAM으로 구성되며 고속처리 가능

  ※ **중앙처리장치(CPU)** … 명령어의 해석과 자료의 연산, 비교 등의 처리를 제어하는 컴퓨터시스템의 핵심장치로 레지스터, 연산장치, 제어장치로 구성

  • 제어장치 : 레지스터 사이의 데이터 전송을 감시하고 연산장치의 동작을 지시하는 장치

  • 연산장치 : 명령어를 실행하기 위한 마이크로 연산을 수행하는 장치

  • 레지스터 : 한 비트를 저장할 수 있는 플립플롭의 모임으로 중앙처리장치 내에 있는 소규모의 임시 기억장소

2 전위표기식은 중위표기식으로 변환한 뒤 계산 한다.

  (5−4)+(4×7)로 29가 된다.

3 ① 디지털 사이니지(Digital Signage) : 움직이고 소리나는 옥외광고

  ③ 디지털 핑거프린팅(Digital Fingerprinting) : 인간의 감지 능력으로는 검출할 수 없도록 사용자의 정보를 멀티미디어 콘텐츠 내에 삽입하는 기술

  ④ 콘텐츠 필터링(Contents Filtering) : 콘텐츠 이용 과정에서 저작권 침해 여부 등을 판단하기 위해 데이터를 제어하는 기술

4 기억장치의 용량 = 워드의 수×워드의 크기

    1K × 4bit

    8K × 16bit
    ―――――――――
    × 8배 × 4배   =〉 32개

  • 8K×16bit 기억장치 모듈을 설계할 때 1K(1,024byte)×4bit 의 최소의 RAM의 칩의 개수를 알아보는 문제이다.

정답 및 해설 1.②   2.④   3.②   4.④

5 프로세스와 스레드(thread)에 대한 설명으로 옳지 않은 것은?

① 하나의 스레드는 여러 프로세스에 포함될 수 있다.

② 스레드는 프로세스에서 제어를 분리한 실행단위이다.

③ 스레드는 같은 프로세스에 속한 다른 스레드와 코드를 공유한다.

④ 스레드는 프로그램 카운터를 독립적으로 가진다.

6 보이스 코드 정규형(BCNF: Boyce-Codd Normal Form)을 만족하기 위한 조건에 해당하지 않는 것은?

① 조인(join) 종속성이 없어야 한다.

② 모든 속성 값이 원자 값(atomic value)을 가져야 한다.

③ 이행적 함수 종속성이 없어야 한다.

④ 기본 키가 아닌 속성이 기본 키에 완전 함수 종속적이어야 한다.

7 UDP(User Datagram Protocol)에 대한 설명으로 옳은 것만을 모두 고르면?

㉠ 연결 설정이 없다.

㉡ 오류검사에 체크섬을 사용한다.

㉢ 출발지 포트 번호와 목적지 포트 번호를 포함한다.

㉣ 혼잡제어 메커니즘을 이용하여 링크가 과도하게 혼잡해지는 것을 방지한다.

---

① ㉠, ㉡   ② ㉠, ㉢

③ ㉠, ㉡, ㉢   ④ ㉡, ㉢, ㉣

5 스레드(thread) … 프로세스는 자원과 제어로 구분될 수 있는데 제어만 분리한 실행한 단위로 프로세스 하나는 스레드 한 개 이상으로 나눌 수 있으며 스레드들은 프로세스의 직접 실행 정보를 제외한 나머지 프로세스 관리 정보를 공유한다. 프로그램 카운터와 스택 포인터 등을 비롯한 스레드 실행 환경 정보(문맥정보), 지역데이터, 스택을 독립적으로 가지며 코드, 전역데이터, 힙을 다른 스레드와 공유한다. 응용 프로그램에는 적어도 한 개 이상의 프로세스가 있고 프로세서에는 한 개 이상의 스레드가 있다.

6 보이스 코드 정규형(BCNF: Boyce-Codd Normal Form) … 보이스 코드 정규형은 제3정규형을 만족하면서, 릴레이션에서 모든 결정자가 후보키가 되도록 하는 과정을 말한다.
보이스 코드 정규형(BCNF: Boyce-Codd Normal Form)을 만족하기 위해서는 모든 결정자가 후보키여야 하며 후보키는 모든 행을 식별할수 있는 최소의 속성 집합이라는 점이다.

〈정규화 진행과정〉	
제1정규형(1NF)	모든 도메인이 원자값이 되도록 분해
↓	
제2정규형(2NF)	부분 함수 종속 관계 제거
↓	
제3정규형(3NF)	이행적 함수 종속 관계 제거
BCNF	후보키가 아닌 결정자 관계 제거
↓	
제4정규형(4NF)	다치 종속 관계 제거
↓	
제5정규형(5NF)	후보키를 통하지 않은 조인 종속 관계 제거

7 혼잡제어는 TCP 계층이며 TCP계층은 TCP(Transmission Control Protocol)와 UDP(User Datagram Protocol) 프로토콜 두 개로 구분할 수 있으며 신뢰성이 요구되는 애플리케이션에서는 TCP를 사용하고, 간단한 데이터를 빠른 속도로 전송하는 애플리케이션에서는 UDP를 사용한다.

TCP(Transmission Control Protocol)	UDP(User Datagram Protocol)
연결 지향적 프로토콜	비연결성 프로토콜
• 신뢰적인 전송을 보장 • 연결관리를 위한 연결설정 및 연결종료 • 패킷 손실, 중복, 순서바뀜 등이 없도록 보장 • 양단간 프로세스는 TCP가 제공하는 연결성 회선을 통하여 서로 통신	• 신뢰성 없음 • 순서화하지 않은 데이터 그램 서비스 제공 • 순서제어, 흐름제어, 오류제어 거의 없음 • 실시간 스트리밍 • 헤더가 단순

정답 및 해설 5.① 6.① 7.③

다음 Java 프로그램의 출력 결과는?

```java
class ClassP {
  int func1(int a, int b) {
      return (a+b);
  }
  int func2(int a, int b) {
      return (a-b);
  }
  int func3(int a, int b) {
      return (a*b);
  }
}
public class ClassA extends ClassP {
  int func1(int a, int b) {
      return (a%b);
  }
  double func2(double a, double b) {
      return (a*b);
  }
  int func3(int a, int b) {
      return (a/b);
  }
  public static void main(String[] args) {
      ClassP P = new ClassA();
      System.out.print(P.func1(5, 2) + ", "
          + P.func2(5, 2) + ", " + P.func3(5, 2));
  }
}
```

① 1, 3, 2
③ 1, 10.0, 2.5
② 1, 3, 2.5
④ 7, 3, 10

9 다음 논리 회로의 출력과 동일한 것은?

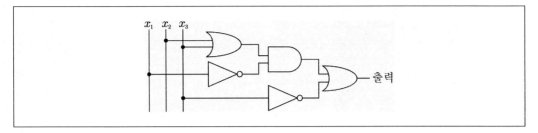

① $x_1 + x_3{}'$

② $x_1{}' + x_3$

③ $x_1{}' + x_3{}'$

④ $x_2{}' + x_3{}'$

8 java 프로그램은 main()부터 시작
func1, func3는 오버라이딩이 되고, func2는 오버라이딩이 되지 않는다.
P.func1(5, 2), P.func2(5, 2), P.func3(5, 2)를 차례로 구한다.

9 $(x_2 + x_3)x_1{}' + x_3{}' = x_1{}'x_2 + x_1{}'x_3 + x_3{}'$
$= x_1{}'x_2 + (x_1{}' + x_3{}')(x_3 + x_3{}')$
$= x_1{}'x_2 + x_1{}' + x_3{}'$
$= x_1{}'(x_2 + 1) + x_3{}' = x_1{}' + x_3{}'$

10 IPv4에서 데이터 크기가 6,000 바이트인 데이터그램이 3개로 단편화(fragmentation)될 때, 단편화 오프셋(offset) 값으로 가능한 것만을 모두 고르면?

㉠ 0	㉡ 500
㉢ 800	㉣ 2,000

① ㉠, ㉡

② ㉢, ㉣

③ ㉠, ㉡, ㉢

④ ㉡, ㉢, ㉣

11 Go-Back-N 프로토콜에서 6번째 프레임까지 전송한 후 4번째 프레임에서 오류가 있음을 알았을 때, 재전송 대상이 되는 프레임의 개수는?

① 1개

② 2개

③ 3개

④ 6개

12 0~(64^{10}−1) 해당하는 정수를 이진코드로 표현하기 위해 필요한 최소 비트 수는?

① 16비트

② 60비트

③ 63비트

④ 64비트

13 의료용 심장 모니터링 시스템과 같이 정해진 짧은 시간 내에 응답해야 하는 시스템은?

① 다중프로그래밍 시스템

② 시분할 시스템

③ 실시간 시스템

④ 일괄 처리 시스템

10 Fragment offset(단편화 오프셋) … IP payload 의 offset 위치를 저장한다. 단편화된 IP 패킷을 재조립할 때에 조립할 위치를 확인할 때에 사용된다.
  - 단편화 오프셋이 될 수 있는 것은 0, 250, 500 3가지이다.
    - 1번째 프레임 0000 ~ 1999 → OF: 0
    - 2번째 프레임 2000 ~ 3999 → OF: 250
    - 3번째 프레임 4000 ~ 5999 → OF: 500
  - IP는 IP 단편화를 통해 데이터그램의 크기를 MTU이하로 작게 만들어 전송할 수 있도록 한다. RFC 791은 IP 단편화, 데이터그램의 전송, 재조립을 위한 프로시져를 기술한다. RFC 815는 호스트에서 쉽게 구현할 수 있는 간단한 재조립 알고리즘을 기술한다.
  - Identification 필드와 Fragment offset 필드는 Don't Fragment 플래그, More Fragment 플래그와 함께 IP 데이터그램의 단편화와 재조립을 위해 사용된다.

11 Go-Back-N ARQ … 여러 블록들을 연속적으로 전송하고, 수신 쪽에서 NAK를 보내오면 송신 측이 오류가 발행한 이후의 블록을 모두 재송신, 전송오류가 발생하지 않으면 쉬지 않고 송신가능하며 오류가 발생한 부분부터 재송신 하므로 중복전송의 단점이 있다.
4번째 프레임에서 오류가 있음을 알았으므로 재전송 되는 프레임 개수는 4, 5, 6번으로 3개이다.

12 $(2^{n-1}-1) \sim +(2^{n-1}-1)$
$0 \sim (64^{10}-1)$에서 $64^{10} = (2^6)^{10} = 2^{60}$ 이므로 표현하기 위해 필요한 최소 비트 수는 60비트이다.

13 ③ 실시간 시스템(Real Time Processing System) : 처리시간 단축 및 비용절감, 우주선 운행, 교통제어, 은행 온라인 업무등 사용
  ① 다중프로그래밍 시스템(multiprogramming system) : 1개의 처리 장치로 복수의 프로그램을 동시에 처리할수 있는 데이터 처리 시스템
  ② 시분할 시스템(Time Sharing System) : 한 대의 컴퓨터를 동시에 여러 명의 사용자가 대화식으로 사용하는 방식으로 처리 속도가 매우 빨라 사용자는 독립적인 시스템을 사용하는 것으로 인식
  ④ 일괄 처리 시스템(batch processing system) : 시스템의 효율성을 증대시키기 위하여 데이터를 수집해서 분류하고 정렬시킨 다음에 처리하는 방식의 데이터 처리 방법

정답 및 해설 10.① 11.③ 12.② 13.③

14 FIFO 페이지 교체 알고리즘을 사용하는 가상메모리에서 프로세스 P가 다음과 같은 페이지 번호 순서대로 페이지에 접근할 때, 페이지 부재(page-fault) 발생 횟수는? (단, 프로세스 P가 사용하는 페이지 프레임은 총 4개이고, 빈 상태에서 시작한다)

1 2 3 4 5 2 1 1 6 7 5

① 6회   ② 7회

③ 8회   ④ 9회

15 재배치 가능한 형태의 기계어로 된 오브젝트 코드나 라이브러리 등을 입력받아 이를 묶어 실행 가능한 로드 모듈로 만드는 번역기는?

① 링커(linker)

② 어셈블러(assembler)

③ 컴파일러(compiler)

④ 프리프로세서(preprocessor)

16 이메일, ERP, CRM 등 다양한 응용 프로그램을 서비스 형태로 제공하는 클라우드 서비스는?

① IaaS(Infrastructure as a Service)

② NaaS(Network as a Service)

③ PaaS(Platform as a Service)

④ SaaS(Software as a Service)

17 다음 C 프로그램의 출력 결과는?

---

14 FIFO(First Input First Out) = FCFS(First Come First Service) 스케줄링 ··· 가장 간단한 스케줄링 알고리즘으로 FIFO(First Input First Out) 큐로 쉽게 관리. 프로세스가 대기 큐(준비 큐)에 도착한 순서에 따라 CPU가 할당되며 단독적 사용이 거의 없으며, 다른 스케줄링 알고리즘에 보조적으로 사용(우선순위 스케줄링, RR 스케줄링 등)한다.

순번	1	2	3	4	5	6	7	8	9	10	11
요구 페이지	1	2	3	4	5	2	1	1	6	7	5
페이지 프레임	1	1	1	1	5	5	5	5	5	5	5
		2	2	2	2	2	1	1	1	1	1
			3	3	3	3	3	3	6	6	6
				4	4	4	4	4	4	7	7
페이지 부재	○	○	○	○	○		○		○	○	

15 ① 링커(linker) : 목적코드를 실행 가능한 로드 모듈로 생성하는 프로그램
② 어셈블러(assembler) : 어셈블리어로 작성된 원시프로그램을 기계어로 번역
③ 컴파일러(compiler) : C, COBOL, FORTRAN, PASCAL 등의 고급언어로 작성된 원시 프로그램을 기계어로 번역하며 한꺼번에 번역하므로 번역속도는 느리지만 실행속도가 빠름
④ 프리프로세서(preprocessor) : 고급언어로 작성된 프로그램을 그에 대응되는 다른 고급언어로 번역하며 매크로 확장, 기회 변환 등의 작업을 수행

16 클라우드 서비스(cloud service) ··· 인터넷으로 연결된 초대형 고성능 컴퓨터(데이터센터)에 소프트웨어와 콘텐츠를 저장해 두고 필요할 때마다 꺼내 쓸 수 있는 서비스
　㉠ 전통적 분류
　　• IaaS(Infrastructure as a Service) : 응용서버, 웹서버 등을 운영하기 위해서는 기존에는 하드웨어 서버, 네트워크, 저장장치, 전력 등 여러 가지 인프라가 필요한 가상의 환경에서 쉽고 편하게 이용할수 있게 제공하는 서비스
　　• PaaS(Platform as a Service) : 개발자가 개발환경을 위한 별도의 하드웨어, 소프트웨어 등의 구축비용이 들지 않도록 개발구축하고 실행하는데 필요한 환경을 제공하는 서비스
　　• SaaS(Software as a Service) : 제공자가 소유하고 운영하는 소프트웨어를 웹 브라우저 등을 통해 사용하는 서비스
　㉡ 추가적 분류
　　• BPass(Business Process as a Service) : IBM에서 제시한 클라우드 컴퓨팅 참조 모델에서는 상기 이외에 비즈니스 프로세스를 서비스
　　• DaaS(Desktop as a Service) : 고객의 데스크탑이 클라우드 인프라 상에서 가상 머신 형태로 실행되며, 사용자는 다양한 경량 클라이언트 또는 제로 클라이언트를 이용하여 데스크탑에 접근
　　• SecaaS(Security as a Service) : 클라우드 컴퓨팅 안에서 보안 보장을 제공하기 위한 방법
　　• CaaS(Communication as a Service) : 실시간 통신과 협력 서비스를 제공하기 위한 클라우드 서비스를 제공
　　• NaaS(Network as a Service) : 트랜스포트 연결 서비스와 인터-클라우드 네트워크 연결 서비스를 제공하기 위한 클라우드 서비스를 제공

정답 및 해설 14.③ 15.① 16.④

```
#include ⟨stdio.h⟩
int main() {
    char msg[50] = "Hello World!! Good Luck!";
    int i = 2, number = 0;
    while (msg[i] != '!') {
        if (msg[i] == 'a' || msg[i] == 'e' || msg[i] == 'i' || msg[i] == 'o' || msg[i]
== 'u')
            number++;
        i++;
    }
    printf("%d", number);
    return 0;
}
```

① 2

② 3

③ 5

④ 6

18 마이크로프로세서에 관한 설명으로 옳은 것만을 모두 고르면?

㉠ 모든 명령어의 실행시간은 클럭 주기(clock period)보다 작다.
㉡ 클럭 속도는 에너지 절약이나 성능상의 이유로 일시적으로 변경할 수 있다.
㉢ 일반적으로 RISC는 CISC에 비해 명령어 수가 적고, 명령어 형식이 단순하다.

① ㉢

② ㉠, ㉡

③ ㉠, ㉢

④ ㉡, ㉢

17 문자열을 문자형 배열로 저장하여 일정 범위에 있는 모음(a, e, i, o, u)의 개수를 세는 소스코드이다.

char msg[50] = "Hello World!! Good Luck!"; → "Hello World!! Good Luck!";에서 범위는
int i = 2, number = 0; → 배열 2번째 (i의 초기값이 2이므로)부터 11번째 까지
while (msg[i] != '!') {
if (msg[i] == 'a' || msg[i] == 'e' || msg[i] == 'i' || msg[i] == 'o' || msg[i] == 'u')
number++;
i++;
→ 반복문의 범위를 지정
"llo World!!

전체 문자열 중에 일정범위 "llo World"에 들어있는 모음(a,e,i,o,u)의 개수를 세는 것으로 일점범위 안에는 "o"만 2개 들어 있다.

18 마이크로프로세서 ⋯ 제어장치, 연산장치, 레지스터가 한 개의 반도체 칩(IC)에 내장된 장치로, 개인용 컴퓨터 (PC)에서 중앙처리장치로 사용되고 있으며 클럭 주파수와 내부 버스의 폭으로 성능을 평가한다. 마이크로프로 세서는 설계방식에 따라 RISC와 CISC로 나누며 RISC방식은 명령어의 종류가 적어 전력 소비가 적고, 속도고 빠르지만 복잡한 연산을 수행하기 위해 명령어 들을 반복 조합해서 사용해야 하므로 레지스터를 많이 필요로 하고 프로그램도 복잡하다.

19 소프트웨어 규모를 예측하기 위한 기능점수(function point)를 산정할 때 고려하지 않는 것은?

① 내부논리파일(Internal Logical File)

② 외부입력(External Input)

③ 외부조회(External inQuiry)

④ 원시 코드 라인 수(Line Of Code)

20 LTE(Long-Term Evolution) 표준에 대한 설명으로 옳은 것만을 모두 고르면?

ㄱ 다중입력 다중출력(MIMO) 안테나 기술을 사용한다.

ㄴ 4G 무선기술로서 IEEE 802.16 표준으로도 불린다.

ㄷ 음성 및 데이터 네트워크를 통합한 All-IP 네트워크 구조이다.

ㄹ 다운스트림에 주파수 분할 멀티플렉싱과 시간 분할 멀티플렉싱을 결합한 방식을 사용한다.

---

① ㄱ, ㄷ

② ㄴ, ㄹ

③ ㄱ, ㄴ, ㄷ

④ ㄱ, ㄷ, ㄹ

19 ④ 원시 코드 라인 수(Line Of Code) : 소프트웨어 각 기능의 원시 코드 라인 수의 비관치, 낙관치, 중간치를 측정하여 예측치를 구하고 계산하여 산정

- 계산법 : (낙관치+(4*중간치)+비관치)/6
- ※ 기능점수(Function Point)의 정의 ··· SW의 규모를 외부입력, 외부출력, 논리적 내부파일, 외부인터페이스, 외부질의 5가지 유형으로 나누어 점수를 구한 후 프로젝트 특성에 적절한 가중치를 선택, 곱하여 각 요인별 기능 점수를 계산, 산출하여 예측하는 기법

20 IEEE 802.16 ··· IEEE 802 위원회에서 무선 도시권 통신망(WMAN: Wireless Metropolitan Area Network)의 표준화를 추진하는 위원회와 관련 표준을 통칭. WiMAX 표준등을 담당

정답 및 해설 19.④ 20.④

1 저급언어에 해당하는 프로그래밍 언어는?

① 어셈블리어(Assembly Language)

② 자바(Java)

③ 코볼(COBOL)

④ 포트란(Fortran)

2 중앙처리장치(CPU)의 구성 요소로만 묶은 것은?

㉠ ALU	㉡ DRAM
㉢ PCI	㉣ 레지스터
㉤ 메인보드	㉥ 제어장치

① ㉠, ㉡, ㉣

② ㉠, ㉣, ㉥

③ ㉣, ㉤, ㉥

④ ㉠, ㉢, ㉣, ㉥

3 다음에서 설명하는 네트워크 구조는?

- 구축 비용이 저렴하고 새로운 노드를 추가하기 쉽다.
- 네트워크의 시작과 끝에는 터미네이터(Terminator)가 붙는다.
- 연결된 노드가 많거나 트래픽이 증가하면 네트워크 성능이 크게 저하된다.

① 링(Ring)형

② 망(Mesh)형

③ 버스(Bus)형

④ 성(Star)형

4 다음에서 설명하는 객체지향 프로그래밍의 특징은?

- 객체를 구성하는 속성과 메서드가 하나로 묶여 있다.
- 객체의 외부와 내부를 분리하여 외부 모습은 추상적인 내용으로 보여준다.
- 객체 내의 정보를 외부로부터 숨길 수도 있고, 외부에 보이게 할 수도 있다.
- 객체 내부의 세부 동작을 모르더라도 객체의 메서드를 통해 객체의 기능을 활용할 수 있다.

---

① 구조성　　　　　　　　　　　② 다형성

③ 상속성　　　　　　　　　　　④ 캡슐화

1　㉠ 저급언어: 컴퓨터 내부에서 바로 처리 가능한 프로그래밍 언어로 일반적으로 기계어와 어셈블리어를 말한다.
　　㉡ 고급언어: 저급언어가 기계에 가까운 언어라면 고급언어는 프로그래밍을 하는 사람에 가까운 언어라고 할수
　　　있으며 저급언어에 비해서 가독성이 높고 다루기가 쉽다는 장점이 있다. 컴파일러나 인터프리터에 의해 저
　　　급언어로 번역이 되어 실행된다. 대표적으로 C, C++, JAVA등 프로그래밍 언어들이 속해 있다.

2　중앙처리장치(CPU) … 명령어의 해석과 자료의 연산, 비교 등의 처리를 제어하는 컴퓨터시스템의 핵심장치로 레
　　지스터, 연산장치, 제어장치로 구성된다.
　　• 제어장치 : 레지스터 사이의 데이터 전송을 감시하고 연산장치의 동작을 지시하는 장치
　　• 연산장치 : 명령어를 실행하기 위한 마이크로 연산을 수행하는 장치
　　• 레지스터 : 한 비트를 저장할 수 있는 플립플롭의 모임으로 중앙처리장치 내에 있는 소규모의 임시 기억장소

3　③ 버스(Bus)형은 일반적으로 많이 사용하는 네트워크 방식으로 네트워크 상의 모든 호스트들이 하나의 케이
　　블에 연결된 형태로 관리가 불편하다.
　　① 링(Ring)형은 버스 토폴로지형태와 비슷하며 양 종단이 서로 연결되어 링형을 이루며 대기 시간이 길다.
　　② 망(Mesh)형은 모든 네트워크 또는 컴퓨터들이 네트워크 상이나 개별적으로 네트워크와 연결된 형태로 비용
　　　이 많이 든다.
　　④ 성(Star)형은 중앙의 시스템과 개별 호스트는 점대 점 방식으로 연결되어 있으며 중앙 집중 관리가 쉽다.

4　④ 캡슐화란 외부에 대한 가시적인 부분과 내부 및 구현에 관계되는 세부적인 사항을 분리하는 모델링 및 구현
　　기법으로 복잡하고 불필요한 부분등을 사용자에게 안보이게 하고 외부세계와 인터페이스를 잘 할수 있도록 표
　　준화 시킨 포장이 잘 되도록 함

정답 및 해설　1.① 2.② 3.③ 4.④

5 하나의 프로세스가 CPU를 할당받은 후에는, 스스로 CPU를 반납할 때까지 다른 프로세스가 CPU를 차지할 수 없도록 하는 스케줄링 기법에 해당하는 것만을 모두 고르면?

> ㉠ FCFS(First Come First Served)
> ㉡ RR(Round Robin)
> ㉢ SRT(Shortest Remaining Time)

① ㉠
② ㉠, ㉢
③ ㉡, ㉢
④ ㉠, ㉡, ㉢

6 프로그램 내장 방식에 대한 설명으로 옳지 않은 것은?

① 프로그램 내장 방식을 사용한 최초의 컴퓨터는 에니악(ENIAC)이다.
② 현재 사용되는 대부분의 컴퓨터는 프로그램 내장 방식을 사용하고 있다.
③ 컴퓨터가 작업을 할 때마다 설치된 스위치를 다시 세팅해야 하는 번거로움을 해결하기 위해 폰 노이만이 제안하였다.
④ 프로그램과 자료를 내부의 기억장치에 저장한 후 프로그램 내의 명령문을 순서대로 꺼내 해독하고 실행하는 개념이다.

7 CISC(Complex Instruction Set Computer)와 RISC(Reduced Instruction Set Computer)에 대한 설명으로 옳지 않은 것은?

① CISC 구조에서 명령어의 길이는 가변적이다.
② 전형적인 RISC 구조의 명령어는 메모리의 피연산자를 직접 처리한다.
③ RISC 구조는 명령어 처리구조를 단순화시켜 기계어 명령의 수를 줄인 것을 말한다.
④ CISC 구조는 RISC 구조에 비해서 상대적으로 명령어 실행 단계가 많고 회로 설계가 복잡하다.

8 릴레이션 R = {A, B, C, D, E}이 함수적 종속성들의 집합 FD = {A→C, {A, B}→D, D→E, {A, B}→E}를 만족할 때, R이 속할 수 있는 가장 높은 차수의 정규형으로 옳은 것은? (단, 기본키는 복합속성 {A, B}이고, 릴레이션 R의 속성 값은 더 이상 분해될 수 없는 원자 값으로 만 구성된다)

① 제1정규형
② 제2정규형
③ 제3정규형
④ 보이스 / 코드 정규형

---

5 ㉠ FCFS(First Come First Served) : 도착순 서비스로 우선순위가 붙은 가장 기본적인 대기 행렬에 대한 서비스 방법의 하나로 서비스 창구에 도착한 순서로 처리되는 것

6 ① 프로그램 내장 방식은 프로그램과 데이터를 주기억장치에 저장해 두고, 주기억장치에 있는 프로그램 명령어를 하나씩 차례대로 수행하는 방식으로 프로그램내장방식을 도입한 컴퓨터는 <u>애드삭(EDSAC)</u>이다.

7

CISC(Complex Instruction Set Computer)	RISC(Reduced Instruction Set Computer)
• 가변길이 명령어 사용 • 명령어 파이프 라이닝 힘듦 • 컴파일러 복잡 • 비교적 명령어 적게 사용하여 프로그램 실행가능	• 고정길이 명령어 사용 • 복잡한 주소지정 방식 제거 • 명령어 파이프 라이닝 활용도 높임 • 컴파일러 최적화 • 명령어가 적고 단순하여 많은 수의 명령어가 조합됨

8 제1정규형은 어떤 릴레이션에 속한 모든 도메인이 원자 값을 가져 더 이상 분해할 수 없는 상태로 즉 중복을 제거한 것이다.

정답 및 해설 5.① 6.① 7.② 8.①

9 인터넷의 전송 계층에서 사용하는 프로토콜로 TCP와 UDP가 있다. TCP와 UDP 모두에서 제공하지 않는 기능은?

① 연결 설정(Connection Setup)

② 오류 검출(Error Detection)

③ 지연시간 보장(Delay Guarantee)

④ 혼잡 제어(Congestion Control)

10 유비쿼터스를 응용한 컴퓨팅 기술에 대한 설명으로 옳지 않은 것은?

① 엑조틱 컴퓨팅(Exotic Computing)은 스스로 생각하여 현실세계와 가상세계를 연계해 주는 컴퓨팅 기술이다.

② 노매딕 컴퓨팅(Nomadic Computing)은 장소에 상관없이 다양한 정보기기가 편재되어 있어 사용자가 정보기기를 휴대할 필요가 없는 컴퓨팅 기술이다.

③ 디스포절 컴퓨팅(Disposable Computing)은 컴퓨터가 센서 등을 통해 사용자의 상황을 인식하여 사용자가 필요로 하는 정보를 제공해 주는 컴퓨팅 기술이다.

④ 웨어러블 컴퓨팅(Wearable Computing)은 컴퓨터를 옷이나 안경처럼 착용할 수 있게 해줌으로써 컴퓨터를 인간의 몸의 일부로 여길 수 있도록 하는 컴퓨팅 기술이다.

11 컴퓨터 명령어 처리 시 필요한 유효 주소(Effective Address)를 찾기 위한 주소 지정 방식에 대한 설명으로 옳지 않은 것은?

① 즉시 주소 지정 방식(Immediate Addressing Mode)은 유효 데이터가 명령어 레지스터 내에 있다.

② 간접 주소 지정 방식(Indirect Addressing Mode)으로 유효 데이터에 접근하는 경우 주기억장치 최소접근횟수는 2이다.

③ 상대 주소 지정 방식(Relative Addressing Mode)은 프로그램 카운터와 명령어 내의 주소필드 값을 결합하여 유효 주소를 도출한다.

④ 레지스터 주소 지정 방식(Register Addressing Mode)은 직접 주소 지정 방식(Direct Addressing Mode)보다 유효 데이터 접근속도가 느리다.

12 컴퓨터 시스템에서 교착상태의 해결 방안에 대한 설명으로 옳지 않은 것은?

① 교착상태가 발생할 가능성을 사전에 없앤다.

② 하나의 프로세스만이 한 시점에서 하나의 자원을 사용할 수 있게 한다.

③ 교착상태가 탐지되면, 교착상태와 관련된 프로세스와 자원을 시스템으로부터 제거한다.

④ 교착상태가 발생할 가능성을 인정하고, 교착상태가 발생하려고 할 때 이를 회피하도록 한다.

9

TCP(Transmission Control Protocol)	UDP(User Datagram Protocol)
연결 지향적 프로토콜	비연결성 프로토콜
• 신뢰적인 전송을 보장 • 연결관리를 위한 연결설정 및 연결종료 • 패킷 손실, 중복, 순서바뀜 등이 없도록 보장 • 양단간 프로세스는 TCP가 제공하는 연결성 회선을 통하여 서로 통신	• 신뢰성 없음 • 순서화하지 않은 데이터 그램 서비스 제공 • 순서제어, 흐름제어, 오류제어 거의 없음 • 실시간 스트리밍 • 헤더가 단순

10 유비쿼터스 컴퓨팅 ··· 컴퓨터가 우리들의 일상생활 주변에 스며들어 실제로 눈에 보이지 않기 때문에 우리가 느끼지 못하는 사이에 편하게 컴퓨터를 사용한다는 개념이다.
　③ 디스포절 컴퓨팅(Disposable Computing) : 1회용 종이처럼 컴퓨터의 가격이 저렴하여 모든 사물에 컴퓨터 기술이 활용될수 있음을 나타냄.
　감지 컴퓨팅(Sentient Computing) : 컴퓨터가 센서 등을 통해 사용자의 상황을 인식하여 사용자가 필요로 하는 정보를 제공해 주는 컴퓨팅 기술이다.

11 ④ 레지스터 주소 지정 방식(Register Addressing Mode)은 연산에 사용할 데이터가 레지스터에 저장되어 있다.

12 교착상태 ··· 한정된 자원을 여러 곳에서 사용하려고 할 때 모두 작업수행을 할 수 없이 대기 상태에 놓이는 상태
• 교착상태는 예방을 하거나 회피, 무시 또는 발견하는 방법으로 관리하며 예방을 하는 방법은 교착상태의 필요조건 4가지 중 한 가지라도 발생하지 않도록 각 조건 중 한 가지 이상을 제거한다.
• 회피는 운영체제가 자체적으로 프로세스가 요청할 자원에 대한 정보를 가지고 자원 요청을 허용할 여부를 결정하는 등 자원 할당 상태를 검사한다.
• 예방과 회피 방법은 성능에 영향을 끼치기 때문에 교착 상태 발생률이 낮은 경우 무시를 하며 그 외 교착상태를 발견하는 알고리즘을 제공하여 해결하는 방법도 있다.

정답 및 해설 9.③ 10.③ 11.④ 12.②

13 다음과 같은 압축되지 않은 비트맵 형식의 이미지를 RLE(Run Length Encoding) 방식을 이용하여 압축했을 때 압축률이 가장 작은 것은? (단, 모든 이미지의 가로와 세로의 길이는 동일하고, 가로 방향 우선으로 픽셀을 읽어 처리한다)

14 다음 Java 프로그램은 3의 배수를 제외한 1부터 10까지 정수의 누적 합이 10을 초과하는 최초 시점에서의 합을 출력하는 프로그램이다. ⊙과 ⓒ에 들어가는 내용으로 적절한 것은?

```java
public class JavaApplication {
    public static void main(String[] args) {
        int i = 0, sum = 0;
        while(i < 10) {
            i++;
            if(i % 3 == 0) ⊙           ;
            if(sum > 10)   ⓒ           ;
            sum += i;
        }
        System.out.println("sum=" + sum);
    }
}
```

	⊙	ⓒ
①	break	goto
②	continue	break
③	final	continue
④	return	break

15 다중 스레드(Multithread)에 대한 설명으로 옳은 것만을 모두 고르면?

> ㉠ 스레드는 프로세스보다 더 큰 CPU의 실행 단위이다.
> ㉡ 단일 CPU 컴퓨터에서 작업을 수행하는 스레드들은 CPU 자원을 공유한다.
> ㉢ 스레드는 프로세스와 마찬가지로 독립적인 PC(Program Counter)를 가진다.
> ㉣ 프로세스 간의 문맥교환은 동일 프로세스에 있는 스레드 간의 문맥교환에 비해 비용면에서 효과적이다.

① ㉠, ㉡   ② ㉠, ㉣

③ ㉡, ㉢   ④ ㉡, ㉣

---

13 RLE(Run Length Encoding) 방식은 여러가지 데이터 압축 알고리즘 중 가장 간단하고 쉬운편이다. 같은 단위의 데이터가 반복된다면 해당 데이터 1개와 반복 횟수만을 나타내는 것으로 단순하지만 특정상황에 매우 유리하다.

14 ㉠ : if(i % 3 == 0) 조건에서 보이듯이 3으로 나누어 나머지가 0과 같을 경우 반복문의 처음으로 돌아가야 하기 때문에 ㉠ 빈칸에는 continue 명령어를 넣어야 한다.
㉡ : 합이 10을 초과 할 경우 sum의 값을 출력해야 하기 때문에 ㉡ 빈칸에는 반복문을 빠져나가는 break 명령어를 넣어야 한다.

15 하나의 프로세스 내에서 하나의 스레드가 아닌 여러개의 스레드를 형성하여 명령어들을 처리하는 것으로 멀티 스레딩은 서로 간의 자원 공유가 가능하다.

정답 및 해설 13.④ 14.② 15.③

16 구매 방법에 따른 소프트웨어 분류에 대한 설명으로 옳은 것은?

① 프리웨어(Freeware)는 라이선스 없이 무료로 배포되어, 영리목적 기관에서도 자유롭게 배포할 수 있는 소프트웨어이다.

② 라이트웨어(Liteware)는 상용 소프트웨어의 일부 기능만을 사용할 수 있도록 하여, 낮은 가격에 판매되는 소프트웨어이다.

③ 오픈소스 소프트웨어(Open Source Software)는 프로그램 소스가 공개되어 있으나, 저작권자의 동의 없는 임의 수정은 불가능하다.

④ 셰어웨어(Shareware)는 시범적으로 사용자에게 무료로 제공한 후 일정 기간이 지나면, 유용성에 따라서 구매하도록 하는 소프트웨어이다.

17 프로세스 상태 전이에서 준비(Ready) 상태로 전이되는 상황만을 모두 고르면? (단, 동일한 우선순위의 프로세스가 준비 상태로 한 개 이상 대기하고 있다)

> ㉠ 실행 상태에 있는 프로세스가 우선순위가 높은 프로세스에 의해 선점되었을 때
> ㉡ 블록된(Blocked) 상태에 있는 프로세스가 요청한 입출력 작업이 완료되었을 때
> ㉢ 실행 상태에 있는 프로세스가 작업을 마치지 못하고 시간 할당량을 다 썼을 때

① ㉠, ㉡

② ㉠, ㉢

③ ㉡, ㉢

④ ㉠, ㉡, ㉢

16 ① 프리웨어(Freeware) : 무료로 복제하고 계속 사용할 수 있는 공개 소프트웨어

② 라이트웨어(Liteware) : 사용기간의 제약이 없는게 특징인 일반용 소프트웨어 버전에서 몇가지 핵심 기능을 제거하고 무료로 배포하는 견본 프로그램

③ 오픈소스 소프트웨어(Open Source Software) : 무상으로 공개된 소프트웨어

17 **프로세스 상태 전이에서 준비(Ready) 상태로 전이되는 상황** … 준비상태로 전이되는 경우 필요한 자원을 모두 소유하고 프로세서를 요청하고 있는 상태를 말한다.

- 프로세서는 프로세스가 프로세스를 할당 받기 위해 기다리고 있는 상태이면서 프로세스는 준비(Ready) 상태 큐에서 실행을 준비하는 준비 상태/ 준비 상태 큐에 있는 프로세스가 프로세서를 할당 받아 실행되는 상태이면서 프로세스 수행이 완료되기 전에 프로세서에게 주어진 프로세서 할당 시간이 종료되면 프로세스는 준비 상태로 전이 되고 실행 중인 프로세서에 입출력처리가 필요하면 실행 중인 프로세스는 대기 상태로 전이가 되는 실행(Running)상태/ 프로세서에 입출력 처리가 필요하면 현재 수행 중인 프로세스가 중단되고 대기 (Block) 상태로 전이 되고 입출력 처리가 완료되면 대기 상태에서 준비 상태로 전이 되는 대기 상태가 존재한다.

- 준비상태에 있던 프로세스가 CPU에 할당받아 실행되는 걸 디스패치(Dispatch)라 하고 실행중인 프로그램이 할당된 시간이 끝나서 다시 준비 상태로 돌아가는 걸 타임아웃(Timeout)이라고 한다. 이때 프로세스가 모든 명령의 실행을 마치지 못했다 하더라도 할당된 시간이 끝나면 다시 준비 상태로 타임아웃 하게 된다. 그리고 다시 준비 상태에서 기다리다가 CPU에 할당되어 다시 실행 상태로 디스패치 되고 또 할당된 시간이 끝나면 다시 준비 상태 타임아웃 되고는 순환을 반복한다.

- CPU가 프로세스를 실행 중일 때 갑자기 급한 프로세스가 CPU를 사용해야 할 일이 생기면 실행 중인 프로세스는 대기 상태로 들어가게 되는데 이를 Blocked라고 한다. 그리고 급한 프로세스가 끝났다고 해서 대기 상태에 있던 프로세스가 다시 실행 상태로 돌아가는 건 아니고 준비 상태로 돌아가게 되고 다시 디스패치 되어 실행 상태로 상태전이를 하게 된다.

- 디스패치(Dispatch) : 준비 상태에서 대기하고 있는 프로세스 중 하나가 프로세스를 할당받아 실행 상태로 전이되는 과정

- Wake-UP : 입/출력 작업이 완료되어 프로세스가 대기 상태에서 준비 상태로 전이되는 과정

정답 및 해설 16.④ 17.④

18 최대 히프 트리(Heap Tree)로 옳은 것은?

①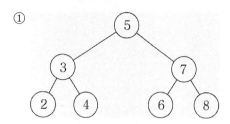

②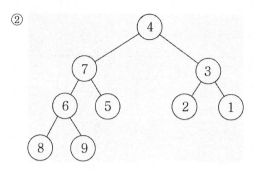

③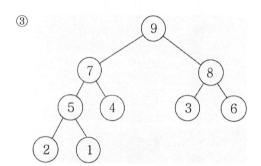

④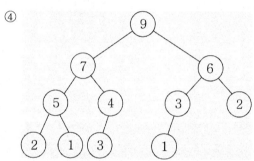

19 CSMA/CD(Carrier Sense Multiple Access with Collision Detection)에 대한 설명으로 옳은 것만을 고르면?

> ㉠ 버스형 토폴로지에 많이 사용한다.
> ㉡ 데이터 전송 시간 및 충돌에 의한 데이터 지연 시간을 정확히 예측할 수 있다.
> ㉢ 데이터를 전송하기 전에 통신회선의 사용 여부를 확인하고 전송하는 방식이다.
> ㉣ 전송할 데이터가 없을 때에도 토큰이 통신회선을 회전하면서 점유하는 단점이 있다.

① ㉠, ㉢

② ㉠, ㉣

③ ㉡, ㉢

④ ㉡, ㉣

20 다음 식과 논리적으로 같은 것은?

$$(x + y \geq z \ \text{AND} \ (x + y \geq z \ \text{OR} \ x - y \leq z) \ \text{AND} \ x - y > z) \ \text{OR} \ x + y < z$$

① $x + y < z$

② $x - y > z$

③ $x + y \geq z \ \text{OR} \ x - y \leq z$

④ $x + y < z \ \text{OR} \ x - y > z$

---

18 히프(heap) … 완전 이진 트리에 있는 노드 중에서 키 값이 가장 큰 노드나 키 값이 가장 작은 노드를 찾기 위해서 만든 자료구조
- **최대 히프**(max heap) : 키 값이 가장 큰 노드를 찾기 위한 완전 이진 트리
  - 부모노드의 키 값 ≥ 자식노드의 키 값
  - 루트 노드 : 키 값이 가장 큰 노드
- **최소 히프**(min heap) : 키 값이 가장 작은 노드를 찾기 위한 완전 이진 트리
  - 부모노드의 키 값 ≤ 자식노드의 키 값
  - 루트 노드 : 키 값이 가장 작은 노드

19 CSMA/CD(Carrier Sense Multiple Access with Collision Detection) : 이더넷에서 사용하는 통신 방식으로 버스에 연결된 여러 통신 주체들이 동시에 통신을 하게 되어 발생하는 충돌을 막기 위해서 사용하는 프로토콜

20 • (<u>x + y ≥ z</u> AND (x + y ≥ z OR x − y ≤ z) AND x − y > z) OR x + y < z
  → A 라고 가정 →(x + y ≥ z 조건과 A' → x + y < z 조건은 반대 되는 식
- (x + y ≥ z AND (x + y ≥ z OR <u>x − y ≤ z</u>) AND <u>x − y > z</u>) OR x + y < z
  → B → <u>x − y ≤ z</u> 조건과 B' → <u>x − y > z</u> 조건은 반대 되는 식

(A and(A or B)and B')or A'

(A · (A+B) · B')+A' →분배법칙

(A+AB) · B')+A'

(A · B')+A' →분배법칙

B'+A'

A'+B'

A' → x + y < z or B' → <u>x − y > z</u>

<u>결과 : x + y < z or x − y > z</u>

---

1 C 프로그램을 컴파일하면 〈보기〉와 같은 것들이 실행된다. 이 중 3번째로 실행되는 것은?

〈보기〉
링커(linker), 어셈블러(assembler), 전처리기(preprocessor), 컴파일러(compiler)

① 링커(linker)

② 어셈블러(assembler)

③ 전처리기(preprocessor)

④ 컴파일러(compiler)

2 유닉스 파일 시스템에 대한 설명으로 가장 옳지 않은 것은?

① 슈퍼블록은 전체 블록의 수, 블록의 크기, 사용 중인 블록의 수 등 파일 시스템의 정보를 가지고 있다.

② 아이노드는 파일의 종류, 크기, 소유자, 접근 권한 등 각종 속성 정보를 가지고 있다.

③ 파일마다 데이터 블록, 아이노드 외에 직접 블록 포인터와 단일·이중 삼중 간접 블록 포인터로 구성된 인덱스 정보를 가진 인덱스 블록을 별도로 가지고 있다.

④ 디렉터리는 하위 파일들의 이름과 아이노드 포인터 (또는 아이노드 번호)를 포함하는 디렉터리 엔트리들로 구성한다.

3 〈보기〉는 8비트에 부호 있는 2의 보수 표현법으로 작성한 이진수이다. 이에 해당하는 십진 정수는?

> 〈보기〉
> 1 0 1 1 1 1 0 0

① −60

② −68

③ 94

④ 188

---

1 실행파일 순서 … 코드작성 – 전처리기(preprocessor) → 컴파일러(compiler) → 어셈블러(assembler) → 링커(Linker) → 실행파일 생성

③ **전처리기**(preprocessor) : 전처리 프로그램으로 컴퓨터 처리에서 중심적인 처리를 행하는 프로그램의 조건에 맞추기 위한 사전 처리나 사전 준비적인 계산 또는 편성을 행하는 프로그램

④ **컴파일러**(compiler) : 고급언어로 쓰인 프로그램을 그와 의미적으로 동등하며 컴퓨터에서 즉시 실행될 수 있는 형태의 목적 프로그램으로 바꾸어 주는 번역 프로그램

② **어셈블러**(assembler) : 기호언어로 쓰인 프로그램을 컴퓨터가 해독할 수 있는 코드로 고치기 위한 프로그램

① **링커**(linker) : 링커 (linker) 또는 링크 에디터 (link editor)는 컴퓨터 과학에서 컴파일러가 만들어낸 하나 이상의 목적 파일을 가져와 이를 단일 실행 프로그램으로 병합하는 프로그램

2 • **유닉스 파일 시스템**(UNIX File System, UFS) : 유닉스 및 유닉스 계열 운영체제에 쓰이는 파일 시스템 또는 그 개념
  • **유닉스 커널** : 모든 파일들을 바이트 단위의 스트림으로 간주
  • **파일과 데이터 블록**
    – 파일 : 마지막 영역에 단편을 가진 고정 크기의 데이터 블록의 배열로서 저장
    – 데이터 블록 : I-노드에 있는 포인터에 의해 검색되며 엔트리는 i-노드를 가짐

3 1의 보수로 변환한뒤 결과값 오른쪽 끝자리에 1을 더해준뒤 2의 보수를 구한다.
왼쪽 첫 자리는 부호자리이다.

정답 및 해설 1.② 2.③ 3.②

4 〈보기〉가 설명하는 것은?

> 〈보기〉
>
> 다음에 실행할 명령어의 주소를 보관하는 레지스터 이다. 계수기로 되어 있어 실행할 명령어를 메모리에서 읽으면 명령어의 길이만큼 증가하여 다음 명령어를 가리키며, 분기 명령어는 목적 주소로 갱신할 수 있다.

① 명령어 레지스터
② 프로그램 카운터
③ 데이터 레지스터
④ 주소 레지스터

5 운영체제에서 가상 메모리의 페이지 교체 기법에 대한 설명으로 가장 옳지 않은 것은?

① FIFO 기법에서는 아무리 참조가 많이 된 페이지라도 교체될 수 있다.
② LRU 기법을 위해서는 적재된 페이지들의 참조된 시간 또는 순서에 대한 정보가 필요하다.
③ Second-chance 기법에서는 참조 비트가 0인 페이지는 교체되지 않는다.
④ LFU 기법은 많이 참조된 페이지는 앞으로도 참조될 확률이 높을 것이란 판단에 근거한 기법이다.

6 네트워킹 장비에 대한 설명으로 가장 옳지 않은 것은?

① 라우터(router)는 데이터 전송을 위한 최선의 경로를 결정한다.
② 허브(hub)는 전달받은 신호를 그와 케이블로 연결된 모든 노드들에 전달한다.
③ 스위치(switch)는 보안(security) 및 트래픽(traffic) 관리 기능도 제공할 수 있다.
④ 브리지(bridge)는 한 네트워크 세그먼트에서 들어온 데이터를 그의 물리적 주소에 관계없이 무조건 다른 세그먼트로 전달한다.

7 다음의 정렬된 데이터에서 2진 탐색을 수행하여 C를 찾으려고 한다. 몇 번의 비교를 거쳐야 C를 찾을 수 있는가? (단, 비교는 '크다', '작다', '같다' 중의 하나로 수행되고, '같다'가 도출될 때까지 반복된다.)

> A B C D E F G H I J K L M N O

① 1번   ② 2번

③ 3번   ④ 4번

---

4 ② 프로그램 카운터(program counter) : 프로그램 카운터전자용어사전 컴퓨터에서의 제어 장치의 일부로, 컴퓨터가 다음에 실행할 명령의 로케이션이 기억되어 있는 레지스터
   ① 명령어 레지스터(instruction register) : 현재 실행 중인 명령어를 기억하고 있는 중앙 처리 장치 내의 레지스터
   ③ 데이터 레지스터(data register) : 데이터의 일시적인 저장에 사용되는 특정의 레지스터
   ④ 주소 레지스터(address register) : 기억장치안에서 처리하는 데이터의 주소를 넣어 두는 레지스터

5 ※ 페이지 교체 알고리즘
   1) FIFO(선입선출) : 각 페이지가 주기억장치에 가장 먼저 들어와서 가장 오래 있었던 페이지를 교체
   2) LFU(최소빈도사용) : 사용빈도가 가장 적은 페이지 교체
   3) LRU(최근최소사용) : 가장 오랫동안 사용하지 않은 페이지 교체
   4) NUR(최근사용전문) : 최근에 사용하지 않은 페이지 교체
   5) OPT(최적교체) : 앞으로 가장 오랫동안 사용하지 않을 페이지를 교체
   6) SCR(2차기회교체) : 가장 오랫동안 주기억장치에 있던 페이지 중에서 자주 사용되는 페이지의 교체를 방지
     – SCR(Second Chance Replacement) : FIFO 기법의 단점을 보완하는 기법으로 교체 대상을 판별하기 전에 참조 비트를 검사하여 1일 때 한 번의 기회를 더 부여 하며 참조 비트가 1이면 큐의 맨 뒤로 피드백

6 브리지(Bridge) : 두 개의 근거리통신망(LAN)을 서로 연결해 주는 통신망 연결 장치.

7 이진탐색 … 탐색 대상을 찾기 위해 자료를 1/2로 나누어 탐색하는 기법으로 배열의 크기에 관계없이 빠르게 탐색을 할 경우에 사용한다.

인덱스번호	1	2	3	4	5	6	7	8	9	10	11	12	13	14	15
원소	A	B	C	D	E	F	G	H	I	J	K	L	M	N	O

첫 번째로 (1+15)/2 = 8
두 번째로 (1+7)/2=4
세 번째로 (1+3)/2=2
네 번째로 (3+3)/2=3

정답 및 해설 4.② 5.③ 6.④ 7.④

8 인터넷 서비스 관련 용어들에 대한 설명으로 가장 옳지 않은 것은?

① ASP는 동적 맞춤형 웹페이지의 구현을 위해 사용된다.

② URL은 인터넷상에서 문서나 파일의 위치를 나타낸다.

③ HTML은 웹문서의 전달을 위한 통신 규약이다.

④ SSL은 안전한 웹통신을 위한 암호화를 위해 사용된다.

9 〈보기〉의 배열 A에 n개의 원소가 있다고 가정하자. 다음 의사코드에 대한 설명으로 가장 옳지 않은 것은?

```
                              〈보기〉
Function(A[ ], n)
{
for last ←n downto 2 // last를 n에서 2까지 1씩
감소
for i←1 to last−1
if (A[i]>A[i+1]) then A[i]↔A[i+1];//A[i]와
A[i+1]를 교환
}
```

① 제일 큰 원소를 끝자리로 옮기는 작업을 반복한다.

② 선택 정렬을 설명하는 의사코드이다.

③ O(n2)의 수행 시간을 가진다.

④ 두 번째 for 루프의 역할은 가장 큰 원소를 맨 오른쪽으로 보내는 것이다.

10 어떤 시스템은 7비트의 데이터에 홀수 패리티 비트를 최상위 비트에 추가하여 8비트로 표현하여 저장한다. 다음과 같은 데이터를 저장 장치에서 읽어 왔을 때 오류가 발생한 경우는?

① 011010111

② 101101111

③ 011001110

④ 101001101

---

8 ③ HTML(Hypertext Markup Language) : 웹 문서를 만들기 위하여 사용하는 기본적인 웹 언어의 한 종류로 하이퍼텍스트를 작성하기 위해 개발.
HTTP : 웹문서의 전달을 위한 통신 규약.

9 버블정렬(bubble sort) : 거품정렬이라고도 하며 서로 이웃한 데이터들을 비교하며 가장 큰 데이터를 가장 뒤로 보내며 정렬하는 방식

10 홀수가 아닌 경우 잘못된 데이터이기 때문에 홀수가 아닌 데이터를 찾는다.

정답 및 해설 8.③ 9.② 10.①

11 〈보기〉의 Java 프로그램의 실행 결과는?

〈보기〉

```
class A {
public void f() { System.out.print("1"); }
public static void g() { System.out.print("2"); }
}
class B extends A {
public void f() { System.out.print("3"); }
}
class C extends B {
public static void g() { System.out.print("4"); }
}
public class D {
public static void main(String args[]) {
A obj = new C();
obj.f();
obj.g();
}
}
```

① 3 2
③ 1 2

② 3 4
④ 1 4

12 고객, 제품, 주문, 배송업체 테이블을 가진 판매 데이터 베이스를 SQL을 이용해 구축하고자 한다. 각 테이블이 〈보기〉와 같은 속성을 가진다고 가정할 때, 다음 중 가장 옳지 않은 SQL문은? (단, 밑줄은 기본키를 의미한다.)

〈보기〉

- 고객(<u>고객아이디</u>, 고객이름, 나이, 등급, 직업, 적립금)
- 제품(<u>제품번호</u>, 제품명, 재고량, 단가, 제조업체)
- 주문(<u>주문번호</u>, 주문제품, 주문고객, 수량, 배송지, 주문일자)
- 배송업체(<u>업체번호</u>, 업체명, 주소, 전화번호)

① 고객 테이블에 가입 날짜를 추가한다. →
"ALTER TABLE 고객 ADD 가입 날짜 DATE;"

② 주문 테이블에서 배송지를 삭제한다. →
"ALTER TABLE 주문 DROP COLUMN 배송지;"

③ 고객 테이블에 18세 이상의 고객만 가입 가능하다는 무결성 제약 조건을 추가한다. →
"ALTER TABLE 고객 ADD CONSTRAINT CHK_AGE CHECK(나이〉=18);"

④ 배송업체 테이블을 삭제한다. →
"ALTER TABLE 배송업체 DROP;"

---

11 오버라이딩 ··· 객체 지향 프로그래밍에서 서브클래스 또는 자식 클래스가 자신의 슈퍼클래스들 또는 부모 클래스들 중 하나에 의해 이미 제공된 메소드를 특정한 형태로 구현하는 것을 제공하는 언어의 특징
• 클래스는 A클래스를 상속 받는 B클래스와 B클래스를 상속받는 C클래스로 구성

– 먼저 A obj = new C();의 형태로 객체를 생성 할 경우 상속되는 클래스는 오버라이딩을 적용
– obj.f(); method를 호출   A클래스의 f()method를 재정의
          B클래스의 f()method가 수행
          <u>3 출력</u>
– obj.g(); method를 호출   C클래스의 g()method가 수행한 것처럼 오류
– A클래스의 g()method: static은 오버라이딩 되지 않고 A클래스의 g()method 수행시켜 <u>2 출력</u>
<u>결과 : 3, 2</u>

12 ④ 배송업체 테이블을 삭제 한다. →<u>DROP TABLE</u> 배송업체;
 →DROP TABLE : 테이블 전체 삭제

13 〈보기〉의 UML 다이어그램 중 시스템의 구조(structure) 보다는 주로 동작(behavior)을 묘사하는 다이어그램들만 고른 것은?

〈보기〉

㉠ 클래스 다이어그램(class diagram)
㉡ 상태 다이어그램(state diagram)
㉢ 시퀀스 다이어그램(sequence diagram)
㉣ 패키지 다이어그램(package diagram)
㉤ 배치 다이어그램(deployment diagram)

---

① ㉠, ㉣
② ㉡, ㉢
③ ㉡, ㉤
④ ㉢, ㉣

14 〈보기 1〉의 테이블 R에 대해 〈보기 2〉의 SQL을 수행한 결과로 옳은 것은?

〈보기 1〉

A	B
3	1
2	4
3	2
2	5
3	3
1	5

〈보기 2〉

SELECT SUM(B) FROM R GROUP BY A
HAVING COUNT(B) = 2;

---

① 2
② 5
③ 6
④ 9

15 〈보기〉는 데이터가 정렬되는 단계를 일부 보여준 것이다. 어떤 정렬 알고리즘을 사용하면 이와 같은 데이터의 자리 교환이 일어나겠는가? (단, 제일 위의 행이 주어진 데이터이고, 아래로 내려갈수록 정렬이 진행되는 것이다.)

〈보기〉	
초기 데이터	8 9 4 3 7 1 5 2
	8 9 3 4 1 7 2 5
	3 4 8 9 1 2 5 7
정렬 데이터	1 2 3 4 5 7 8 9

① 삽입 정렬

② 선택 정렬

③ 합병 정렬

④ 퀵 정렬

---

13 • UML(Unified Modeling Language) ··· UNL은 클래스만을 그리는 도구는 아니고 객체 지향 설계 시에 사용되는 일반적인 모델링 언어
• 상태 다이어그램(statechart diagram)
  – 객체의 상태추이를 표현
  – 한 객체의 상태변화를 다이어그램으로 나타낸 것
  – 시스템의 실행 시 객체의 상태는 메시지를 주고 받음 or 어떠한 이벤트 발생으로 변화가 발생할 수 있음
  – 모든 객체의 상태 전부를 표시하는 것은 불가능 하므로 특별히 관심을 가져야 할 객체에 관하여 그리고 특정 조건에 만족하는 기간 동안의 상태를 표시
• 시퀀스 다이어그램
  – 객체 간의 상호작용(메시지 교환)을 표현
  – 시스템의 동적인 면을 나타냄
  – 시스템 실행 시 생성되고 소멸되는 객체를 표기하고 객체들 사이에 주고받는 메시지를 나타냄
  – 횡축을 시간축으로 하여 시간의 흐름을 나타내어 메시지의 순서에 역점을 둠

14 SELECT SUM(B) FROM R GROUP BY A HAVING COUNT(B) = 2;
→A그룹에서 2인 값을 검색하여 B속성에서 값을 선택한 뒤 합계를 구하면 4+5=9 가 된다.

15 ③ 합병 정렬 : 배열을 하나의 원소가 될 때까지 분할한 후 분할된 두 그룹을 임시 저장공간에 작은 키값을 가지는 레코드부터 저장을 하며 합병이 이루어지며 이 과정을 반복하면 다시 원래 크기의 배열로 정렬되면서 완료된다.

정답 및 해설 13.② 14.④ 15.③

16 〈보기〉의 각 설명과 일치하는 데이터 구조로 바르게 짝지어진 것은?

〈보기〉

㈎ 먼저 추가된 항목이 먼저 제거된다.

㈏ 먼저 추가된 항목이 나중에 제거된다.

㈐ 항목이 추가된 순서에 상관없이 제거된다.

	㈎	㈏	㈐
①	큐	연결리스트	스택
②	스택	연결리스트	큐
③	스택	큐	연결리스트
④	큐	스택	연결리스트

17 전화번호의 마지막 네 자리를 3으로 나눈 나머지를 해싱(hashing)하여 데이터베이스에 저장하고자 한다. 나머지 셋과 다른 저장 장소에 저장되는 것은?

① 010-4021-6718

② 010-9615-4815

③ 010-7290-6027

④ 010-2851-5232

18 다음 메모리 영역 중 전역 변수가 저장되는 영역은?

① 데이터(Data)

② 스택(Stack)

③ 텍스트(Text)

④ 힙(Heap)

16

	〈보기〉
(개) 먼저 추가된 항목이 먼저 제거된다.	FIFO → 큐
(내) 먼저 추가된 항목이 나중에 제거된다.	FILO → 스택
(대) 항목이 추가된 순서에 상관없이 제거된다.	연결리스트

- **큐(queue)** : 한쪽 끝으로 자료를 넣고, 반대쪽에서는 자료를 뺄 수 있는 선형구조
- **스택(stack)** : 모든 원소들의 삽입(insert)과 삭제(delete)가 리스트의 한쪽 끝에서만 수행되는 제한 조건을 가지는 선형 자료구조(linear data structure)로서, 삽입과 삭제가 일어나는 리스트의 끝을 top이라 하고, 다른 한쪽 끝을 bottom이라 한다.
- **연결 리스트(linked list)** : 각 데이터들을 포인터로 연결하여 관리하는 구조다. 연결 리스트에서는 노드라는 새로운 개념이 나오는데, 각 노드는 데이터를 저장하는 데이터 영역과 다음 데이터가 저장된 노드를 가리키는 포인터 영역으로 구성된다.

17 해싱(hashing) … '해시(hash)'는 잘게 자른 조각을 뜻하며, 전산 처리에서 '해싱(hashing)'은 디지털 숫자열을 원래의 것을 상징하는 더 짧은 길이의 값이나 키로 변환하는 것을 의미한다. 짧은 해시 키를 사용해 항목을 찾으면 원래의 값을 이용해서 찾는 것보다 더 빠르기 때문에, 해싱은 데이터베이스 내 항목들을 색인하고 검색하는 데 사용한다.

– 전화번호 마지막 네자리를 3으로 나눈 결과값을 찾는다.

① 6718 / 3 = 1

② 4815 / 3 = 0

③ 6024 / 3 = 0

④ 5232 / 3 = 0

18 ① 데이터(Data)
- 초기화 된 전역, 정적 변수가 저장되는 공간
- bss영역과 하나로 보는 경우가 많음
- 텍스트 영역보다 높은 주소

② 스택(Stack) : 예외적으로 높은영역에서 낮은영역으로 주소가 할당되는 공간, 지역변수가 저장됨

③ 텍스트(Text)
- 작성한 코드가 기계어로 변환되는 영역, EIP는 해당 코드의 흐름을 읽는 레지스트리
- 가장 낮은 주소

④ 힙(Heap) : 자유영역으로서 주소가 점점 커짐, 동적으로 할당된 메모리가 저장되는 공간

정답 및 해설 16.④ 17.① 18.①

19 UML(Unified Modeling Language)에 대한 설명으로 가장 옳지 않은 것은?

① UML은 방법론으로, 단계별로 어떻게 작업해야 하는지 자세하게 나타낸다.

② UML은 소프트웨어의 구성요소와 그것들의 관계 및 상호작용을 시각화한 것.

③ UML은 객체지향 소프트웨어를 모델링하는 표준 그래픽 언어로, 심벌과 그림을 사용해 객체지향 개념을 나타낼 수 있다.

④ UML은 소프트웨어 개발의 중요한 작업인 분석, 설계, 구현의 정확하고 완벽한 모델을 제공

19 UML(Unified Modeling Language)

클래스만을 그리는 도구는 아니고 객체 지향 설계 시에 사용되는 일반적인 모델링 언어

특징 : 가시화언어, 시각적 모형 제공, 구축언어, 특정 프로그램 언어에 종속되지 않으며 명세화 언어

※ UML의 주요 다이어그램

　㉠ 유스케이스 다이어그램

　　• 시스템의 기능과 유저를 표현

　　• 컴퓨터 시스템과 사용자가 상호작용 하는 경우

　㉡ 클래스 다이어그램

　　• 시스템의 정적인 구조를 표현

　　• 시스템 내부에 존재하는 클래스들을 나타내고 각 클래스의 속성과 행위를 기입

　　• 클래스들 사이에 여러 가지 관계를 가짐 ex) 연관, 복합, 집합, 상속, 의존 관계 등

　　• 클래스 다이어그램을 그릴 때는 추상화 단계를 고려하여 그려야 함(너무 상세한 내용을 기입X)

　㉢ 시퀀스 다이어그램

　　• 객체간의 상호작용(메시지 교환)을 표현

　　• 시스템의 동적인 면을 나타냄

　　• 시스템 실행시 생성되고 소멸되는 객체를 표기하고 객체들 사이에 주고받는 메시지를 나타냄

　　• 횡축을 시간축으로 하여 시간의 흐름을 나타내어 메시지의 순서에 역점을 둠

　㉣ 콜레버레이션 다이어그램

　　• 객체간의 상호작용(메시지 교환)을 표현

　　• 시퀀스 다이어그램과 차이점은 객체와 객체들 사이의 관계 또한 표기

　㉤ 객체 다이어그램

　　• 시스템 어느 시점에서의(스냅샷의) 정적인 구조를 표현

　　• 클래스 다이어그램을 구체화 시킨 것이라고 할 수 있음

　㉥ 상태 다이어그램 (statechart diagram)

　　• 객체의 상태추이를 표현

　　• 한 객체의 상태변화를 다이어그램으로 나타낸 것

　　• 시스템의 실행 시 객체의 상태는 메시지를 주고 받음 or 어떠한 이벤트 발생으로 변화가 발생할 수 있음

　　• 모든 객체의 상태 전부를 표시하는 것은 불가능 하므로 특별히 관심을 가져야 할 객체에 관하여 그리고 특정 조건에 만족하는 기간 동안의 상태를 표시

　㉦ 액티비티 다이어그램

　　• 처리나 업무의 흐름을 표현

　　• 시스템 내부에 존재하는 여러가지 행위, 각 행위의 분기, 분기되는 조건 등을 모두 포함

　　• 기존의 플로우차트와 다른 점은 어떠한 행위에 따라 객체의 상태를 표기할 수 있다는 점

　㉧ 디플로이먼트 다이어그램, 컴포넌트 다이어그램

　　• 시스템의 물리적인 부분의 구성을 나타냄

　　• 디플로이먼트 다이어그램은 실제 하드웨어적 배치와 연결상태를 나타냄

　　• 컴포넌트 다이어그램은 소프트웨어의 물리적 단위의 구성과 연결상태를 나타냄

정답 및 해설 19.①

20 〈보기〉의 C 프로그램을 실행했을 때, 화면에 출력되는 값은? (단, 프로그램의 첫 번째 열의 숫자는 행 번호 이고 프로그램의 일부는 아님.)

〈보기〉

```
1 #include <stdio.h>
2 #include <stdlib.h>
3 #define N 3
4 int main(void){
5    int (*in)[N], *out, sum=0;
6
7    in=(int(*)[N])malloc(N*N*sizeof(int));
8    out=(int *)in;
9
10   for (int i=0; i < N*N; i++)
11   out[i]=i;
12
13   for (int i=0; i < N; i++)
14     sum+=in[i][i];
15
16   printf("%d", sum);
17   return 0;
18 }
```

① 0 ② 3

③ 6 ④ 12

20

〈보기〉

```
1 #include 〈stdio.h〉  → 헤더파일 설정
2 #include 〈stdlib.h〉  → 헤더파일 설정
3 #define N 3   → 매크로 설정
4 int main(void){
5    int (*in)[N], *out, sum=0;
6       배열포인터
          캐스팅(형변환)
7    in=(int (*)[N])malloc(N*N*sizeof(int));
                    malloc으로 동적생성
8    out=(int *)in;
         int 형으로 캐스팅(형변환)
9
10   for (int i=0; i 〈 N*N; i++)
                  i를 3*3 즉 9까지 반복시킨다.
11   out[i]=i;   → out이라는 포인터변수는
12
13   for (int i=0; i 〈 N; i++) → i를 0,1,2 반복시킨다.
14      sum+=in[i][i]; → sum+=in[i][i]; 값을 누적시킨다.
15         in[0][0],in[1][1],in[2][2] 누적시킨다.


16   printf("%d", sum);
17   return 0;
18 }
```

	0	1	2
0	0	1	2
1	3	4	5
2	6	7	8

• 배열포인터 : 열을 지정할수 있는 포인터로 배열을 가리키는 포인터.

7 in=(int (*)[N])malloc(N*N*sizeof(int)); 와 같은 코드로 동적할당 하게되면 N개의 행으로 나누어 동적 할당 된다.

8 out=(int *)in; 에 의해 in과 out는 같은 곳을 가리키는 포인터가 되며, 10~11줄에 의해 0부터8까지의 값으로 차례대로 초기화.

```
0 1 2
3 4 5
6 7 8
```

	0	1	2
0	0	1	2
1	3	4	5
2	6	7	8

13~14 줄에서는 이러한 배열포인터 in 으로 배열을 접근하게 되는데, in[0][0], in[1][1], in[2][2]를 접근하면서 sum에 누적하면 12가 출력

정답 및 해설 20.④

1 인터프리터(Interpreter) 방식의 언어로 옳지 않은 것은?

① JavaScript   ② C

③ Basic   ④ LISP

2 CPU 스케줄링 기법 중 라운드 로빈(Round Robin) 방식에 대한 설명으로 옳지 않은 것은?

① 선점 스케줄링 기법이다.

② 여러 프로세스에 일정한 시간을 할당한다.

③ 시간할당량이 작으면 문맥 교환수와 오버헤드가 증가한다.

④ FIFO(First-In-First-Out) 방식 대비 높은 처리량을 제공한다.

3 프로세서의 수를 늘려도 속도를 개선하는 데 한계가 있다는 주장으로서, 병렬처리 프로세서의
성능 향상의 한계를 지적한 법칙은?

① 무어의 법칙(Moore's Law)

② 암달의 법칙(Amdahl's Law)

③ 구스타프슨의 법칙(Gustafson's Law)

④ 폰노이만 아키텍처(von Neumann Architecture)

1 ② C : 컴파일러 언어의 종류로 모든 컴퓨터 시스템에서 사용할 수 있도록 설계된 프로그래밍 언어이다. 다양한
플랫폼에서 비교적 동일한 구현이 가능하며 시스템 프로그램 개발이 매우 적합하며 응용 프로그램 개발에도
많이 쓰인다.
※ 인터프리터 방식의 언어는 사람이 이해할 수 있는 고급언어로 작성된 코드를 한 단계씩 해석하여 실행시키는
방법이다.
① JavaScript : 정적인 HTML 문서와 달리 동적인 화면을 웹페이지에 구현하기 위해 사용하는 스크립트 언어이다.
③ Basic : 절차형 언어로 교육용으로 개발되어 문법이 쉬운 언어이다. 다양한 종류의 베이직이 존재하며 소스
코드는 서로 호환되지 않는다.
④ LISP : 인공지능 소프트웨어를 만들기 위하여 사용하는 프로그래밍 언어 중 하나로 기본 자료구조가 연결 리
스트를 사용한다.

2 • 스케줄링 기법은 사용 중인 프로세스에서 자원을 **빼앗을** 수 있는지의 여부에 따라 선점 스케줄링 기법과 비
선점 스케줄링 기법이 있다.
• 선점형 스케줄링 알고리즘에는 SRT, RR, MQ가 있다.
※ 라운드 로빈(Round Robin) … 프로세스들 사이에 우선순위를 두지 않고, 순서대로 시간 단위로 CPU를 할당
하는 방식이다. 보통 시간 단위는 10ms~100ms 정도이고 시간 단위 동안 수행한 프로세스는 준비 큐의 끝
으로 밀려나게 된다. 문맥 전환의 오버헤드가 큰 반면, 응답시간이 짧아지는 장점이 있어 실시간 시스템에
유리하고, 할당되는 시간이 클 경우 비선점 FIFO 기법과 같아지게 된다.

3 ② **암달의 법칙(Amdahl's Law)** : 병렬처리 프로그램에서 순차처리되는 명령문들이 프로세서의 수를 추가하더라
도 실행 속도 향상을 제한하는 요소를 갖고 있다는 법칙으로 최적 비용 최적 시스템 구현 근거가 된다.
① **무어의 법칙(Moore's Law)** : Intel의 고든 무어가 제창한 법칙으로 "CPU칩의 가격은 매 18개월 마다 절반으
로 떨어지고 성능은 18개월마다 2배로 증가한다"는 법칙이다.
③ **구스타프슨의 법칙(Gustafson's Law)** : 컴퓨터과학에서 대용량 데이터 처리는 효과적으로 병렬화할 수 있다
는 법칙이다.
④ **폰노이만 아키텍처(von Neumann Architecture)** : 메모리에 명령어와 데이터를 함께 저장하며, 데이터는 메
모리에서 읽기/쓰기가 가능하나, 명령어는 메모리에서 읽기만 가능하다.

정답 및 해설 1.② 2.④ 3.②

4 교착상태 발생의 조건에 대한 설명으로 옳지 않은 것은?

① 상호 배제 조건 : 최소나의 자원이 비공유 모드로 점유되며, 비공유 모드에서는 한 번에 한 프로세스만 해당 자원을 사용할 수 있다.

② 점유와 대기 조건 : 프로세스는 최소한 하나의 자원을 점유한 채, 현재 다른 프로세스에 의해 점유된 자원을 추가로 얻기 위해 반드시 대기해야 한다.

③ 비선점 조건 : 프로세스에 할당된 자원은 사용이 끝날 때까지 다른 프로세스가 강제로 빼앗을 수 없다.

④ 순환 대기 조건 : 대기 체인 내 프로세스들의 집합에서 이전 프로세스는 다음 프로세스가 점유한 자원을 대기하고, 마지막 프로세스는 자원을 대기하지 않아야 한다.

5 CPU(중앙처리장치)의 성능 향상을 위해 한 명령어 사이클 동안 여러 개의 명령어를 동시에 처리할 수 있도록 설계한 CPU구조는?

① 슈퍼스칼라(Superscalar)

② 분기 예측(Branch Prediction)

③ VLIW(Very Long Instruction Word)

④ SIMD(Single Instruction Multiple Data)

6 캐시기억장치 접근시간이 20ns, 주기억장치 접근시간이 150ns, 캐시기억장치 적중률이 80%인 경우에 평균 기억장치 접근시간은? (단, 기억장치는 캐시와 주기억장치로만 구성된다)

① 32ns

② 46ns

③ 124ns

④ 170ns

4 교착상태란 다중 프로그래밍 환경에서 서로 다른 프로세스들이 상호 간에 점유하고 있는 자원 사용을 요청하였으나 요청한 자원을 영원히 사용할 수 없는 상황이다.

※ 교착상태 발생 필요조건
  ㉠ 상호배제 : 한 번에 한 개의 프로세스만 공유자원 사용 가능
  ㉡ 점유 및 대기 : 자원을 가지고 있는 상태에서 다른 프로세스가 사용하고 있는 자원의 반납을 기다리는 것
  ㉢ 비선점 : 다른 프로세스에 할당된 자원을 사용종료 될 때까지 강제로 못 뺏음.
  ㉣ 환형대기 : 공유자원과 공유자원을 사용하기 위해 대기하는 프로세스들이 원형으로 구성

5 ① 슈퍼스칼라(Superscalar) : 한 프로세서 사이클 동안에 하나 이상의 명령어를 실행시킬 수 있는 프로세서 아키텍처를 가리키는 용어이다.
② 분기 예측(Branch Prediction) : 명령이 분기하는지 여부를 미리 예측하였다가 분기하면 파이프라인에 유입된 명령을 변화시켜 처리 지연이 발생하지 않도록 하는 방지기술이다.
③ VLIW(Very Long Instruction Word) : 명령어의 실행개수를 늘리는 구조로 여러개의 명령어를 아주 긴 하나로 복합하여 병렬 고속 처리하는 방식이다.
④ SIMD(Single Instruction Multiple Data) : 병렬 프로세서의 한 종류로, 하나의 명령어로 여러개의 값을 동시에 계산하는 방식이다.

6 • 캐시기억장치는 중앙처리장치와 주기억장치 사이에 있는 메모리로 중앙처리장치의 동작과 동등한 속도로 접근할 수 있는 고속의 특수 소자로 구성되며, 자주 참조되는 주기억장치의 프로그램과 데이터를 먼저 이곳에 옮겨 놓은 후 처리되도록 함으로써 메모리 접근 시간을 감소시킨다.
• 적중률 : 주기억 장치에 기억된 내용은 프로세서 내부에서 정한 하나의 블록 단위로 캐시기억장치에 옮겨져서 한 명령씩 실행되고, 모두 처리가 끝나면 다시 주기억장치에서 다음 블록을 가져오게 한다. 프로세서가 처리할 명령이 캐시기억장치에 있는 경우를 적중이라 한다.
• 평균 기억장치 접근시간 = (캐시 접근시간 × 캐시 적중률) + (주기억장치 접근시간) × (1 − 캐시 적중률)
$$= (20\text{ns} \times 0.8) + (150\text{ns}) \times (1 - 0.8)$$
$$= (20\text{ns} \times 0.8) + (150\text{ns} \times 0.2) = 16 + 30 = 46\text{ns}$$

정답 및 해설 4.④ 5.① 6.②

7 아날로그 컴퓨터에 대한 설명으로 옳지 않은 것은?

① 입력형식은 부호, 코드화된 숫자, 문자, 기호이다.

② 출력형식은 곡선, 그래프 등이다.

③ 미적분 연산방식을 가지며, 정보처리속도가 빠르다.

④ 증폭회로 등으로 회로 구성을 한다.

8 RAID(Redundant Array of Inexpensive Disks)에 대한 설명으로 옳지 않은 것은?

① RAID-0은 디스크 스트라이핑(Disk Striping) 방식으로 중복 저장과 오류 검출 및 교정이 없는 방식이다.

② RAID-1은 디스크 미러링(Disk Mirroring) 방식으로 높은 신뢰도를 갖는다.

③ RAID-4는 데이터를 비트(bit) 단위로 여러 디스크에 분할하여 저장하는 방식이며, 별도의 패리티(parity) 디스크를 사용한다.

④ RAID-5는 별도의 패리티 디스크 대신 모든 디스크에 패리티 정보를 나누어 기록하는 방식이다.

9 다음 재귀 함수를 동일한 기능의 반복 함수로 바꿀 때, ㉠과 ㉡에 들어갈 내용을 바르게 연결한 것은?

```
int func (int n) {                    //재귀 함수
    if (n == 0)
            return 1;
    else
            return n * func (n - 1);
}
int iter_func (int n) {               //반복 함수
    int f = 1;
    while ( ___㉠___ )
            ___㉡___
    return f;
}
```

<table>
<thead>
<tr><th></th><th>㉠</th><th>㉡</th></tr>
</thead>
<tbody>
<tr><td>①</td><td>n < 0</td><td>f = f * n--;</td></tr>
<tr><td>②</td><td>n < 0</td><td>f = f * n++;</td></tr>
<tr><td>③</td><td>n > 0</td><td>f = f * n--;</td></tr>
<tr><td>④</td><td>n > 0</td><td>f = f * n++;</td></tr>
</tbody>
</table>

7 아날로그 컴퓨터는 온도, 전압, 무게와 같이 연속적으로 변화하는 데이터를 입력받아 필요한 연속정보를 산출하는 컴퓨터이다.

※ **입력형식** … 길이, 전류, 전압, 온도 등

8 ③ RAID-4 : RAID-3과 비슷한 형식으로서 2개 이상의 데이터 드라이브와 패리티 드라이브를 가지며 차이점은 데이터를 바이트 단위가 아닌 블록 단위로 분산 저장하므로 병목 현상을 줄이고 전송률이 향상된다.

※ **RAID**(Redundant Array of Inexpensive Disks)

- 여러 개의 하드디스크를 모아서 하나의 하드디스크처럼 사용할 수 있도록 하는 기술
- 하드디스크의 모음뿐만 아니라 자동으로 복제해 백업 정책을 구현해 주는 기술
- 미러링과 스트라이핑 기술을 결합하여 안정성과 속도를 향상시킨 디스크 연결 기술
- RAID-2 : 에러검출능력이 없는 드라이브를 위해 hamming 오류정정코드를 사용
- RAID-3 : 패리티 정보를 저장하고, 나머지 드라이브들 사이에 데이터를 바이트 단위로 분산

9 재귀(Recursion) 함수

- 작성한 코드로 함수를 다시 호출할 수 있도록 하는 함수를 재귀 함수라고 한다.
- 자신이 자신을 호출한다. 함수는 기본적으로 호출해서 한 번만 실행되지만 상황에 따라 여러 번 반복수행을 해야 한다.
- for문은 반복이 끝나면 리셋이 되어 함수가 호출이 되지 않아 반복적으로 수행할 수 없다.
- while은 조건이 만족하지 않으면 스스로 끝낼 수 있지만, 재귀 함수는 끝내는 조건을 체크하는 변수가 따로 있어야 한다.
- 반드시 종료시켜 줄 조건이 필요하며 그렇지 않으면 무한 반복된다.

※ 재귀 알고리즘의 성능 … 자기 자신을 호출하는 함수로 매개변수 n을 입력받아 1부터 n까지의 곱을 리턴하는 함수이다.

→재귀함수를 반복 함수로 변환하여 계산하면 n은 n부터 1씩 감소하여 0이 될 때까지 반복하기 때문에 while문의 조건에는 n > 0이 될 수 있다.

반복 처리해야 하는 명령문은 변수 f에 곱셈의 결과를 누적시켜야 함으로 f=f*n ; 명령이 적당하며 n의 값은 반복처리를 위해 1씩 감소를 해야 하기 때문에 f=f*n--;이 된다.

10 데이터의 종류 및 처리에 대한 설명으로 옳지 않은 것은?

① 크롤링(Crawling)을 통해 얻은 웹문서의 텍스트 데이터는 대표적인 정형 데이터(Structured Data)이다.

② XML로 작성된 IoT 센서 데이터는 반정형 데이터(Semi-structured Data)로 분류할 수 있다.

③ 반정형 데이터는 데이터 구조에 대한 메타 데이터(Meta-data)를 포함한다.

④ NoSQL과 Hadoop은 대규모 비정형 데이터(Unstructured Data) 처리에 적합하다.

11 페이지 부재율(Page Fault Ratio)과 스래싱(Trashing)에 대한 설명으로 옳은 것은?

① 페이지 부재율이 크면 스래싱이 적게 일어난다.

② 페이지 부재율과 스래싱은 전혀 관계가 없다.

③ 스래싱이 많이 발생하면 페이지 부재율이 감소한다.

④ 다중 프로그램의 정도가 높을수록 스래싱이 증가한다.

12 전자상거래 관련 기술 중 고객의 요구에 맞춰 자재조달에서부터 생산, 판매, 유통에 이르기까지 공급사슬 전체의 기능통합과 최적화를 지향하는 정보시스템은?

① ERP(Enterprise Resource Planning)

② EDI(Electronic Data Interchange)

③ SCM(Supply Chain Management)

④ KMS(Knowledge Management System)

13 프로토콜과 이에 대응하는 TCP/IP 프로토콜 계층 사이의 연결이 옳지 않은 것은?

① HTTP - 응용 계층

② SMTP - 데이터링크 계층

③ IP - 네트워크 계층

④ UDP - 전송 계층

10 ㉠ 크롤링(Crawling) : 웹 페이지를 그대로 가져와서 데이터를 추출해 내는 행위이며 크롤링하는 소프트웨어는 크롤러라고 부른다.

㉡ 정형 데이터 : 데이터베이스의 정해진 규칙에 맞게 들어간 데이터 중에 수치만으로 의미 파악이 쉬운 데이터

　예 값의 의미 파악이 쉽고, 규칙적인 값으로 데이터가 들어갈 경우

㉢ 비정형 데이터 : 정해진 규칙이 없어서 값의 의미를 쉽게 파악하기 힘든 경우

　예 텍스트, 음성, 영상과 같은 데이터가 비정형 데이터 범위에 속함

㉣ 반정형 데이터 : 반은 Semi를 말하며 완전한 정형이 아니라 약한 정형 데이터라는 의미이다.

　예 HTML, XML과 같은 포맷

11 ④ 다중 프로그래밍 정도 높아짐에 따라 CPU 이용률 어느 특정 시점까지 높아지지만, 더욱 커지면 스래싱이 발생하고 CPU 이용률이 급격히 감소한다.

※ 스래싱(Trashing) ⋯ 프로세스의 처리 시간보다 페이지 교체에 소요되는 시간이 더 많아지는 현상

12 ① ERP(Enterprise Resource Planning) : 기업 내 생산, 물류, 재무, 회계, 영업과 구매, 재고 등 경영 활동 프로세스 들을 통합적으로 연계해 관리해 주며, 기업에서 발생하는 정보들을 서로 공유하고 새로운 정보의 생성과 빠른 의사결정을 도와주는 전사적 자원관리 시스템 또는 전사적 통합 시스템을 말한다.

② EDI(Electronic Data Interchange) : 기업 간에 데이터를 효율적으로 교환하기 위해 지정한 데이터와 문서의 표준화 시스템이다.

④ KMS(Knowledge Management System) : 중소벤처기업부 전문용어 지식관리시스템으로서 기업 내 조직 구성원들의 다양한 개인적 경험 중에서 다른 이들도 사용할 수 있는 즉, 일반화될 수 있는 경험들을 다른 이들이 활용할 수 있는 형태로 변환하여 공유할 수 있도록 지원하는 시스템이다.

13 TCP/IP는 인터넷에 연결된 서로 다른 기종의 컴퓨터들이 데이터를 주고받을 수 있도록 하는 표준 프로토콜이다.

→OSI 참조모델은 7계층으로 나누었지만 TCP/IP는 4계층으로 나눈다.

OSI	TCP/IP
응용 프로그램 계층	**응용 프로그램 계층** • 사용자 응용 프로그램으로부터 요청을 받아서 이를 적절한 메시지로 변환하고 하위 계층으로 전달 • HTTP, FRP, SMTP, DNS, RIP, SNMP
표현 계층	
세션 계층	
전송 계층	**전송 계층** • IP에 의해 전달되는 패킷의 오류를 검사하고 재전송을 요구하는 등의 제어를 담당 • TCP, UCP
네트워크 계층	**인터넷 계층** • 전송계층에서 받은 패킷을 목적지까지 효율적으로 전달하는 것만 고려 • IP, ARP, ICMP, IGMP
데이터 링크 계층	**네트워크 인터페이스 계층** • 이더넷 카드 등으로 연결된 물리적인 네트워크를 의미 • Ethernet, Token Ring
물리 계층	

정답 및 해설 10.① 11.④ 12.③ 13.②

14 관계 데이터베이스 스키마 STUDENT(SNO, NAME, AGE)에 대하여 다음과 같은 SQL 질의 문장을 사용한다고 할 때, 이 SQL 문장과 동일한 의미의 관계대수식은? (단, STUDENT 스키 마에서 밑줄 친 속성은 기본키 속성을, 관계대수식에서 사용하는 관계대수 연산자 기호 π는 프로젝트 연산자를, σ는 셀렉트 연산자를 나타낸다)

〈SQL 질의문〉
SELECT SNO, NAME
FROM STUDENT
WHERE AGE 〉 20;

① $\sigma_{SNO,NAME}(\pi_{AGE > 20}(STUDENT))$

② $\pi_{SNO,NAME}(\sigma_{AGE > 20}(STUDENT))$

③ $\sigma_{AGE > 20}(\pi_{SNO,NAME}(STUDENT))$

④ $\pi_{AGE > 20}(\sigma_{SNO,NAME}(STUDENT))$

15 두 프로토콜 개체 사이에서 흐름제어와 오류제어 및 메시지 전달 등의 기능을 수행하며, 연결 성과 비연결성의 두 가지 운용모드를 제공하는 OSI 참조 모델 계층은?

① 데이터링크 계층(Datalink Layer)

② 네트워크 계층(Network Layer)

③ 전송 계층(Transport Layer)

④ 응용 계층(Application Layer)

16 소프트웨어 개발 언어에 대한 설명으로 옳지 않은 것은?

① C#은 마이크로소프트 닷넷 프레임워크를 지원하는 객체지향 언어이다.

② Python은 인터프리터 방식의 객체지향 언어로서 실행시점에 데이터 타입을 결정하는 동적 타 이핑 기능을 갖는다.

③ Kotlin은 그래픽 요소를 강화한 게임 개발 전용 언어이다.

④ Java는 컴파일된 프로그램이 JVM상에서 인터프리터 방식으로 실행되는 플랫폼 독립적 프로 그래밍 언어이다.

14 관계대수식

- 원하는 데이터를 얻기 위해 데이터를 어떻게 찾는지에 대한 처리 과정을 명시하는 절차적인 언어
- "STUDENT 테이블에서 AGE가 20을 초과한 튜플들의 속성 SNO와 NAME를 출력하라"
  - $\pi_{SNO, NAME}(\sigma_{AGE > 20}(STUDENT))$: 젝트(π)는 한 릴레이션에서 선택한 속성의 값으로 결과 릴레이션을 구성하는 연산자이다. Project 연산을 수행하면 중복된 결과가 나올 수 있다. 중복을 제거하는 데 시간이 너무 오래걸리기 때문에 쿼리문에 특별하게 명시하지 않을 경우 중복을 허용해서 결과가 나온다. →수직적 부분집합 개념
  - 셀렉트(σ)는 릴레이션에서 조건을 만족하는 튜플만 선택하여 결과 릴레이션을 구성하는 연산자이다. 조건식을 포함하여서 원하는 튜플을 선택한다. 조건식에서는 비교 연산자〉, ≥, =, ≠, 〈, ≤)와 논리연산자(and, or, not)를 이용한다.
    →수평적 부분집합 개념

15 OSI 참조 모델 계층

OSI 7계층	
응용 계층(7)	응용 프로세스 간의 정보교환 Telnet, FTP
표현 계층(6)	암호화, 압축, 문맥 관리 상이한 데이터 표현을 서로 가능케 하는 표준 인터페이스 제공
세션 계층(5)	세션의 연결과 조정 담당 동기화 기능 제공, 데이터 전송 방향 결정
전송 계층(4)	송수신 시스템 간의 신뢰성 제공, 연결된 두 장치 간의 신뢰성 있는 데이터 전송 오류검출, 코드를 추가하고 통신 흐름 제어 제공
네트워크 계층(3)	정보 교환과 중계, 패킷 전송의 최적의 경로를 찾아주는 라우팅 기능 제공, 라우터
데이터 링크 계층(2)	데이터전송을 위해 전송방식, 에러 검출 및 처리, 상황에 따른 데이터 흐름의 조절, 브리지, 스위치
물리 계층(1)	통신에 사용하는 물리적인 전송매체, 케이블, 허브, 리피터

16 Kotlin(기존 Android용 App은 JAVA가 주류를 이루었으나 Kotlin이 점차 대체)

- Jetbrains이라는 회사에서 개발된 Kotlin은 2017년 Google에서 Android용 개발 주요 언어로 채택하면서 점차 사용률이 증가하고 있다.
- Android Flatform API를 통해 Android Runtime 상위에서 동작하는 App을 개발하기 위한 언어로서 Android App을 개발하기 위한 Programming 언어 중 하나이다.

정답 및 해설 14.② 15.③ 16.③

17 소프트웨어 시스템은 기능 관점, 동적 관점 및 정보 관점으로 분류할 수 있다. 동적 관점에서 시스템을 기술할 때 사용할 수 있는 도구로 옳지 않은 것은?

① 사건 추적도(Event Trace Diagram)

② 자료 흐름도(Data Flow Diagram)

③ 상태 변화도(State Transition Diagram)

④ 페트리넷(Petri Net)

18 다음에서 설명하는 네트워크 데이터 오류 검출 방법은?

송신측 : 첫 번째 비트가 1로 시작하는 임의의 n+1비트의 제수를 결정한다. 그리고 전송하고자 하는 데이터 끝에 n비트의 0을 추가한 후 제수로 모듈로-2 연산을 한다. 그러면 n비트의 나머지가 구해지는데 이 나머지가 중복 정보가 된다.

수신측 : 계산된 중복 정보를 데이터와 함께 전송하면 수신측에서는 전송받은 정보를 동일한 n+1제수로 모듈로-2 연산을 한다. 나머지가 0이면 오류가 없는 것으로 판단하고, 나머지가 0이 아니면 오류로 간주한다.

---

① 수직 중복 검사(Vertical Redundancy Check)

② 세로 중복 검사(Longitudinal Redundancy Check)

③ 순환 중복 검사(Cyclic Redundancy Check)

④ 체크섬(Checksum)

17 객체지향 방법론의 작업항목

단계	작업항목	설명
객체지향분석	객체모델링	• 시스템 정적 구조 포착 • 추상화, 분류화, 일반화, 집단화 • 산출물 : 객체 다이어그램
	동적모델링	• 시간흐름에 따라 객체 사이의 변화 조사 • 산출물 : 상태 다이어그램(STD)
	기능모델링	• 입력에 대한 처리 결과 확인 • 유스케이스를 찾아 기능 파악 • 산출물 : 자료 흐름도, 유스케이스 다이어그램
객체지향설계	시스템설계	• 설계 목표 정의, 서브 시스템 파악 • 자료 저장소 설계, 시스템 구조 설계 • 산출물 : 패키지 다이어그램
	객체설계	• 구체적 자료구조와 알고리즘 구현 • 산출물 : 상세화된 클래스 다이어그램
객체지향구현	객체 지향 언어로 작성	• 객체 지향 언어(C++, Java) • 객체지향 DBMS로 구현

※ 페트리넷(Petri Net) ··· 시스템 모델링 방법 중 하나로 1962년 Petri라는 학자에 의해 만들어진 Petri Net을 예로 들 수 있다.
페트리넷의 구성요소는 시스템 내에서의 가능한 모든 "상태"와 한 상태에서 다른 상태를 이어주는 동작에 해당되는 "전이"가 있다.

18 ③ 순환 중복 검사(Cyclic Redundancy Check) : 일반적인 통신 시스템에서 수신되는 데이터의 오류를 검출하는 방법 중 가장 널리 사용되는 방법이다.

① 수직 중복 검사(Vertical Redundancy Check) : 매체에 기록된 2진 코드의 검사 방식으로, 매체의 운동 방향에 대하여 수직 방향에 있어서, 비트의 패리티 검사 등을 행하는 것이다.

② 세로 중복 검사(Longitudinal Redundancy Check) : 전송된 문자에 대해 배타적 논리합을 누적적으로 적용하여 그 결과에 근거를 둔 오류 검색 기업, 한 블록을 전송하는 동안에 송수신국 각각에서 LRC 문자가 형성된다.

④ 체크섬(Checksum) : 데이터의 정확성을 검사하기 위한 용도로 사용되는 합계로 오류 검출 방식의 하나이다.

정답 및 해설 17.② 18.③

19 다음 이진검색트리에서 28을 삭제한 후, 28의 오른쪽 서브트리에 있는 가장 작은 원소로 28을 대치하여 만들어지는 이진검색트리에서 41의 왼쪽 자식 노드는?

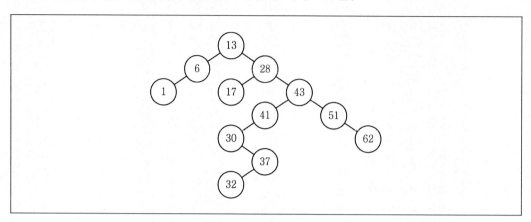

① 13

② 17

③ 32

④ 37

19 자식 노드가 1개인 노드를 삭제하는 경우
- 삭제 대상 노드가 부모 노드의 왼쪽 자식이면 부모의 왼쪽 포인터가 삭제 대상 노드의 자식을 가리키도록 한다.
- 삭제 대상 노드가 부모 노드의 오른쪽 자식이면 부모의 오른쪽 포인터가 삭제 대상 노드의 자식을 가리키도록 한다.
  - →28 노드에 30을 복사하여 28 노드 삭제
  - →하단의 30을 삭제하고 37을 41 노드의 왼쪽 노드로 붙인다. 때문에 41의 왼쪽 노드는 37이 된다.
- ※ 이진검색트리(binary search tree)
  - ㉠ 어떤 노드 N을 기준으로 왼쪽 서브 트리 노드의 모든 키 값은 노드 N의 키 값보다 작아야 한다.
  - ㉡ 오른쪽 서브 트리 노드의 키 값은 노드 N의 키 값보다 커야한다.
  - ㉢ 같은 키 값을 갖는 노드는 없다.
    - →이진검색트리는 중위 순회를 하면 키 값의 오름차순으로 노드를 얻을 수 있다는 점과 구조가 단순하다는 점, 이진검색과 비슷한 방식으로 검색이 가능하다는 점, 노드의 삽입이 쉽다는 점 등의 특징이 있어 폭넓게 사용된다.
- ※ 특징
  - ㉠ 트리의 모양은 상관없으며 이진트리여야 한다.
  - ㉡ 부모 노드의 값을 중심으로 왼쪽 자식 트리의 값은 작고, 오른쪽 자식 트리의 값은 커야 한다.
  - ㉢ 중복된 노드는 없어야 한다.
  - ㉣ 이진탐색트리는 중위 순회를 통해 순회를 진행한다.
    (이진검색트리 내에 있는 모든 값들을 정렬된 순서대로 읽을 수 있다.)

정답 및 해설 19.④

20 다음은 리눅스 환경에서 fork() 시스템 호출을 이용하여 자식 프로세스를 생성하는 C 프로그램이다. 출력 결과로 옳은 것은? (단, "pid = fork();" 문장의 수행 결과 자식 프로세스의 생성을 성공하였다고 가정한다)

```c
#include<stdio.h>
#include<stdlib.h>
#include<unistd.h>
#include<sys/types.h>
#include<errno.h>
#include<sys/wait.h>

int main(void) {
    int i=0, v=1, n=5;
    pid_t pid;

    pid = fork();

    if( pid < 0 ) {
        for(i=0; i<n; i++) v+=(i+1);
        printf("c = %d ", v);
    } else if( pid == 0 ) {
        for(i=0; i<n; i++) v*=(i+1);
        printf("b = %d ", v);
    } else {
        wait(NULL);
        for(i=0; i<n; i++) v+=1;
        printf("a = %d ", v);
    }
    return 0;
}
```

① b = 120, a = 6

② c = 16, b = 120

③ b = 120, c = 16

④ a = 6, c = 16

20 원래 프로세스는 부모 프로세스라고 하며, 새로 생성된 사본은 자식 프로세스라고 부른다. 프로세스는 누가 부모이고 누가 자식인지 알 수 있는 방법이 필요하여 자식 프로세스에는 0을, 부모 프로세스에는 0이 아닌 값을 반환하게 되므로 다음과 같은 결과가 출력된다.

- 부모 프로세스의 pid에는 자식프로세스의 프로세스 ID를 갖게 되어 if문의 else 구문을 실행 하게 되어 a=6이 출력이 된다.
- 자식 프로세스는 또 다른 자식을 생성하지 않은 상태이기 때문에 프로세스 ID는 0이 된다.

  if문의 else if 구문을 수행하게 되어 b=120이 출력된다.

※ fork() … 현재 실행되고 있는 프로세스를 복사해 주는 함수로 원래의 프로세스에서 fork() 연산을 하게 되면 생성된 자식 프로세스의 ID를 리턴하게 되는데, 이때 리턴되는 값은 항상 1보다 큰 값을 갖는다.

※ pid() … Process IDentifier의 약자로, 운영 체제에서 프로세스를 식별하기 위해 할당하는 고유한 번호이다. 이 PID는 'fork'라는 시스템 호출에 의해 반환된다.

정답 및 해설 20.①

1 아날로그 신호를 디지털 신호로 변조하기 위한 펄스부호변조(PCM) 과정으로 옳지 않은 것은?

① 분절화(Segmentation)

② 표본화(Sampling)

③ 부호화(Encoding)

④ 양자화(Quantization)

2 DBMS를 사용하는 이점으로 옳지 않은 것은?

① 데이터를 프로그램과 분리함으로써 데이터 독립성이 향상된다.

② 데이터의 공유와 동시 접근이 가능하다.

③ 데이터의 중복을 허용하여 데이터의 일관성을 유지한다.

④ 데이터의 무결성과 보안성을 유지한다.

3 CPU 내의 레지스터에 대한 설명으로 옳지 않은 것은?

① Accumulator(AC) : 연산 과정의 데이터를 일시적으로 저장하는 레지스터

② Program Counter(PC) : 다음에 인출될 명령어의 주소를 보관하는 레지스터

③ Memory Address Register(MAR) : 가장 최근에 인출한 명령어를 보관하는 레지스터

④ Memory Buffer Register(MBR) : 기억장치에 저장될 데이터 혹은 기억장치로부터 읽힌 데이터가 일시적으로 저장되는 버퍼 레지스터

1 펄스부호변조(PCM/Pulse Code Modulation) 또는 펄스코드변조

음성, 비디오, 가상 현실 등과 같이 연속적인 시간과 진폭을 가진 아날로그 데이터를 디지털 신호로 변환하는 것

※ PCM 방식의 3단계
- 표본화(Sampling) : 시간 축의 디지털화
- 양자화(Quantization) : 진폭값의 디지털화
- 부호화(Encoding) : 표본화와 양자화된 정보를 0과 1의 이진수로 표현하는 과정

2 DBMS는 사용자와 데이터베이스 사이에서 사용자의 요구에 따라 정보를 생성해 주고, 데이터베이스를 관리해 주는 소프트웨어이다.

DBMS의 장점	DBMS의 단점
• 논리적, 물리적 독립성 보장 • 중복 제거 및 기억 공간 절약 • 저장된 자료를 공동으로 사용 • 데이터의 일관성, 무결성 유지 • 보안 유지 • 데이터 표준화 가능 • 데이터 통합 관리 • 항상 최신의 데이터를 유지 • 데이터의 실시간 처리가 가능	• 데이터베이스 전문가 부족 • 전산화 비용 증가 • 대용량 디스크로의 집중적인 액세스로 오버헤드 발생 • 파일의 백업 및 복원 어려움 • 시스템 복잡

3 CPU 레지스터 종류와 특징
- Memory Address Register(MAR) : 주기억장치에 접근할 메모리의 주소를 임시저장
- IR(Instruction Register) : 가장 최근에 인출한 명령어를 보관하는 레지스터(= 현재 실행 중인 명령어를 저장하는 레지스터)

정답 및 해설 1.① 2.③ 3.③

4 소프트웨어 개발 프로세스 중 원형(Prototyping) 모델의 단계별 진행 과정을 올바르게 나열한 것은?

① 요구 사항 분석 → 시제품 설계 → 고객의 시제품 평가 → 시제품 개발 → 시제품 정제 → 완제품 생산

② 요구 사항 분석 → 시제품 설계 → 시제품 개발 → 고객의 시제품 평가 → 시제품 정제 → 완제품 생산

③ 요구 사항 분석 → 고객의 시제품 평가 → 시제품 개발 → 시제품 설계 → 시제품 정제 → 완제품 생산

④ 요구 사항 분석 → 시제품 개발 → 시제품 설계 → 고객의 시제품 평가 → 시제품 정제 → 완제품 생산

5 네트워크 토폴로지에 대한 설명으로 옳지 않은 것은?

① 버스(bus)형 토폴로지는 설치가 간단하고 비용이 저렴하다.

② 링(ring)형 토폴로지는 통신 회선에 컴퓨터를 추가하거나 삭제하는 등 네트워크 재구성이 용이하다.

③ 트리(tree)형 토폴로지는 허브(hub)에 문제가 발생해도 전체 네트워크에 영향을 주지 않는다.

④ 성(star)형 토폴로지는 중앙집중적인 구조이므로 고장 발견과 유지보수가 쉽다.

6 RAID(Redundant Array of Independent Disks) 레벨에 대한 설명으로 옳지 않은 것은?

① RAID 1 구조는 데이터를 두 개 이상의 디스크에 패리티 없이 중복 저장한다.

② RAID 2 구조는 데이터를 각 디스크에 비트 단위로 분산 저장하고 여러 개의 해밍코드 검사디스크를 사용한다.

③ RAID 4 구조는 각 디스크에 데이터를 블록 단위로 분산 저장하고 하나의 패리티 검사디스크를 사용한다.

④ RAID 5 구조는 각 디스크에 데이터와 함께 이중 분산 패리티 정보를 블록 단위로 분산 저장한다.

4 원형(Prototyping) 모델 … 폭포수 모델의 단점을 보완하기 위한 모델로 점진적으로 시스템을 개발해 나가는 모델

※ **원형(Prototyping) 모델의 단계별 진행 과정**

      ㉠ **요구사항분석(정의)** : 교객의 초기 요구사항(일부 요구사항 또는 불완전한 요구사항)으로 제품의 윤곽을 잡음

      ㉡ **원형 설계** : 빠른 설계

      ㉢ **원형 개발** : 빠른 구현

      ㉣ **고객 평가** : 고객이 원하는 시스템인지 평가

      ㉤ **원형 정제** : 원형이 어떻게 수정되어야 할지 결정

      ㉥ **완제품 생산** : 고객이 만족할 때까지 2~5단계를 반복

5 트리(tree)형 토폴로지

- 성형의 변형으로 중앙 전송 제어 장치에 모든 노드가 연결되는 것이 아니라, 트리 모양으로 전송제어 장치를 두는 형태
- 계층적 네트워크에 적합하고 성형이 가지는 단점인 중앙 전송제어장치 장애에 대한 문제가 동일하게 발생한다.

6 RAID(Redundant Array of Inexpensive Disks) … 여러 개의 디스크를 배열하여 속도, 안정성, 효율성, 가용성 증대를 하는 데 쓰이는 기술

- RAID-0은 디스크 스트라이핑(Disk Striping) 방식으로 중복 저장과 오류 검출 및 교정이 없는 방식이다.
- RAID-1은 디스크 미러링(Disk Mirroring) 방식으로 높은 신뢰도를 갖는다.
- RAID-2는 데이터를 비트(bit) 단위로 디스크를 스트라이프 방식으로 구성 후 ECC를 기록하는 전용의 디스크를 추가한다.
- RAID-3은 데이터를 바이트(byte) 단위로 디스크를 스트라이프 방식으로 구성 후 패리티 정보를 기록하는 전용의 디스크를 추가한다.
- RAID-4는 데이터를 워드(word) 단위, RAID-3의 개선형으로 블록형태의 스트라이프 기술을 사용한다.
- RAID-5는 패리티가 있는 스트라이프 방식으로 구성하여 패리티는 디스크 오류 발생 시 XOR연산으로 데이터를 유추한다.
- RAID-6는 RAID-5처럼 구성되는 패리티 정보를 2번 입력하여 구성되며 디스크 2개가 고장 나도 복구가 가능하다

정답 및 해설 4.② 5.③ 6.④

7 다중 스레드(Multi Thread) 프로그래밍의 이점에 대한 설명으로 옳지 않은 것은?

① 다중 스레드는 사용자의 응답성을 증가시킨다.

② 스레드는 그들이 속한 프로세스의 자원들과 메모리를 공유한다.

③ 프로세스를 생성하는 것보다 스레드를 생성하여 문맥을 교환하면 오버헤드가 줄어든다.

④ 다중 스레드는 한 스레드에 문제가 생기더라도 전체 프로세스에 영향을 미치지 않는다.

8 OSI(Open Systems Interconnect) 모델에 대한 설명으로 옳지 않은 것은?

① 네트워크 계층은 데이터 전송에 관한 서비스를 제공하는 계층으로 송신 측과 수신 측 사이의 실제적인 연결 설정 및 유지, 오류 복구와 흐름 제어 등을 수행한다.

② 데이터링크 계층은 네트워크 계층에서 받은 데이터를 프레임(frame)이라는 논리적인 단위로 구성하고 전송에 필요한 정보를 덧붙여 물리 계층으로 전달한다.

③ 세션 계층은 전송하는 두 종단 프로세스 간의 접속(session)을 설정하고, 유지하고 종료하는 역할을 한다.

④ 표현 계층은 전송하는 데이터의 표현 방식을 관리하고 암호화하거나 데이터를 압축하는 역할을 한다.

9 캐시기억장치 교체 알고리즘에 대한 설명으로 옳지 않은 것은?

① LRU는 최근에 가장 오랫동안 사용되지 않았던 블록을 교체하는 방법이다.

② FIFO는 캐시에 적재된 지 가장 오래된 블록을 먼저 교체하는 방법이다.

③ LFU는 캐시 블록마다 참조 횟수를 기록함으로써 가장 많이 참조된 블록을 교체하는 방법이다.

④ Random은 사용 횟수와 무관하게 임의로 블록을 교체하는 방법이다.

7 스레드는 프로그램 내의 독립적으로 실행되는 작은 실행 단위를 말하며, 하나의 프로그램 내에서 동시에 여러 작업을 처리하여 메모리 공유와 효율적인 프로그래밍을 가능하게 한다.

※ 다중 스레드(Responsivness)의 이점

- 응답성(Responsivness) : 응용 프로그램의 일부분이 봉쇄 되거나 긴 작업을 수행하는 경우에도 프로그램의 수행이 계속 되는 것을 허용, 사용자에 대한 응답성을 증가
- 자원 공유(Resource Sharing) : 스레드는 자동적으로 그들이 속한 프로세스의 자원들과 메모리를 공유

※ **코드와 자료 공유의 장점** … 한 응용 프로그램이 같은 주소 공간 내에 여러 개의 다른 작업을 하는 스레드를 가질 수 있다.

- 경제성(Economy) : 프로세스 생성을 위해 메모리와 자원을 할당하는 것은 비용이 많이 들며 스레드는 자신이 속한 프로세스의 자원들을 공유하기 때문에 스레드를 생성하고 문맥 교환하는 것 보다 더 경제적이다.
- 다중 처리기구조의 활용(Utilization of multiprocessor architectures)
  - 다중 스레드의 장점은 다중 처리기 구조에서 더욱 증가되며 각각의 스레드가 다른 처리기에서 병렬로 수행
  - 단일 스레드는 CPU가 많다고 하더라도 단지 한 CPU에서만 실행되며 다중 CPU에서 다중 스레딩을 하면 병렬성이 증가

8 OSI(Open Systems Interconnect) 모델 … 국제표준화기구(ISO)에서 만든 것으로, 컴퓨터 사이의 통신 단계를 7개의 계층으로 분류

- 물리 계층 : 인접 장비와 연결을 위한 물리적 사양(100Base-TX, V.35)
- 데이터 링크 계층 : 인접장비와 연결을 위한 논리적 사양(이더넷, PPP, ARP)
- 네트워크 계층 : 종단 장비 사이의 데이터 전달(IP, ICMP)
- 전송 계층 : 종단 프로그램 사이의 데이터 전달(TCP, UDP)
- 세션 계층 : 세션의 시작 및 종료 제어(TCP session setup)
- 표현 계층 : 데이터의 표현 및 암호화 방식(ASCII, MPEG, SSL)
- 응용 계층 : 응용 프로그램과 통신 프로그램 사이 인터페이스 제공(HTTP, FTP)

9 LFU … 가장 참조된 횟수가 적은 페이지를 빼는 방법으로 참조된 횟수가 같은 경우 LRU 방법을 사용한다. LRU가 갖는 오버헤드를 줄이면서 LRU에서의 프로그램의 지역성을 이용하며, 최근에 사용된 페이지를 교체할 가능성이 있고 해당 횟수를 증가시키므로 오버헤드가 발생한다.

정답 및 해설 7.④ 8.① 9.③

10 8진수 123.321을 16진수로 변환한 것은?

① 53.35

② 53.321

③ 53.681

④ 53.688

11 암호화 기술에 대한 설명으로 옳은 것은?

① 공개키 암호화는 암호화하거나 복호화하는 데 동일한 키를 사용한다.

② 공개키 암호화는 비공개키 암호화에 비해 암호화 알고리즘이 복잡하여 처리속도가 느리다.

③ 공개키 암호화의 대표적인 알고리즘에는 데이터 암호화 표준(Data Encryption Standard)이 있다.

④ 비밀키 암호화는 암호화와 복호화 과정에서 서로 다른 키를 사용하는 비대칭 암호화(asymmetric encryption)다.

12 CPU를 다른 프로세스로 교환하려면 이전 프로세스의 상태를 보관하고 새로운 프로세스의 보관된 상태로 복구하는 작업이 필요하다. 이 작업으로 옳은 것은?

① 세마포어(Semaphore)

② 모니터(Monitor)

③ 상호배제(Mutual Exclusion)

④ 문맥교환(Context Switching)

13 응용프로그램 제작에 필요한 개발환경, SDK 등 플랫폼 자체를 서비스 형태로 제공하는 클라우드 컴퓨팅 서비스 모델은?

① DNS

② PaaS

③ SaaS

④ IaaS

10 8진수 123.321을 2진수로 변경하면 001 010 011.011 010 001이 되고 다시 16진수로 변환하면 53.688이 된다.

8진수	1	2	3	.	3	2	1
	42<u>1</u>	42<u>1</u>	42<u>1</u>		42<u>1</u>	42<u>1</u>	42<u>1</u>
2진수	001	010	011	.	011	010	001

2진수	001	01/0	011	.	011	0/10	00/1
	18<u>4</u>	21/8	42<u>1</u>		84<u>2</u>	1/84	21/<u>8</u>
16진수	5	3	.	6	8	8

11 ㉠ 개인키(Private) : DES(암호화키=복호화키) : 동일한 키를 이용하는 방식으로 보안수준이 낮으며 알고리즘이 단순하고 빠르다는 장점을 가지고 있다.

　㉡ 공개키(Public) : 서로 다른 키를 사용하는 비대칭 암호화 방식으로 보안 수준이 높지만 속도가 느리고 알고리즘이 복잡하고 파일 크기가 크다.

12 ① 세마포어(Semaphore) : 에츠허르 데이크스트라가 고안한 두 개의 원자적 함수로 조작되는 정수 변수로서, 멀티프로그래밍 환경에서 공유자원에 대한 접근을 제한하는 방법으로 사용된다.

　③ 상호배제(Mutual Exclusion) : 동시프로그래밍에서 공유 불가능한 자원의 동시 사용을 피하기 위해 사용되는 알고리즘으로 임계구역으로 불리는 코드 영역에 의해 구현된다.

13 ① DNS : 네트워크에서 도메인이나 호스트 이름을 숫자로 된 IP 주소로 해석해 주는 tcp/ip 네트워크 서비스

　③ SaaS : 클라우드는 하드웨어나 소프트웨어 등 각종 IT 자원을 소유하지 않고 인터넷에 접속해서 빌려 쓰는 서비스 방식

　④ IaaS : 서버와 스토리지, 네트워크 장비 등의 IT 인프라 장비를 대여해 주는 방식

정답 및 해설 10.④　11.②　12.④　13.②

14 다음 프로그램의 실행 결과로 옳은 것은?

```c
#include <stdio.h>
int main(void)
{
    int array[] = {100, 200, 300, 400, 500};
    int *ptr;
    ptr = array;
    printf("%d\n", *(ptr+3) + 100);
}
```

① 200

② 300

③ 400

④ 500

15 다음 프로그램은 연결 리스트를 만들기 위한 코드의 일부분이다.

```c
struct node {
  int number;
  struct node *link;
};
struct node first;
struct node second;
struct node tmp;
```

아래 그림과 같이 두 개의 노드 first, second가 연결되었다고 가정하고, 위의 코드를 참조하여 노드 tmp를 노드 first와 노드 second 사이에 삽입하고자 할 때, 프로그램 코드로 옳은 것은?

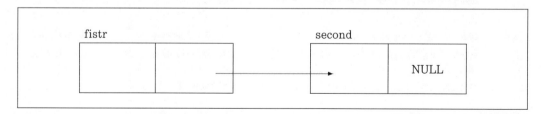

① tmp.link = &first;
　first.link = &tmp;

② tmp.link = first.link;
　first.link = &tmp;

③ tmp.link = &second;
　first.link = second.link;

④ tmp.link = NULL;
　second.link = &tmp;

---

14 배열(array) … 같은 자료형을 갖는 여러 원소를 하나의 변수 이름으로 모아 놓은 데이터의 집합
- 장점 : 표현이 간단하고, 인덱스를 이용하여 빠른 임의 접근이 가능
- 단점 : 원소들이 순차적으로 저장되기 때문에 데이터의 삽입과 삭제가 발생하는 경우 시간적인 오버헤드가 발생
- ※ 배열의 크기가 대부분 정적으로 결정되기 때문에 삽입과 삭제가 동적으로 발생하는 상황에서 적절한 배열의 크기를 미리 결정하는 것이 어렵다.(오버플로나 저장공간의 낭비를 초래)
- "ptr = array;"
  포인터 ptr에 배열명을 사용하여 배열의 시작주소를 저장
- "printf("%d\\n", *(ptr+3)"
  printf()함수에서 ptr의 주소를 3 증가시키게 되면 array[3]의 주소를 갖게 됨.
- "+ 100);"
  값에 <u>100을 더해 준다.</u>
  →<u>500 출력</u>

15 연결 리스트 … 데이터의 논리적 순서와 물리적 순서를 반드시 일치시킬 필요 없이 물리적으로는 데이터를 기억장치의 어느 곳에 저장해도 된다.
- ※ 노드 … 기억장치의 임의 위치에 저장된 데이터 간의 논리적인 순서를 유지하기 위해 하나의 데이터를 저장할 때 논리적으로 다음 데이터가 어디에 저장되어 있는 지를 함께 나타내야 한다.
  - ㉠ 장점 : 몇 개의 링크 필드만 조정하는 작업을 통해 삽입과 삭제를 간단히 수행하며 기억장치의 할당과 반환을 통해 동적으로 관리
  - ㉡ 단점 : 특정 데이터에 접근하려면 첫 번째 데이터를 가진 노드부터 시작하여 원하는 데이터가 있는 노드까지 모든 노드를 차례로 방문해야 한다.
- ※ 풀이 : 노드 tmp를 노드 first와 노드 second 사이에 삽입하고자 하므로 연결 리스트에서 삽입할 위치를 가리키고 있는 링크를 삽입하는 노드를 가리키게 하고, 삽입하는 노드의 링크는 나를 가리키는 링크가 이전에 가리키던 노드를 가리키게 하는 방법이다.
  - tmp.link = first.link;
    first.link = &tmp;
    →first 노드에 저장된 link는 tmp의 link에 저장
    　tmp 노드의 주소는 first 노드의 link에 저장

정답 및 해설 14.④　15.②

16 다음 C 프로그램의 결과로 옳은 것은?

```c
#include <stdio.h>
int main()
{
    int a, b;
    a = b = 1;

    if (a - 2)
        b = a + 1;
    else if (a == 1)
        b = b + 1;
    else
        b = 10;

    printf("%d, %d \n", a, b);
}
```

① 2, 3
② 2, 2
③ 1, 2
④ 2, 10

17 다음 이진 트리에 대하여 후위 순회를 하는 경우 다섯 번째 방문하는 노드는?

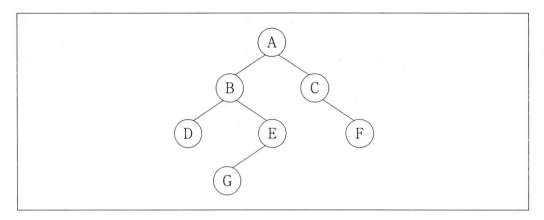

① A

② C

③ D

④ F

---

16 if~else문 … 조건식이 만족하면 문장 1 수행, 만족하지 않으면 else 문장 2를 수행

　※ 형식

　　• if(조건식) : 조건식이 true이면 수행할 문장 1;

　　• else : 조건식이 false이면 수행할 문장 2;

　※ 풀이

　　• int a, b;

　　　a = b = 1;

　　　a와 b의 변수를 생성하고 모두 1을 배정

　　• if (a = 2)

　　　if문에서는 조건에서 (a=2)를 사용함으로 a에는 2가 할당되고 조건은 참

　　• b = a + 1;

　　　b = a + 1을 수행하여 b는 3이 된다.

　　• printf("%d, %d \n", a, b);

　　　이후 else if()와 else는 수행되지 않고 a와 b를 출력하면 2와 3이 출력

17 이진트리 … 한 노드가 최대로 2개의 자식 노드를 갖는 트리로 자식 노드는 왼쪽 노드와 오른쪽 노드로 구분

　※ 후위순회의 진행방향은 "왼쪽→오른쪽→가운데" 순서로 D-G-E-B-F-C-A의 순서로 방문하기 때문에 다섯 번째 방문하는 노드는 F가 된다.

18 프로세스 스케줄링에 대한 설명으로 옳지 않은 것은?

① FCFS(First Come First Served) 스케줄링은 비선점 방식으로 대화식 시스템에 적합하다.

② SJF(Shortest Job First) 스케줄링은 실행 시간이 가장 짧은 작업(프로세스)을 신속하게 실행하므로 평균 대기시간이 FCFS 스케줄링보다 짧다.

③ Round-Robin 스케줄링은 우선순위가 적용되지 않은 단순한 선점형 방식이다.

④ 다단계 큐(Multilevel Queue) 스케줄링은 우선순위에 따라 준비 큐를 여러 개 사용하는 방식이다.

19 TCP/IP 프로토콜 스택에 대한 설명으로 옳은 것은?

① 데이터링크(datalink) 계층, 전송(transport) 계층, 세션(session) 계층 및 응용(application) 계층으로 구성된다.

② ICMP는 데이터링크 계층에서 사용 가능한 프로토콜이다.

③ UDP는 전송 계층에서 사용되는 비연결형 프로토콜이다.

④ 응용 계층은 데이터가 목적지까지 찾아갈 경로를 설정하기 위해 라우팅(routing) 프로토콜을 운영한다.

18 FCFS(First Come First Service) **스케줄링** … 비선점 방법으로 스케줄링 알고리즘 중 가장 간단한 기법으로 프로세스는 준비 큐에서 도착순서에 따라 디스패치되며, 일단 한 프로세스가 CPU를 차지하면 그 프로세스의 수행이 완료된 후에 그 다음 프로세스가 CPU를 차지하고 수행된다.

19 **프로토콜 스택** … 인터넷 기반의 효율적인 데이터 송수신을 목적으로 설계

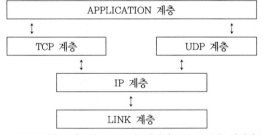

- LINK 계층 : 네트워크 표준과 관련된 프로토콜을 정의하는 영역(LAN, WAN, MAN)
- IP 계층 : 데이터를 보내기 위해 필요로 하는 방법
- TCP/UDP 계층 : IP 계층에서 선택해 준 경로로 데이터를 전송하는 역할
  - −TCP : 신뢰성 있는 데이터 전송 프로토콜
  - −UDP : 신뢰성 없는 데이터 전송 프로토콜
- APPLICATION 계층 : 소켓을 이용한 프로그램의 구현
- ICMP : 호스트 서버와 인터넷 게이트웨이에서 메세지를 제한하고 오류를 알려주는 프로토콜

정답 및 해설 18.① 19.③

20 다음 테이블 인스턴스(Instance)들에 대하여 오류 없이 동작하는 SQL(Structured Query Language) 문장은?

STUDENT

칼럼 이름	데이터 타입	키 타입	설명
studno	숫자	기본키	학번
name	문자열		이름
grade	숫자		학년
height	숫자		키
deptno	숫자		학과 번호

PROFESSOR

칼럼 이름	데이터 타입	키 타입	설명
profno	숫자	기본키	번호
name	문자열		이름
position	문자열		직급
salary	숫자		급여
deptno	숫자		학과 번호

① SELECT deptno, position, AVG(salary)
　FROM PROFESSOR
　GROUP BY deptno;

② (SELECT studno, name
　FROM STUDENT
　WHERE deptno = 101)
　UNION
　(SELECT profno, name
　FROM PROFESSOR
　WHERE deptno = 101);

③ SELECT grade, COUNT(*), AVG(height)
　FROM STUDENT
　WHERE COUNT(*) > 2
　GROUP BY grade;

④ SELECT name, grade, height
　FROM STUDENT
　WHERE height > (SELECT height, grade
　FROM STUDENT
　WHERE name = '홍길동');

20 테이블 인스턴스(Instance)

· 데이터베이스 설계 시에 테이블의 구조와 칼럼의 특성을 알기 쉽게 요약한 내용

· 테이블의 칼럼 이름, 데이터 타입, 키종류, NULL이나 중복 값의 허용 여부, 외래 키 그리고 칼럼에 대한 설명으로 구성

　㉠ GROUP BY : 특정 칼럼을 기준으로 같은 값을 가지는 행들을 그룹별로 모아 자료를 가져 오는 것이다.

　㉡ having 절 : group by로 생성된 그룹에 대하여 임의 조건을 명시하는데 사용하며 집계 함수 사용이 가능하다. having에서 다루는 속성은 group by한 속성이여야 한다.

정답 및 해설 20.②

1 컴퓨팅 사고(Computational Thinking)에서 주어진 문제의 중요한 특징만으로 문제를 간결하게 재정의함으로써 문제 해결을 쉽게 하는 과정은?

① 분해

② 알고리즘

③ 추상화

④ 패턴 인식

2 소프트웨어에 대한 설명으로 옳지 않은 것은?

① 하드웨어에 대응하는 개념으로 우리가 원하는 대로 컴퓨터를 작동하게 만드는 논리적인 바탕을 제공한다.

② 운영체제 등 컴퓨터 시스템을 가동시키는 데 사용되는 소프트웨어를 시스템 소프트웨어라 한다.

③ 문서 작성이나 게임 등 특정 분야의 업무를 처리하는 데 사용되는 소프트웨어를 응용 소프트웨어라 한다.

④ 고급 언어로 작성된 프로그램을 한꺼번에 번역한 후 실행하는 것이 인터프리터 방식이다.

3 4GHz의 클록 속도를 갖는 CPU에서 CPI(Cycle per Instruction)가 4.0이고 총 10^{10}개의 명령어로 구성된 프로그램을 수행하려고 할 때, 이 프로그램의 실행 완료를 위해 필요한 시간은?

① 1초

② 10초

③ 100초

④ 1,000초

4 −35를 2의 보수(2's Complement)로 변환하면?

① 11011100

② 11011101

③ 11101100

④ 11101101

---

1 컴퓨팅 사고(Computational Thinking) … 컴퓨터로 처리할 수 있는 형태로 문제와 해결책을 표현하는 사고과정

※ 컴퓨팅 사고 4가지

　㉠ 분해 : 복잡한 문제를 컴퓨터가 효과적으로 처리할 수 있는 단위

　㉡ 패턴파악 : 문제 간 유사성을 찾음

　㉢ 추상화 : 문제의 핵심만 추려 복잡한 문제를 단순화

　㉣ 알고리즘 설계 : 일련의 규칙과 절차에 따라 문제를 해결

2 소프트웨어 … 컴퓨터 프로그램과 그와 관련된 문서들을 총칭하는 용어로 기계장치부를 말하는 하드웨어에 대응하는 개념으로 시스템소프트웨어와 응용소프트웨어로 나뉜다.

　㉠ 시스템소프트웨어 : 어느 문제에나 공통적으로 필요한 프로그램들로서 운영체제, 컴파일러, 입출력 제어프로그램 등이 해당됨

　㉡ 응용소프트웨어 : 시스템소프트웨어를 사용하여 실제 사회에서 일어나는 문제들을 풀어주는 프로그램들이며 사무자동화, 수치연산, 게임 등 다양하다.

컴파일러	인터프리터
전체 프로그램을 스캔해서 기계어로 한 번에 번역	각각의 명령어를 한 번에 한 개씩 번역하고 처리

3 4GHz → CPU가 1초에 10^9번 0과 1을 반복한다.

CPI(Cycle per Instruction) : 명령어 하나 당 발생한 사이클 수

$$\frac{40,000,000,000}{4,000,000,000} = 10$$

4 −35 : 10100011

1의보수 : 11011100

2의보수 : 11011101

5 OSI 7계층에서 계층별로 사용하는 프로토콜의 데이터 단위는 다음 표와 같다. ⊙~ⓒ에 들어갈 내용을 바르게 연결한 것은?

계층	데이터 단위
트랜스포트(Transport) 계층	(⊙)
네트워크(Network) 계층	(ⓛ)
데이터링크(Datalink) 계층	(ⓒ)
물리(Physical) 계층	비트

	⊙	ⓛ	ⓒ
①	세그먼트	프레임	패킷
②	패킷	세그먼트	프레임
③	세그먼트	패킷	프레임
④	패킷	프레임	세그먼트

6 300개의 노드로 이진 트리를 생성하고자 할 때, 생성 가능한 이진 트리의 최대 높이와 최소 높이로 모두 옳은 것은? (단, 1개의 노드로 생성된 이진 트리의 높이는 1이다)

	최대 높이	최소 높이
①	299	8
②	299	9
③	300	8
④	300	9

5 프로토콜 데이터 단위

OSI 7 계층	TCP/IP 4 계층	데이터 단위
응용 계층	응용 계층	message
프리젠테이션 계층		
세션 계층		
트랜스포트 계층	트랜스포트 계층	segment
네트워크 계층	인터넷 계층	packet
데이터링크 계층	네트워크 접속 계층	frame
물리 계층		bit stream

6 이진 트리 : 모든 노드가 최대 2개의 자식을 가질 수 있는 트리로 각 노드의 자식 노드를 왼쪽 자식, 오른쪽 자식으로 구분한다.

• **포화 이진트리** : 모든 레벨의 노드가 꽉 차 있는 트리

• **편향 이진트리** : 왼쪽 혹은 서브 트리만 가지는 트리

※ **이진트리의 높이** … N개의 노드를 가진 이진 트리의 높이를 계산으로 구할수 있음

• **최대 높이** : N으로 노드의 개수와 같음

• **최소 높이** : 최소 2개의 자식 노드를 갖는 경우로서 $\lceil \log_2(N+1) \rceil$이 높이가 됨

→ 최대높이 : 300

→ 최소높이 : $\lceil \log_2(n+1) \rceil$

$= \log(300+1)$

$= \log_2 301$

$= \log_2 2^8$

$= \lceil 8.\text{xxxxxxxx} \rceil$

$= 9$ → 결과 $8.\text{xxxxxxxx}$을 무조건 올림으로 나타내어 결과는 9가 된다.

정답 및 해설 5.③ 6.④

7 아래와 같은 순서대로 회의실 사용 요청이 있을 때, 다음 중 가장 많은 회의실 사용 시간을 확보할 수 있는 스케줄링 방법은? (단, 회의실은 하나이고, 사용 요청은 (시작 시각, 종료 시각)으로 구성된다. 회의실에 특정 회의가 할당되면 이 회의 시간과 겹치는 회의 요청에 대해서는 회의실 배정을 할 수 없다)

> $(11:50, 12:30), (9:00, 12:00), (13:00, 14:30), (14:40, 15:00), (14:50, 16:00),$
> $(15:40, 16:20), (16:10, 18:00)$

① 시작 시각이 빠른 요청부터 회의실 사용이 가능하면 확정한다.
② 종료 시각이 빠른 요청부터 회의실 사용이 가능하면 확정한다.
③ 사용 요청 순서대로 회의실 사용이 가능하면 확정한다.
④ 회의 시간이 긴 요청부터 회의실 사용이 가능하면 확정한다.

8 제품 테이블에 대하여 SQL 명령을 실행한 결과가 다음과 같을 때, ㉠과 ㉡에 들어갈 내용을 바르게 연결한 것은?

〈제품 테이블〉

제품ID	제품이름	단가	제조업체
P001	나사못	100	A
P010	망치	1,000	B
P011	드라이버	3,000	B
P020	망치	1,500	C
P021	장갑	800	C
P022	너트	200	C
P030	드라이버	4,000	D
P031	절연테이프	500	D

〈SQL 명령〉

```
SELECT 제조업체, MAX(단가) AS 최고단가
FROM 제품
GROUP BY ( ㉠ )
HAVING COUNT(*) 〉 ( ㉡ ) ;
```

〈실행 결과〉

제조업체	최고단가
B	3,000
C	1,500
D	4,000

	㉠	㉡		㉠	㉡
①	제조업체	1	②	제조업체	2
③	단가	1	④	단가	2

---

7 ④ 회의 시간이 긴 요청부터 회의실 사용이 가능하면 확정한다. → 7시간 30분
(9 : 00, 12 : 00=3), (16 : 10, 18 : 00=1:50), (13 : 00, 14 : 30=1:30), (14 : 50, 16 : 00=1:10)

① 시작 시각이 빠른 요청부터 회의실 사용이 가능하면 확정한다. → 5시간 30분
(9 : 00, 12 : 00=3), (13 : 00, 14 : 30=1:30), (14 : 40, 15 : 00=20), (15 : 40, 16 : 20=40)

② 종료 시각이 빠른 요청부터 회의실 사용이 가능하면 확정한다. → − 5시간 30분
(12 : 00, 9 : 00=−3), (14 : 30, 13 : 00=−1:30), (15 : 00, 14 : 40=−20), (16 : 20, 15 : 40=−40)

③ 사용 요청 순서대로 회의실 사용이 가능하면 확정한다. → 3시간 10분
(11 : 50, 12 : 30=40), (13 : 00, 14 : 30=1:30), (14 : 40, 15 : 00=20), (15 : 40, 16 : 20=40)

※ 가장 많은 회의실 사용 시간을 확보할 수 있는 스케줄링 방법으로 회의 시간이 긴 요청(7시간 30분)부터 회의실 사용이 가능하면 확정한다.

8 테이블에서 특정 속성의 값이 같은 튜플을 모아 그룹을 만들고, 그룹별로 검색을 하기 위해 GROUP BY 키워드를 사용한다. 그룹에 대한 조건을 추가하려면 GROUP BY 키워드를 HAVING 키워드와 함께 사용하면 된다.
SELECT [ALL | DISTINCT] 속성_리스트
FROM 테이블_리스트
[WHERE 조건]
[GROUP BY 속성_리스트 [HAVING 조건]]

※ 제조업체 기준으로 그룹화를 한 뒤 단가 중 최고단가 속성을 추가 하여 제조업체에서 1개가 초과하는 튜플을 검색한다.

정답 및 해설 7.④ 8.①

9 스택의 입력으로 4개의 문자 D, C, B, A가 순서대로 들어올 때, 스택 연산 PUSH와 POP에 의해서 출력될 수 없는 결과는?

① ABCD ② BDCA
③ CDBA ④ DCBA

10 임계구역에 대한 설명으로 옳은 것은?

① 임계구역에 진입하고자 하는 프로세스가 무한대기에 빠지지 않도록 하는 조건을 진행의 융통성(Progress Flexibility)이라 한다.
② 자원을 공유하는 프로세스들 사이에서 공유자원에 대해 동시에 접근하여 변경할 수 있는 프로그램 코드 부분을 임계영역(Critical Section)이라 한다.
③ 한 프로세스가 다른 프로세스의 진행을 방해하지 않도록 하는 조건을 한정 대기(Bounded Waiting)라 한다.
④ 한 프로세스가 임계구역에 들어가면 다른 프로세스는 임계구역에 들어갈 수 없도록 하는 조건을 상호 배제(Mutual Exclusion)라 한다.

11 통합 테스팅 방법에 대한 설명으로 옳지 않은 것은?

① 연쇄식(Threads) 통합은 초기에 시스템 골격을 파악하기 어렵다.
② 빅뱅(Big-bang) 통합은 모든 모듈을 동시에 통합하여 테스팅한다.
③ 상향식(Bottom-up) 통합은 가장 하부 모듈부터 통합하여 테스팅한다.
④ 하향식(Top-down) 통합은 프로그램 제어 구조에서 상위 모듈부터 통합하는 것을 말한다.

9 스택 연산 … 한쪽 끝에서만 항목을 삭제하거나 새로운 항목을 저장하는 자료 구조로 마지막에 삽입한 원소는 맨 위에 쌓여 있다가 가장 먼저 삭제가 되는 후입선출 구조이다.(LIFO)
- PUSH : 레지스터에 있는 값을 Stack 메모리에 저장할 때 사용하는 명령
- POP : Stack에 있는 값을 레지스터로 가져오는 명령

마지막 자료 (가장 최근 자료)	← top
첫 번째 자료 (가장 오래된 자료)	

→ 후입선출구조의 문제로서 D, C, B, A를 순서대로 넣은 뒤 2번 보기와 같이 B를 빼고 D를 빼야하는데 중간에 C가 있어 D를 뺄 수 없으므로 2번은 출력될 수 없는 구조이다.

10
- 임계구역(Critical Section) : 프로세스의 코드 중 공유 자원 접근을 수행하는 코드 영역으로 임계구역 문제를 적절히 처리하지 않으면 방금 보았듯 공유 자원에 둘 이상의 프로세스가 동시에 접근하여 경쟁 상태가 발생할 수 있다.
- 상호배제 : 상호배제란 한 번에 하나의 프로세스만이 임계영역에 들어가야 함을 의미한다.
  한 프로세스만 임계구역에 진입하고, 다수의 프로세스들이 하나의 공유 자원을 상호 배타적으로 사용할 수 있게 하면서 동시에는 수행할 수 없도록 한다.

11 통합테스팅 … 독립적으로 테스팅을 마친 모듈들이 통합 후에도 잘 돌아가는지 테스팅하는 것으로 상향, 하향, 빅뱅 방식이 있으며 상향, 하향식 모두 오류 발견이 쉽다는 방식이 있다.
- 빅뱅(Big-bang) 통합 : 상향, 하향식 방법과 다르게 점증적 방식이 아니며 전체를 한꺼번에 통합하여 테스팅을 진행한다.
- 상향식(Bottom-up) 통합 : 스텁이 별로 필요하지 않으며 아래부터 나아가기 때문에 대체할 모듈의 수가 많지 않다.
- 하향식(Top-down) 통합 : 구현과 테스팅을 분리할 수 있고 중요한 상위 모듈의 경우 테스팅 과정에서 여러 번 호출된다는 장점이 있다.

정답 및 해설 9.② 10.④ 11.①

12 다음 중 파이썬 프로그래밍 언어에 대한 설명으로 옳은 것만을 모두 고르면?

> ㉠ 변수 선언 시 변수명 앞에 데이터형을 지정해야 한다.
> ㉡ 플랫폼에 독립적인 대화식 언어이다.
> ㉢ 클래스를 정의하여 객체 인스턴스를 생성할 수 있다.

① ㉡

② ㉠, ㉢

③ ㉡, ㉢

④ ㉠, ㉡, ㉢

13 해쉬(Hash)에 대한 설명으로 옳지 않은 것은?

① 연결리스트는 체이닝(Chaining) 구현에 적합하다.

② 충돌이 전혀 없다면 해쉬 탐색의 시간 복잡도는 O(1)이다.

③ 최악의 경우에도 이진 탐색보다 빠른 성능을 보인다.

④ 해쉬 함수는 임의의 길이의 데이터를 입력받을 수 있다.

14 프로세스의 메모리는 세그먼테이션에 의해 그 역할이 할당되어 있다. 표준 C언어로 작성된 프로그램이 컴파일 후 실행파일로 변환되어 메모리를 할당받았을 때, 이 프로그램에 할당된 세그먼트에 대한 설명으로 옳은 것은?

① 데이터 세그먼트는 모든 서브루틴의 지역변수와 서브루틴 종료 후 돌아갈 명령어의 주소값을 저장한다.

② 스택은 현재 실행 중인 서브루틴의 매개변수와 프로그램의 전역변수를 저장한다.

③ 코드 세그먼트는 CPU가 실행할 명령어와 메인 서브루틴의 지역변수를 저장한다.

④ 힙(Heap)은 동적 메모리 할당을 위해 사용되는 공간이고, 주소값이 커지는 방향으로 증가한다.

12 파이썬 … 1991년 귀도 반 로섬이라는 프로그래머에 위해 개발된 언어로 가독성이 높고 쉬운 문법 덕분에 다른 프로그래밍 언어보다 빠른 습득이 가능하다.

  ※ 특징

    ㉠ **스크립트 언어** : 컴파일 과정 없이 인터프리터가 소스 코드를 한 줄씩 읽어 들여 곧바로 실행하는 스크립트 언어이며 컴파일 과정이 필요하지 않아 실행 결과를 바로 확인하고 수정하면서 손쉽게 코드를 작성할 수 있다.

    ㉡ **동적 타이핑** : 동적 타입 언어로 변수의 자료형을 지정하지 않고 단순히 선언하는 것만으로도 값을 지정할 수 있다. 변수의 자료형은 코드가 실행되는 시점에 결정된다.

    ㉢ **플랫폼 독립적** : 리눅스, 유닉스, 윈도우즈, 맥 등 대부분의 운영체제에서 모두 동작하며 운영체제별로 컴파일할 필요가 없기 때문에 한 번 소스 코드를 작성하면 어떤 운영체제에서든 활용이 가능

      • **클래스** : 프로그램 상에서 사용되는 속성과 행위를 모아놓은 집합체

      • **인스턴스** : 클래스로부터 만들어지는 각각의 개별적인 객체

13 해쉬(Hash) … 임의의 길이를 갖는 메시지를 입력하여 고정된 길이의 해쉬값을 출력하는 함수

  ※ 해쉬 충돌 알고리즘

    • **체이닝(Chaining)기법** : 해시 충돌 발생시, 해당 인덱스에 연결리스트를 이용해 데이터들을 연결

  ※ 해쉬함수의 시간복잡도

    • 일반적인 경우(충돌이 없는 경우) : $O(1)$

    • 최악의 경우(충돌이 모두 발생하는 경우) : $O(n)$

    • 해쉬 테이블의 경우, 일반적인 경우를 기대하고 만들기 때문에 시간복잡도는 $O(1)$이라고 말할 수 있음

14 세그먼트 … 메모리 관리 방식의 하나로 프로그램이나 데이터를 세그먼트 또는 섹션이라는 가변 크기로 관리하는 방법

  ※ 주요 세그먼트 종류

    • **코드(code)** : 실행 될 프로그램의 기계어 명령어를 포함

    • **데이터(data)** : 프로그램에서 정의된 데이터, 상수, 작업 영역 등을 포함

    • **스택(stack)** : 프로그램이 임시로 사용하는 지역 함수 변수 등의 데이터가 저장

    • **힙(heap)** : 프로그래머가 직접 접근 가능한 메모리 세그먼트이며 크기가 고정되어 있지 않다.

정답 및 해설 12.③ 13.③ 14.④

15 다음은 프로세스 상태 전이도이다. 각 상태 전이에 대한 예로 적절하지 않은 것은?

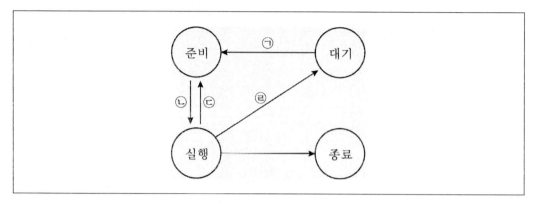

① ㉠ - 프로세스에 자신이 기다리고 있던 이벤트가 발생하였다.

② ㉡ - 실행할 프로세스를 선택할 때가 되면, 운영체제는 프로세스들 중 하나를 선택한다.

③ ㉢ - 실행 중인 프로세스가 자신에게 할당된 처리기의 시간을 모두 사용하였다.

④ ㉣ - 실행 중인 프로세스가 작업을 완료하거나 실행이 중단되었다.

16 -30.25×2^{-8}의 값을 갖는 IEEE 754 단정도(Single Precision) 부동소수점(Floating-point) 수를 16진수로 변환하면?

① 5DF30000

② 9ED40000

③ BDF20000

④ C8F40000

---

15 프로세스 상태 전이 … 프로세스가 시스템 내에 존재하는 동안 프로세스의 상태가 변하는 것을 의미
※ 프로세스 상태 전이도

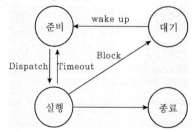

- **준비(Ready)** : 프로세스가 프로세서를 할당받기 위해 기다리고 있는 상태
- **실행(Run)** : 준비상태 큐에 있는 프로세스가 할당받아 실행 되는 상태
  - Dispatch : 준비 상태에서 대기하고 있는 프로세스 중 하나가 프로세서를 할당받아 실행 상태로 전이되는 과정
- **대기(Wait)** : 프로세스에 입출력 처리가 필요하면 현재 실행중인 프로세스가 중단되고 입출력 처리가 완료될 때까지 대기하고 있는 상태
  - wake up : 입출력 작업이 완료되어 프로세스가 대기 상태에서 준비 상태로 전이되는 과정
- **종료(Terminate)** : 프로세스의 실행이 끝나고 프로세스 할당이 해제된 상태

※ **상태전이 동작**
  - ㉠ **대기 → 준비**(Wake up) : 입출력이 완료되거나 자원이 할당되어 다시 실행
  - ㉡ **준비 → 실행**(Dispatch) : 우선순위가 높은 프로세스 선정하여 명령어 실행
  - ㉢ **실행 → 준비**(Timer runout) : 클럭이 인터럽트를 발생시켜 제어권을 빼앗음
  - ㉣ **실행 → 대기**(Block) : 프로세서가 입출력, 자원 등을 기다리기 위해 대기로 전환

16 IEEE 754의 부동 소수점 표현은 크게 세 부분으로 구성되는데, 최상위 비트는 부호를 표시하는 데 사용되며, 지수 부분(exponent)과 가수 부분(fraction/mantissa)이 있다.
- 32비트 단정도 실수

부호비트 : 1

지수비트 : 8

가수비트 : 23

바이어스 : 127

	지수부	가수부
1	8	23

10진수 −30.25를 2진수로 표현 : −11110.01 // 2진수로 변환

정규화수행 : $-30.25 \times 2^{-8} = -11110.01 \times 2^{-8} = 1.111001 \times 2^{-4}$ // 소수점을 가장 첫째 자리로 옮기고 소수점이 이동한 자리수(n)만큼 만큼 2^n)

부호비트 : 1(음수)

지수비트 : 01111111 − 000000100 = 01111011

가수비트 : 111001 → 가장 왼쪽 1은 생략하고, 가수비트 나머지는 0으로 채운다

11100100000000000000000

1	01111011	111001
1	8	23

1011/1101/1111/0010/0000/0000/0000/0000

11/13/15/2/0/0/0/0

16 진수	
10	A
11	B
12	C
13	D
14	E
15	F

→ BDF20000

17 다음은 어느 학생이 C 언어로 작성한 학점 계산 프로그램이다. 출력 결과는?

```
#include <stdio.h>
int main()
{
  int score = 85;
  char grade;
  if (score >= 90) grade='A';
  if (score >= 80) grade='B';
  if (score >= 70) grade='C';
  if (score < 70)  grade='F';
  printf("학점 : %c\n", grade);
  return 0;
}
```

① 학점 : A

② 학점 : B

③ 학점 : C

④ 학점 : F

18 파이프라인 해저드(Pipeline Hazard)에 대한 다음 설명에서 ⊙과 ⓛ에 들어갈 내용을 바르게 연결한 것은?

- 하드웨어 자원의 부족 때문에 명령어를 적절한 클록 사이클에 실행할 수 있도록 지원하지 못할 때 (⊙) 해저드가 발생한다.
- 실행할 명령어를 적절한 클록 사이클에 가져오지 못할 때 (ⓛ) 해저드가 발생한다.

	⊙	ⓛ
①	구조적	제어
②	구조적	데이터
③	데이터	구조적
④	데이터	제어

17 score = 85 이어서 if (score >= 80) grade = 'B'; 조건에 해당하여 다음 줄로 이동하여 명령문을 실행한다.
if (score >= 70) grade = 'C'; 줄로 이동하여 score = 85가 70 이상이 되어 조건문을 만족하여 다음 줄로 이동하여 명령문을 실행한다.
if (score < 70) grade = 'F'; 문에서는 score = 85로 조건문에 해당되지 않으므로 printf("학점 : %c\n", grade);
로 이동하여 학점 : C를 출력한다.

18 파이프 라인의 정의 … 명령어를 단계별로 분할하여 수행 단계가 겹치지 않은 명령을 중첩하여 수행
- **구조적 해저드** : 하드웨어가 여러 명령들의 수행을 지원하지 않기 때문에 발생, 자원 충
- **데이터 해저드** : 명령의 값이 현재 파이프 라인에서 수행중인 이전 명령의 값에 종속
- **제어 해저드** : 분기 명령어에 의해서 발생

정답 및 해설 17.③ 18.①

19 합성곱 신경망(CNN, Convolutional Neural Network) 처리 시 다음과 같은 입력과 필터가 주어졌을 때, 합성곱에 의해 생성된 특징 맵(Feature Map)의 ⊙에 들어갈 값은?

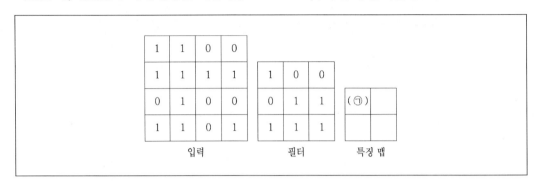

① 3

② 4

③ 5

④ 6

20 해밍코드에 대한 패리티 비트 생성 규칙과 인코딩 예가 다음과 같다. 이에 대한 설명으로 옳은 것은?

〈패리티 비트 생성 규칙〉

원본 데이터	d4	d3	d2	d1			
인코딩된 데이터	d4	d3	d2	p4	d1	p2	p1

$p1 = (d1 + d2 + d4) \bmod 2$
$p2 = (d1 + d3 + d4) \bmod 2$
$p4 = (d2 + d3 + d4) \bmod 2$

〈인코딩 예〉

원본 데이터	0	0	1	1			
인코딩된 데이터	0	0	1	1	1	1	0

① 이 방법은 홀수 패리티를 사용하고 있다.

② 원본 데이터가 0100이면 0101110으로 인코딩된다.

③ 패리티 비트에 오류가 발생하면 복구는 불가능하다.

④ 수신측이 0010001을 수신하면 한 개의 비트 오류를 수정한 후 최종적으로 0010으로 복호한다.

19 합성곱 신경망(CNN, Convolutional Neural Network) … 사물인식에서 뛰어난 성능을 보이는 딥러닝 방법

1	1	0	0
1	1	1	1
0	1	0	0
1	1	0	1
입력			

• 입력필터를 4등분으로 분할하여 계산한다.

1	1	0
1	1	1
0	1	0
입력1		

→

1	0	0
1	1	1
1	0	0
입력2 → (㉡)		

→

1	1	1
0	1	0
1	1	0
입력3 → (㉢)		

→

1	1	1
1	0	0
1	0	1
입력4 → (㉣)		

1	1	0
1	1	1
0	1	0
입력1		

*

1	0	0
0	1	1
1	1	1
필터		

=

㉠	㉡
㉢	㉣
특징맵	

• 입력과 필터를 곱한 뒤 결과를 더해서 계산결과 ㉠에 적어준다.

1	1	0
1	1	1
0	1	0
입력1		

*

1	0	0
0	1	1
1	1	1
필터		

→

1	0	0
0	1	1
0	1	0
계산결과		

4	㉡
㉢	㉣
특징맵	

20 해밍코드 … 자기 정정 부호의 하나로 2비트의 오류 검출해서 1비트 오류를 수정할 수 있는 오류 검출 및 수정부호를 말함
  • 오류의 검출은 물론 스스로 수정까지 가능하여 자기 정정 부호라고 함
  • 전송 비트 중 1,2,4,8,16,32,64....2n번째를 오류 검출을 위한 패리티 비트로 사용
  • 오류 검출 및 교정을 위한 잉여비트가 많이 필요
  ※ 패리티 비트
   • 전송하는 데이터마다 패리티 비트 1개씩 추가하여 홀수 또는 짝수 검사 방법으로 오류 검출
   • 2개 이상의 오류가 나면 확인이 불가능 하다.
  ① 이 방법은 짝수 패리티를 사용하고 있다.
  ② 원본 데이터가 0100이면 0101010으로 인코딩된다.

7	6	5	4	3	2	1
d4	d3	d2	P4	d1	P2	P1
0	1	0		0		
			1		1	0

  1,3,5,7 → P1의 패리티 값 0
  2,6,7 → P2의 패리티 값 1
  4,5,6,7 → P4의 패리티 값 1
  ③ 패리티 비트에 오류가 발생하면 복구가 가능하다.

정답 및 해설 19.② 20.④

1 가상화폐와 관련이 가장 적은 것은?

① 채굴(mining)　　　　　　　　② 소켓(socket)

③ 비트코인(bitcoin)　　　　　　④ 거래(transaction)

2 다음 설명에 해당하는 기술은?

> 실제 환경에 가상 사물을 합성해 원래 존재하는 사물처럼 보이도록 하는 기술이다.

① MPEG(Moving Picture Experts Group)

② AI(Artificial Intelligence)

③ AR(Augmented Reality)

④ VOD(Video On Demand)

3 일반적인 컴퓨터 시스템에서 정확한 값으로 표현하기 가장 어려운 것은?

① $\sqrt{2}$　　　　　　　　　　② $1\dfrac{3}{4}$

③ 2.5　　　　　　　　　　　　④ -0.25×2^{-5}

4 노드(node)가 11개 있는 트리의 간선(edge) 개수는?

① 10　　　　　　　　　　　　② 11

③ 12　　　　　　　　　　　　④ 13

1 암호화 기술을 사용하기 때문에 암호화폐라고도 부르는 가상화폐는 온라인에서 거래할 수 있는 전자 화폐다.
  - **종류** : <u>비트코인</u>, 이더리움, 리플, 비트코인 캐시 등
  - **특징** : 주식은 발행, <u>가상화폐는 채굴</u>이라는 방식을 사용하며 1년 365일, 24시간 내내 언제 어디서나 <u>거래</u>할 수 있다.

2 AR(Augmented Reality, 증강현실) … 실세계에 3차원 가상물체를 겹쳐 보여주는 기술로 현실의 이미지나 배경에 3차원 가상 이미지를 겹쳐서 하나의 영상으로 보여주는 기술이다.
  - MPEG(Moving Picture Experts Group) : 동영상 압축 기술에 대한 국제 표준규격
  - AI(Artificial Intelligence) : 인간의 학습능력과 추론능력, 지각능력, 자연언어의 이해능력 등을 컴퓨터 프로그램으로 실현한 기술
  - VOD(Video On Demand) : 사용자가 필요로 하는 영상을 원하는 시간에 제공해 주는 맞춤 영상 정보 서비스

3 ① $\sqrt{2}$: 무한소수로서 정확한 값을 표현하기 어려움
   → 1.41421 35623 73095 04880 16887 242069 69807 85696 71875 37694 80731 ……
  ② $1\frac{3}{4}$: $\frac{4}{4}+\frac{3}{4}=\frac{7}{4}$ 로 분수 표현 가능
  ③ 2.5 : 소수 표현 가능
  ④ -0.25×2^{-5} : 부동소수점 표현 가능

4 ㉠ 트리 : 대표적인 비선형 자료구조, 계층적인 구조를 나타내는 부모–자식 관계의 노드들로 상하관계를 이루는 자료구조
  - **노드** : 트리의 구성요소
  - **간선** : 노드를 연결하는 선
  ㉡ 노드의 특징
  - 노드들과 노드들을 연결하는 간선들로 구성
  - 각 노드는 부모 노드로의 연결이 있을 수도 있고, 아닐 수도 있다.
  ㉢ 이진트리 : 모든 노드가 2개의 서브트리를 가지고 있는 트리
  ㉣ 이진트리의 간선과 노드 : n개의 노드를 가지는 이진트리는 항상 (n-1)개의 간선을 가진다.
  ∴ 노드가 11개 있는 트리의 간선 개수는 11-1=10이다.

정답 및 해설 1.② 2.③ 3.① 4.①

5 CPU에서 명령어를 처리하는 단계 중 가장 첫 번째에 위치하는 것은?

① 실행(execution)
② 메모리 접근(memory access)
③ 명령어 인출(instruction fetch)
④ 명령어 해독(instruction decode)

6 캐시(cache)에 대한 설명으로 옳지 않은 것은?

① CPU와 인접한 곳에 위치하거나 CPU 내부에 포함되기도 한다.
② CPU와 상대적으로 느린 메인(main) 메모리 사이의 속도 차이를 줄이기 위해 사용된다.
③ 다중프로세서 시스템에서는 write−through 정책을 사용하더라도 데이터 불일치 문제가 발생할 수 있다.
④ 캐시에 쓰기 동작을 수행할 때 메인 메모리에도 동시에 쓰기 동작이 이루어지는 방식을 write−back 정책이라고 한다.

7 가상 기계(virtual machine)에 대한 설명으로 옳지 않은 것은?

① 가상 기계 모니터 또는 하이퍼바이저(hypervisor)는 가상 기계를 지원하는 소프트웨어이다.
② 가상 기계 모니터는 호스트 운영체제 위에서만 실행된다.
③ 데스크톱 환경에서 Windows나 Linux와 같은 운영체제를 여러 개 실행하기 위해 사용되기도 한다.
④ 가상 기계가 호스트 운영체제 위에서 동작할 때, 이 기계 위에서 동작하는 응용 프로그램은 처리 속도가 느려질 수 있다.

8 프로세스(process)에 대한 설명으로 옳지 않은 것은?

① 실행 중인 프로그램이다.
② 프로그램 코드 외에도 현재의 활동 상태를 갖는다.
③ 준비(ready) 상태는 입출력 완료 또는 신호의 수신 같은 사건(event)이 일어나기를 기다리는 상태이다.
④ 호출한 함수의 반환 주소, 매개변수 등을 저장하기 위해 스택을 사용한다.

5 CPU는 하나의 명령어를 단계적으로 처리한다.

※ 명령어 처리의 5단계
① 명령어 인출
② 명령어 해독
③ 피연산자 인출
④ 명령어 실행
⑤ 결과 저장

6 ㉠ 캐시(cache) : 주기억장치와 중앙처리장치 사이에 있는 고속 버퍼 메모리로 용량은 적지만 속도가 빨라서 데이터에 접근하기 좋다.

㉡ 쓰기정책 : 캐시의 블록이 변경 되었을때 그 내용을 주기억 장치에 갱신하는 시기와 방법의 결정

㉢ 정책유형
• Write-Through : 모든 쓰기 동작들이 캐시로 뿐만 아니라 주기억 장치로도 동시에 수행되는 방식으로 캐시에 적재된 블록의 내용과 주기억장치에 있는 그 블록의 내용이 항상 동일하다는 장점과 모든 쓰기 동작이 주기억장치 쓰기를 포함하므로 쓰기 시간이 길어 진다는 단점이 있다.
• Write-Back : 캐시에서 데이터가 변경되어도 주기억장치에는 갱신되지 않는 방식으로 기억장치에 대한 쓰기 동작의 횟수가 최소화되며 짧은 쓰기 시간이라는 장점과 캐시의 내용과 주기억 장치의 해당 내용이 서로 상이하며 블록을 교체할 때는 캐시의 상태를 확인하여 갱신하는 동작이 선행 필요, 이를 위한 각 캐시라인의 상태 비트가 필요하다는 단점이 있다.

㉣ 문제점 : 데이터 불일치 문제, 일관성 문제(다중 프로세서 시스템)

7 가상 기계(virtual machine) … 물리적 머신에 연결되지 않고 프로그램이나 애플리케이션을 수행하는 소프트웨어로 인스턴스에서 하나 이상의 게스트머신을 물리적 호스트 컴퓨터에서 실행할 수 있다.
• 가상머신 기술을 이용하면 하나의 물리적 하드웨어 시스템 위에 다수의 가상 환경을 구성하여, 복수의 운영체제(OS)나 시스템을 운영할 수 있다.
• 대표적인 예 : 자바 가상머신(Java Virtual Machine, JVM)
－하이퍼바이저는 가상화 머신 모니터라고도 부르며 인터넷 상에서 쌍방향 의사소통이 가능한 호스트 컴퓨터를 통해 다수의 운영체제를 동시에 작동 시키는 소프트웨어이며 주로 중앙처리장치인 CPU와 운영체제인 OS의 중간역할로 사용
• 장점 : 하드디스크를 포맷하거나 멀티 부팅을 하지 않고 프로그램처럼 다른 운영체제를 이용

8 프로세스는 컴퓨터에서 실행중인 프로그램(일, Task)을 말하며 프로세스가 실행되는 동안 생성, 준비, 실행, 대기, 종료의 상태들을 거치는데 컴퓨터는 여러 일을 처리할 때 프로그램 요소들이 움직이는 일정에 따라 작업 순서를 매기는데 이를 스케줄링이라고 한다.

※ 프로세스의 상태
• 생성(create) : 프로세스가 생성되는 중이다.
• 실행(running) : 프로세스가 CPU를 차지하여 명령어들이 실행되고 있다.
• 준비(ready) : 프로세스가 CPU를 사용하고 있지는 않지만 언제든지 사용할 수 있는 상태로, CPU가 할당되기를 기다리고 있다. 일반적으로 준비 상태의 프로세스 중 우선순위가 높은 프로세스가 CPU를 할당받는다.
• 대기(waiting) : 보류(block)라고 부르기도 한다. 프로세스가 입출력 완료, 시그널 수신 등 어떤 사건을 기다리고 있는 상태를 말한다.
• 종료(terminated) : 프로세스의 실행이 종료되었다.

정답 및 해설 5.③ 6.④ 7.② 8.③

9 자바 프로그래밍 언어에 대한 설명으로 옳은 것은?

① 클래스에서 상속을 금지하는 키워드는 this이다.

② 인터페이스(interface)는 추상 메소드를 포함할 수 없다.

③ 메소드 오버라이딩(overriding)은 상위 클래스에 정의된 메소드와 하위 클래스에서 재정의되는 메소드의 매개변수 개수와 자료형 등이 서로 다른 것을 의미한다.

④ 메소드 오버로딩(overloading)은 한 클래스 내에 동일한 이름의 메소드가 여러 개 있고 그 메소드들의 매개변수 개수 또는 자료형 등이 서로 다른 것을 의미한다.

10 다음 C 프로그램의 실행 결과로 옳은 것은?

```
#include <stdio.h>
int main()
{
    int count, sum = 0;

    for ( count = 1; count <= 10; count++) {
        if ((count % 2) == 0)
            continue;
        else
            sum += count;
    }
    printf("%d\n", sum);
}
```

① 10

② 25

③ 30

④ 55

9 ㉠ 자바 프로그래밍 언어는 객체지향프로그래밍 언어로 모바일과 웹프로그래밍, 게임 프로그래밍, 임베디드 프로그램 등 다양한 분야에서 활용되는 프로그래밍 언어이다.

㉡ 메소드나 클래스에서 상속을 금지하는 키워드는 Final이다.

㉢ 인터페이스 : 자바프로그래밍 언어에서 클래스들이 구현해야 하는 동작을 지정하는데 사용되는 추상형이다.

㉣ 메소드 : 클래스 내부에 정의되어 있으며, 인스턴스가 클래스와 관련하여 어떻게 행동하는지의 동작을 정의

• 메소드 오버라이딩 : 부모 클래스가 가지고 있는 메소드와 같은 이름을 가지고 있는 메소드를 자식 클래스에서 구현하는 것

• 메소드 오버로딩 : 한 클래스 내에 이미 사용하려는 이름과 같은 이름을 가진 메소드가 있더라도 매개 변수의 개수 또는 타입이 다르면, 같은 이름을 사용해서 메소드를 정의

10 – for (count = 1; count <= 10; count++) { → 1 부터 10까지 1씩 증가

– if ((count % 2) == 0) → count를 2로 나누어 나머지가 0이 아닌 수를 추출하므로 짝수가 아닌 홀수 1, 3, 5, 7, 9 추출됨

– sum += count; → 추출된 1, 3, 5, 7, 9를 더함

– printf("%d₩n", sum); → 추출된 1, 3, 5, 7, 9를 더하여 25를 출력함

정답 및 해설 9.④ 10.②

11 다음 C++ 프로그램의 실행 결과로 옳은 것은?

```cpp
#include <iostream>
using namespace std;

class Student {
public:
Student():Student(0) {};
Student(int id):_id(id) {
if (_id > 0) _cnt++;
};
static void print() { cout << _cnt;};
void printID() { cout << ++_id;};

private:
int _id;
static int _cnt;
};

int Student::_cnt = 0;

int main() {
Student A(2);
Student B;
Student C(4);
Student D(-5);
Student E;
Student::print();
E.printID();
return 0;
}
```

① 21
② 22
③ 30
④ 31

11   – #include ⟨iostream⟩   → '#'은 전처리기이며 컴파일을 시작하면 우선적으로 처리한다.

    → ⟨iostream⟩은 cout, cin, endl 등 기본 입출력과 관련된 객체들을 정의한 헤더 파일

      cout : 출력작업의 변화 printf()

      cin : 입력작업의 변화 scanf()

      • cout : 다양한 데이터를 출력하는데 사용하는 출력 스트림

      ⟨⟨ : 출력할 데이터를 출력 스트림에 삽입

      • cin : 다양한 데이터를 입력하는데 사용하는 입력 스트림

      ⟩⟩ : 입력할 데이터를 입력 스트림에서 추출하여 read_data라는 변수에 저장

– using namespace std;   → 입력하는 문자열을 대신하며 std를 namespace로 처리하면 std 클래스 명을 사용하지 않고 함수를 호출

– Student::print();
  E.printID();   → print(), printid() 문을 실행하기 위해서 static void print() { cout ⟨⟨ _cnt;};

    void printID() { cout ⟨⟨ ++_id;}; 구문을 실행한다.

– static void print() { cout ⟨⟨ _cnt;};   → _cnt 값을 가져와서 그대로 출력

– void printID() { cout ⟨⟨ ++_id;};   → _id를 가져와서 1 증가 시킨 후 출력

– int Student::_cnt = 0;   → _cnt는 초기값을 0으로 지정

– if (_id > 0) _cnt++;   → _id 값이 0보다 크거나 같으면 cnt값을 1 증가 시킴

– Student(int id): _id(id) {   → _id는 id값을 받음.

– int main() {   → main() 함수에서 스택공간에 객체를 생성함

– Student A(2);   → 객체가 생성되면서 A의 값 2는 Student(int id):_id(id) { 의 id에 들어가는 값이 되므로 _id 값은 2가 된다.

– Student B;   → 아무 값이 없으므로 tudent(int id):_id(id) { 의 id에서 _id 값은 0이 된다.

– Student C(4);   → 객체가 생성되면서 C의 값 4는 Student(int id):_id(id) { 의 id에 들어가는 값이 되므로 _id 값은 4가 된다.

– Student D(-5);   → 객체가 생성되면서 D의 값 -5는 Student(int id):_id(id) { 의 id에 들어가는 값이 되므로 _id 값은 -5가 된다.

– Student E;   → 아무 값이 없으므로 tudent(int id):_id(id) { 의 id에서 _id 값은 0이 된다.

– if (_id > 0) _cnt++;   → _id가 0보다 크면 _cnt를 1 증가시킴

    ∴ Student A(2);   → cnt는 0보다 크기 때문에 값이 0이었다가 1 증가되어 1이 됨

    Student B;   → 0 값이므로 해당없음

    Student C(4);   → 4가 0보다 크므로 값 1에 1 증가되어 2가 됨

    Student D(-5);   → 값이 -5로 해당 없음

    Student E;   → 값이 0이므로 해당 없음

    Student::print();   → 출력 구문으로 static void print() { cout ⟨⟨ _cnt;};에서 _cnt값을 그대로 출력하여 값은 2가 됨

– E.printID();   → E 값을 출력하는 구문으로 Student E; 에서 값이 0이었으므로 0을 출력하며 void printID() { cout ⟨⟨ ++_id;}; 구문에서 0이 출력되는 과정에서 1 증가하여 출력되므로 E는 1이 됨.

    ∴ 줄바꿈이 없으므로 같은 줄에 2와 1이 출력되어 21이 된다.

  return 0;

정답 및 해설 11.①

12 클래스기반 주소지정에서 IPv4 주소 131.23.120.5가 속하는 클래스는?

① Class A

② Class B

③ Class C

④ Class D

13 IPv4 CIDR 표기법에서 네트워크 접두사(prefix)의 길이가 25일 때, 이에 해당하는 서브넷 마스크(subnet mask)는?

① 255.255.255.0

② 255.255.255.128

③ 255.255.255.192

④ 255.255.255.224

14 다음 설명에 해당하는 기술은?

- 클라이언트의 요구에 대한 응답 시간을 줄일 수 있다.
- 외부 인터넷과 연결된 트래픽을 줄일 수 있다.
- 최근 호출된 객체의 사본을 저장한다.

① DNS

② NAT

③ Router

④ Proxy server

12 IPv4 … 주소체계는 총 12자리이며, 네 부분으로 나뉜다. 각 부분은 0~255까지 3자리의 수로 표현된다.

→ 131.23.120.5에서 첫자리가 131이므로 B클래스에 해당한다.

CLASS	구성 범위		용도
A 클래스	1~127	0.0.0.0~127.255.255.255	국가 및 대형 통신망
B 클래스	128~191	128.0.0.0~191.255.255.255	중·대규모 통신망, 학교 전산망
C 클래스	192~223	192.0.0.0~223.255.255.255	소규모 통신망, ISP 업체
D 클래스	224~239	224.0.0.0~239.255.255.255	멀티캐스트
E 클래스	240~255	240.0.0.0~254.255.255.255	실험용

13 CIDR 표기법 : 연속된 IP 주소의 범위를 표기하는 방법중 하나

※ 서브넷 마스크(subnet mask) … IP 주소에서 네트워크 주소와 호스트 주소를 구별하는 구별자 역할을 하며 IP 주소 32비트 중에서 첫 번째 비트에서 몇 번째 비트까지 네트워크 주소로 할 것인지를 알려주는 역할

→ /25일 경우 서브넷 마스크는

128	64	32	16	8	4	2	1	128	64	32	16	8	4	2	1	128	64	32	16	8	4	2	1	128	64	32	16	8	4	2	1
1	1	1	1	1	1	1	1	1	1	1	1	1	1	1	1	1	1	1	1	1	1	1	1	1	0	0	0	0	0	0	0
			255								255								255								128				

∴ 255.255.255.128

14 프록시 서버(Proxy server) … 클라이언트와 서버 사이에서 데이터를 중계하는 역할을 하는 서버로 인터넷상에서 한번 요청된 데이터를 대용량 디스크에 저장해 두었다가 반복 요청시 디스크에 저장된 데이터를 제공해 준다. 프록시는 메모리를 가지고 있기 때문에 이미 메모리에 데이터가 들어있어 프록시에서 바로 가져다가 PC에게 전달을 하기 때문에 트래픽도 줄어들고 속도도 빠른 이중의 효과를 얻게 된다.

정답 및 해설 12.② 13.② 14.④

15 노드 7, 13, 61, 38, 45, 26, 14를 차례대로 삽입하여 최대 히프(heap)를 구성한 뒤 이 트리를 중위 순회 할 때, 첫 번째로 방문하는 노드는?

① 7

② 14

③ 45

④ 61

---

15 • 7을 제일 먼저 차례대로 삽입하여 최대 히프를 구성

```
        7
       /
     13
```

• 차례대로 삽입하면서 최대히프를 구성하므로 자리가 교체됨

```
        13
       /
      7
```

• 61이 삽입되면서 자리가 교체됨.

```
        61
       /   \
      7     13
```

• 38 삽입

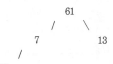

• 38이 삽입된후 자리 교체가 됨

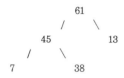

```
              61
            /      \
       38          13
      /
    7
```

• 45가 삽입되면서 자리 교체됨

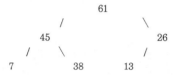

```
              61
            /      \
       45          13
      /    \
    7        38
```

• 26이 삽입 되면서 자리가 교체됨

```
                 61
            /           \
       45                  26
      /    \              /
    7        38        13
```

• 마지막으로 14가 삽입이 되나 자리 변화는 없으며 최대 히프가 구성됨

```
                 61
            /           \
       45                  26
      /    \              /    \
    7        38        13        14
```

∴ 구성된 최대히프를 중위 순회를 하여야 하므로 왼쪽 – 중앙 – 오른쪽 순으로 순회하면 첫번째로 방문하는 노드는 7이 된다.

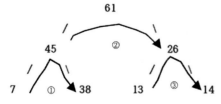

• 히프(heap) : 완전 이진트리의 일종으로 우선순위 큐를 위하여 만들어진 자료구조로 여러 개의 값들 중에서 최댓값이나 최솟값을 빠르게 찾아내도록 만들어진 자료구조
• 완전이진트리 : 노드가 순서대로 (위에서 아래로, 왼쪽에서 오른쪽으로) 빈틈없이 채워진 이진트리
※ 이진트리의 순회
    ① 전위 순회(Preorder Traversal) : 루트 노드를 먼저 순회
    ② 중위 순회(Inorder Traversal) : 루트 노드를 중간에 순회
    ③ 후위 순회(Postorder Traversal) : 루트 노드를 나중에 순회

정답 및 해설 15.①

16 다음 그림은 스마트폰 수리와 관련된 E-R 다이어그램의 일부이다. 이에 대한 설명으로 옳지 않은 것은?

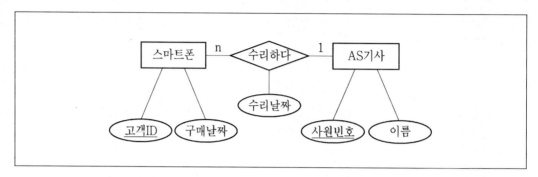

① '수리하다' 관계는 속성을 가지고 있다.
② 'AS기사'와 '스마트폰'은 일대다 관계이다.
③ '스마트폰'은 다중값 속성을 가지고 있다.
④ '사원번호'는 키 속성이다.

17 UML(Unified Modeling Language) 버전 2.0에 대한 설명으로 옳지 않은 것은?

① 액터(actor)는 사람이 아닌 경우도 있다.
② 클래스(class) 다이어그램은 시스템의 클래스들과 그들 간의 연관을 보여준다.
③ 유스케이스(usecase) 다이어그램은 사용자와 시스템 간의 상호 작용을 보여준다.
④ 시퀀스(sequence) 다이어그램은 시스템이 내부 또는 외부 이벤트에 대해 어떻게 반응하는지 보여준다.

16 • E-R 다이어그램 : 개체-관계 모델을 이용해 현실 세계를 개념적으로 모델링한 결과물을 그림으로 표현한 것
   • 기본적으로 개체를 표현하는 사각형, 개체 간의 관계를 표현하는 마름모, 개체나 관계의 속성을 표현하는 타원과, 각 요소를 연결하는 링크(연결선)로 구성된다. 그리고 일대일(1:1), 일대다(1:n), 다대다(n:m) 관계를 레이블로 표기

기호	기호이름	의미
▭	사각형	개체 타입
◇	마름모	관계 타입
◯	타원	속성
◎	이중 타원	다중값 속성
⬭	밑줄 타원	기본키 속성
⬭⬭	복수 타원	복합 속성
▭n◇m▭	관계	1:1, 1:N, N:M 등의 개체 간 관계에 대한 대응수를 선위에 기술
——	선링크	개체 타입과 속성을 연결

17 UML(Unified Modeling Language) … 시스템 개발 과정에서 시스템 개발자와 고객 또는 개발자 상호간의 의사소통이 원활하게 이루어지도록 표준화한 대표적인 객체지향 모델링 언어
   ㉠ 구성요소 : 사물, 관계, 다이어그램 등이 있음
   ㉡ 다이어그램 : 사물과 관계를 도형으로 표현한 것
   ㉢ 구조적 다이어그램의 종류
   • 클래스 다이어그램 : 클래스와 클래스가 가지는 속성, 클래스 사이의 관계를 표현
   • 객체 다이어그램 : 인스턴스를 특정 시점의 객체와 객체 사이의 관계로 표현
   • 컴포넌트 다이어그램 : 실제 구현 모듈인 컴포넌트 간의 관계나 컴포넌트 간의 인터페이스를 표현 구현 단계에서 사용
   • 배치 다이어그램 : 결과물, 프로세스, 컴포넌트 등 물리적 요소들의 위치를 표현
   • 복합체 구조 다이어그램 : 클래스나 컴포넌트가 복합 구조를 갖는 경우 그 내부 구조를 표현
   • 패키지 다이어그램 : 유스케이스나 클래스 등의 모델 요소들을 그룹화한 패키지들의 관계를 표현
   ㉣ 행위 다이어그램의 종류
   • 유스케이스 다이어그램 : 사용자의 요구를 분석하는 것으로 기능 모델링 작업에 사용
   • 시퀀스 다이어그램 : 상호 작용하는 시스템이나 객체들이 주고받는 메시지를 표현
   • 커뮤니케이션 다이어그램 : 시퀀스 다이어그램과 같이 동작에 참여하는 객체들이 주고받는 메시지를 표현. 메시지뿐만 아니라 객체들 간의 연관까지 표현
   • 상태 다이어그램 : 하나의 객체가 자신이 속한 클래스의 상태 변화 혹은 다른 객체와의 상호 작용에 따라 상태가 어떻게 변화하는지를 표현
   • 활동 다이어그램 : 시스템이 어떤 기능을 수행하는지 객체의 처리 로직이나 조건에 따른 처리의 흐름을 순서에 따라 표현
   • 상호작용 개요 다이어그램 : 상호작용 다이어그램 간의 제어 흐름을 표현
   • 타이밍 다이어그램 : 객체 상태 변화와 시간 제약을 명시적으로 표현

정답 및 해설 16.③ 17.④

18 같은 값을 옳게 나열한 것은?

① $(264)_8$, $(181)_{10}$

② $(263)_8$, $(AC)_{16}$

③ $(10100100)_2$, $(265)_8$

④ $(10101101)_2$, $(AD)_{16}$

19 관계형 데이터베이스에 대한 설명으로 옳은 것만을 모두 고르면?

ㄱ 관계형 데이터베이스 스키마(schema)는 릴레이션 스키마의 집합과 무결성 제약조건 (integrity constraint)으로 구성된다.

ㄴ 개체(entity) 무결성 제약조건은 기본 키(primary key)를 구성하는 모든 속성은 널 (null) 값을 가지면 안된다는 규칙이다.

ㄷ 참조(referential) 무결성 제약조건이란 외래 키(foreign key)는 참조할 수 없는 값을 가질 수 없다는 규칙이다.

ㄹ 후보 키(candidate key)가 되기 위해서는 유일성(uniqueness)과 효율성(efficiency)을 항상 만족해야 한다.

---

① ㄱ, ㄴ, ㄷ

② ㄱ, ㄴ, ㄹ

③ ㄱ, ㄷ, ㄹ

④ ㄴ, ㄷ, ㄹ

20 IT 기술에 대한 설명으로 옳지 않은 것은?

① IoT는 각종 물체에 센서와 통신 기능을 내장해 인터넷에 연결하는 기술이다.

② ITS는 기존 교통체계의 구성 요소에 첨단 기술들을 적용시켜 보다 안전하고 편리한 통행과 전체 교통체계의 효율성을 높이는 시스템이다.

③ IPTV는 인터넷을 이용하여 방송 및 기타 콘텐츠를 TV로 제공하는 서비스 방식이다.

④ GIS는 라디오 주파수를 이용한 비접촉 인식 장치로 태그와 리더기로 구성된 자동 인식 데이터 수집용 무선 통신 시스템이다.

18 ① $(264)_8 \rightarrow 18010$, $(181)_{10}$

② $(263)_8 \rightarrow 17910$, $(AC)_{16} \rightarrow 17210$

③ $(10100100)_2 \rightarrow 16410$, $(265)_8 \rightarrow 18110$

④ $(10101101)_2 \rightarrow 17310$, $(AD)_{16} \rightarrow 17310$

19 • 데이터 무결성 : 데이터의 정확성, 일관성, 유효성이 유지되는 것을 말한다.
  • 개체 무결성 : 모든 테이블이 기본키로 선택된 필드를 가져야 한다. 기본키로 선택된 필드는 고유한 값을 가져야 하며, 빈 값은 허용하지 않는다.
  • 참조 무결성 : 관계형 데이터베이스 모델에서 참조 무결성은 참조 관계에 있는 두 테이블의 데이터가 항상 일관된 값을 갖도록 유지되는 것을 말한다.
  ※ **키의 종류**
  • 슈퍼키 : 테이블에 존재하는 필드들의 부분집합으로써, 유일성을 만족
  • 후보키 : 기본키가 될 수 있는 후보를 말하며 테이블에 존재하는 전체 필드의 부분집합으로써, 유일성과 최소성을 만족해야 한다.
  • 기본키 : 테이블에서 특정 레코드를 구별하기 위해 후보키 중에서 선택된 고유한 식별자를 말한다.

20 GIS(지리정보시스템) … 지리공간 데이터를 분석 · 가공하여 활용할 수 있는 시스템

정답 및 해설 18.④ 19.① 20.④

당신의 꿈은 뭔가요?

MY BUCKET LIST !

꿈은 목표를 향해 가는 길에 필요한 휴식과 같아요.

여기에 당신의 소중한 위시리스트를 적어보세요. 하나하나 적다보면 어느새 기분도

좋아지고 다시 달리는 힘을 얻게 될 거예요.

☐ _____ ☐ _____
☐ _____ ☐ _____
☐ _____ ☐ _____
☐ _____ ☐ _____
☐ _____ ☐ _____
☐ _____ ☐ _____
☐ _____ ☐ _____
☐ _____ ☐ _____
☐ _____ ☐ _____
☐ _____ ☐ _____
☐ _____ ☐ _____
☐ _____ ☐ _____
☐ _____ ☐ _____
☐ _____ ☐ _____
☐ _____ ☐ _____
☐ _____ ☐ _____
☐ _____ ☐ _____
☐ _____ ☐ _____
☐ _____ ☐ _____
☐ _____ ☐ _____
☐ _____ ☐ _____
☐ _____ ☐ _____
☐ _____ ☐ _____
☐ _____ ☐ _____

창의적인 사람이 되기 위해서

정보가 넘치는 요즘, 모두들 창의적인 사람을 찾죠.
정보의 더미에서 평범한 것을 비범하게 만드는 마법의 손이 필요합니다.
어떻게 해야 마법의 손과 같은 '창의성'을 가질 수 있을까요. 여러분께만 알려 드릴게요!

01. 생각나는 모든 것을 적어 보세요.

아이디어는 단번에 솟아나는 것이 아니죠. 원하는 것이나, 새로 알게 된 레시피나, 뭐든 좋아요.
떠오르는 생각을 모두 적어 보세요.

02. '잘하고 싶어!'가 아니라 '잘하고 있다!'라고 생각하세요.

누구나 자신을 다그치곤 합니다. 잘해야 해. 잘하고 싶어.
그럴 때는 고개를 세 번 젓고 나서 외치세요. '나, 잘하고 있다!'

03. 새로운 것을 시도해 보세요.

신선한 아이디어는 새로운 곳에서 떠오르죠. 처음 가는 장소, 다양한 장르에 음악, 나와 다른 분야의 사람.
익숙하지 않은 신선한 것들을 찾아서 탐험해 보세요.

04. 남들에게 보여 주세요.

독특한 아이디어라도 혼자 가지고 있다면 키워 내기 어렵죠.
최대한 많은 사람들과 함께 정보를 나누며 아이디어를 발전시키세요.

05. 잠시만 쉬세요.

생각을 계속 하다보면 한쪽으로 치우치기 쉬워요. 25분 생각했다면 5분은 쉬어 주세요.
휴식도 창의성을 키워 주는 중요한 요소랍니다.